Foutez-nous la paix !

Isabelle Saporta

Foutez-nous la paix !

Albin Michel

Introduction

Connaissez-vous le supplice de la pédichiffonnette ? Avez-vous déjà eu à répondre d'un manquement B 02 ? D'un B 04 alors ? Savez-vous seulement quelle pression écologique votre âne exerce sur son pâturage ? Votre carrelage est-il réglementaire ? Avez-vous un agrément CE ? Le local de rangement de vos bottes est-il suffisamment spacieux ? La hauteur de votre « végétation concurrentielle » – l'herbe ! – est-elle conforme ? Et la couleur de votre tablier ? Qu'en est-il de la taille du ventilateur de votre abattoir ? Avez-vous le droit de livrer votre fromage à 201 kilomètres de chez vous ? Votre poulet peut-il être commercialisé à 83 kilomètres de la ferme ? Quelle taille doivent faire les lettres de vos étiquettes ?

Vous êtes perdu ? Eux aussi !

De Créances à Colpo, de Noceta à Ainhice-Mongelos, d'Eygalières à Aubrac, de Trépail à Tracy-sur-Loire, ils sont éleveurs d'agneaux de pré-salé, de poules de Marans, de canards gras, fabricants de brocciu, de beaufort, de roquefort, de laguiole, vignerons. Leurs fromages, leurs viandes, leurs vins sont servis sur les plus grandes tables du monde.

Pourtant, l'administration les harcèle en permanence. Leur tort ? Ne jamais être dans les clous sanitaires formatés par et pour l'agrobusiness.

Chaque jour, ces résistants ensevelis sous des tonnes de paperasse qu'ils peinent à écluser luttent sur le front des contrôles absurdes rédigés dans un langage incompréhensible. Ces femmes et ces hommes sont constamment sous l'œil de Moscou d'une kyrielle de brigades mandatées pour traquer leur moindre faux pas. De la DDPP – pour direction départementale de la protection des populations – car aujourd'hui, on doit nous protéger, nous consommateurs, des horribles agriculteurs qui n'ont bien entendu qu'une idée en tête : nous empoisonner – en passant par la DDTM – pour direction départementale du territoire et de la mer –, les contrôleurs TPE-AIT (travaux publics de l'État-aménagement des infrastructures terrestres) ou encore la brigade de contrôle de la hauteur de la « végétation concurrentielle », les contrôles sont innombrables. J'en passe tant la liste exhaustive serait indigeste.

Bienvenue dans ce monde fou où la norme est devenue reine.

Nos artisans, nos petits producteurs ne demandent qu'une seule chose : qu'on leur foute la paix ! Leur unique projet ? Pouvoir continuer à porter haut l'étendard de la gastronomie française.

C'est l'un des paradoxes les plus exaspérants de la France : elle loue sa production de qualité, fait classer sa gastronomie au patrimoine mondial de l'Unesco, prend acte que pour résoudre la crise de l'agriculture productiviste la meilleure voie à emprunter est celle du retour au local. Et dans le même temps, elle fait tout pour flinguer ceux qui, dans l'ensemble, font bien leur métier.

Pour avoir fait un tour de France de ces résistants de la bonne chère, paysans, artisans, fromagers, bouchers, éleveurs, viticulteurs… autant dire tous ceux qui font la réputation de l'Hexagone, j'ai pu constater combien ces femmes et ces hommes qui combattent au quotidien pour que nous mangions bien, dans un environnement respecté, qui bataillent pour recréer du lien social et des emplois, qui vendent leurs produits à un prix qui leur permet de vivre décemment, sont continuellement enquiquinés. Noyés sous des tombereaux de normes toujours plus kafkaïennes et incompatibles avec l'artisanat. La seule chose que l'on sache, c'est que ces fameuses normes – qu'elles soient sanitaires, administratives ou environnementales – sont taillées sur mesure pour satisfaire aux exigences des grandes entreprises.

Mais aujourd'hui, il y a urgence ! Car ces garants du bon goût sont en train de mourir à petit feu. Si on ne fait rien, on pourra pleurer devant nos écrans télévisés en ingurgitant une barquette de plat préparé à base de faux fromage et de minerai de viande venu de Roumanie ou d'ailleurs.

« C'est une question de vie ou de mort », s'émeut le grand chef Alain Ducasse. « L'enjeu est aujourd'hui le suivant », assène celui que ses détracteurs surnomment l'« omnichef » : « Voulons-nous voir disparaître la diversité ? Le local ? La richesse de nos terroirs ? Parce que si l'on continue comme ça, les gros continueront à être de plus en plus gros, les petits de plus en plus maigres, et disparaîtront[1]… » Car aussi célébré soit-il, ce chef auréolé d'une myriade d'étoiles n'oublie pas d'où il vient : « Fils de paysan je suis, et je resterai. » Et sait où il va : « Nulle part s'il n'y a plus de produits d'exception. Ce sont eux qui font la grande cuisine. »

« Ces gens-là, politiques comme industriels, viennent du même monde, et parlent le même langage. Leurs

1. Entretien du 10 mars 2015.

mots ne sont pas les nôtres[2] », analyse Yves Camdeborde. « On parle une langue que ces technocrates ne comprennent pas, qui ne leur parle pas. L'amour du travail, la joie de dénicher nos produits, la fierté surtout », tacle l'homme du Sud-Ouest qui ne comprend pas qu'à ses mots à lui, on n'oppose que des bannières de papier : « hygiéniste », « norme », ou encore « pénibilité ».

Au lieu de mettre nos artistes du bon goût sur un piédestal, de louer leur action, de les aider tout simplement à continuer leur combat pour reconquérir nos terroirs et les nombreux marchés que ces derniers pourraient ouvrir, nous les poussons à mettre la clé sous la porte. Il faut leur rage de vivre, pour tenir. Jour après jour.

Et ne nous défaussons pas de cette inflation normative sur l'Europe ! Nous n'avons en rien besoin de la Commission pour nous ensevelir nous-mêmes sous des flots de réglementations tatillonnes ! Au contraire, souvent elle nous offre une porte de sortie honorable, que nous choisissons ostensiblement de ne pas emprunter.

La faute à pas de chance alors ? À notre administration pointilleuse ? L'explication serait bien trop simpliste. Si nous mettons tant d'ardeur à édicter ces contraintes, c'est bien pour faire plaisir à quelqu'un, ou plutôt à quelques-uns.

Au premier rang desquels le syndicat majoritaire de l'agriculture, la FNSEA (Fédération nationale de syndicats d'exploitants agricoles), emmené par Xavier Beulin, qui préside le mastodonte tentaculaire et néanmoins agro-industriel Sofiprotéol récemment rebaptisé Avril – ça fait moins peur[3] – présent aux quatre coins

2. Entretien du 19 février 2015.

3. « Avril : bien plus qu'un changement de nom, un projet d'entreprise à partager », titre le groupe dans son rapport d'activité 2014 sobrement intitulé « Un nouveau printemps ».

de la planète et pesant la bagatelle de 6,5 milliards d'euros de chiffre d'affaires… La FNSEA, cogestionnaire de notre agriculture depuis des décennies maintenant, a joué la partition du *big is beautiful*, de la conquête des marchés à marche forcée… Pour un résultat que l'on connaît : des éleveurs que l'on a poussés à se surendetter. Des paysans à qui l'on a fait dépenser toujours plus (pour gagner toujours moins). Bref, un système où ceux qui s'enrichissent ne sont pas les agriculteurs mais les chimistes qui leur vendent des pesticides, de la nourriture pour leur bétail et des médicaments. Un cycle infernal qu'elle conteste mais qui est bien réel[4].

Continuons donc à surproduire des produits à bas coût pour lesquels nous ne sommes pas compétitifs et achevons la liquidation de nos éleveurs financée par l'argent public puisque, au nom du sacro-saint principe de modernisation de nos élevages, nous y avons déjà insufflé quelque 200 millions d'euros[5] en 2014, auxquels sont venus s'ajouter les 3 milliards supplémentaires promis par notre Premier ministre à la suite de la

4. Sollicité par mail le 4, le 8 et le 11 septembre 2015, le président de la FNSEA m'a fait savoir le 11 septembre, par la voix de son directeur de la communication Arnaud Lemoine, ceci : « J'avoue que la décision de vous rencontrer ne m'appartient pas mais je vous soumets cette interrogation. Depuis des années vous accusez la FNSEA et son président d'être responsables de tous les maux de l'agriculture. Sur les plateaux TV ou sur papier vous vous répandez sans cesse et avec hargne sur ce que nous représentons. Pas une fois la FNSEA n'a trouvé grâce à vos yeux, c'en est presque un fonds de commerce. » Puis, une fois passée l'amertume de cet amour déçu, il ajoute, presque lyrique : « Alors vous voulez rencontrer le président de la FNSEA, c'est une démarche intéressante et osée mais pourquoi pas ? Dans ce monde cruel, tout est possible. » Malgré mes demandes réitérées, la porte de Xavier Beulin m'est donc restée fermée…

5. Enveloppe prévue dans le second pilier de la politique agricole commune, *Loiret agricole et rural*, 5 juin 2014.

crise de l'été 2015. Modernisation ? Doux euphémisme synonyme de course au gigantisme.

Quelle était déjà la petite phrase de Christiane Lambert, numéro deux de la FNSEA et éleveuse de porcs dans un système industriel à Bouillé-Ménard dans le nord-ouest du Maine-et-Loire ? Ah oui : « Nos éleveurs sont nos paysages. »

Pendant que ces Picsou modernes se servent gaillardement à l'auge étatique, nos combattants de la bonne chère qui, eux, ne bénéficient ni du porte-voix du syndicat majoritaire ni de ses entrées dans les ministères meurent en silence.

Et avec eux, ce sont nos plus beaux terroirs qui disparaissent, ensevelis sous des ronds-points et des zones industrielles. L'équivalent d'un département est englouti tous les six à dix ans sous le bitume et le béton…

Car lorsqu'il n'y aura plus ni terres ni terroirs, les tenants de l'agrobusiness auront beau jeu de nous dire que le seul modèle possible est celui de la ferme des 1 000 vaches et celle des 850 000 poulets !

La France, patrie du bien-manger, est donc parvenue à ce résultat totalement contre-productif qui est de mettre à mal ce qu'elle fait le mieux, ce qui fait sa renommée internationale. Pour faire quoi ? Des produits aseptisés, qui non seulement sont un danger pour notre économie – n'ayant presque aucun intérêt marchand puisque nos concurrents du monde entier les font aussi bien que nous, pour bien moins cher –, mais aussi pour notre santé.

De nombreuses études scientifiques remettent en effet en cause aujourd'hui cette quête folle de l'hygiénisme qui, à force de vouloir faire place nette et d'éradiquer toutes les bactéries, fragilise notre organisme et ouvre les portes à des microbes ultrarésistants.

À l'heure où nous nous demandons comment recréer de la croissance, pourquoi ne pas se tourner vers ces exemples de réussites françaises, ce *small is beautiful* que nos dirigeants s'ingénient à faire disparaître chaque jour ? Pourquoi ne pas les sauver ?

Voilà, le voyage va commencer…

Mon tour de France

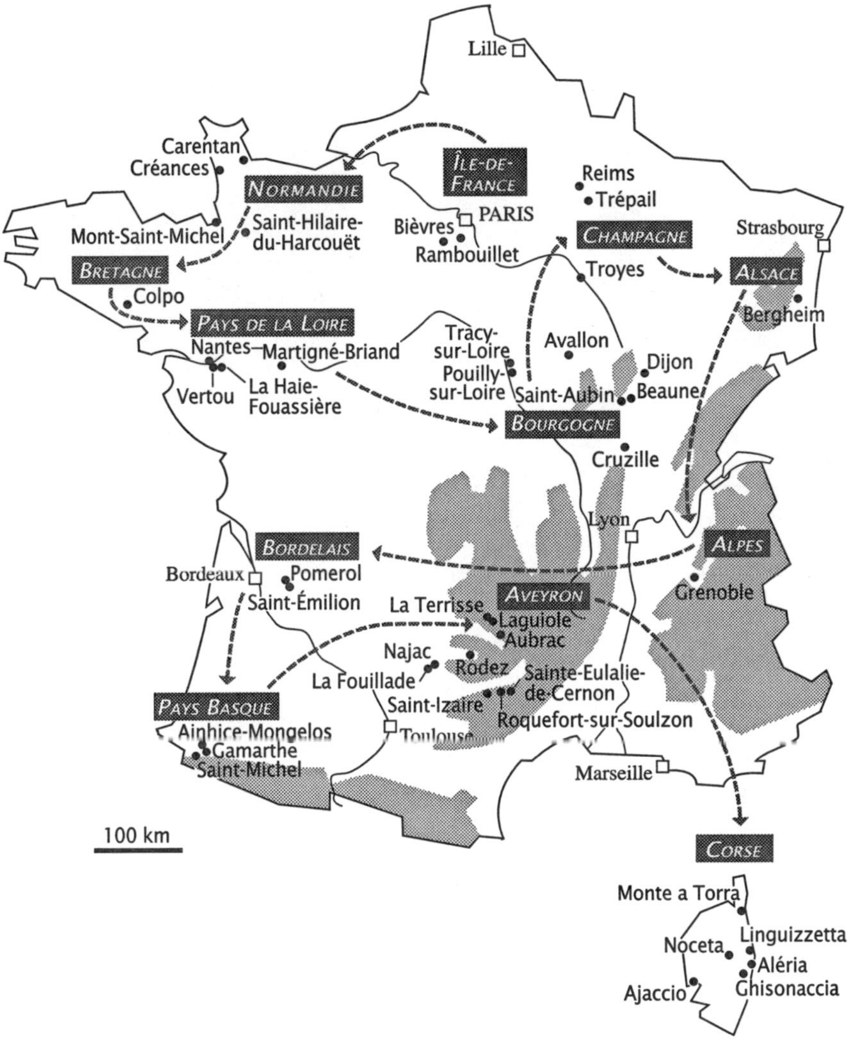

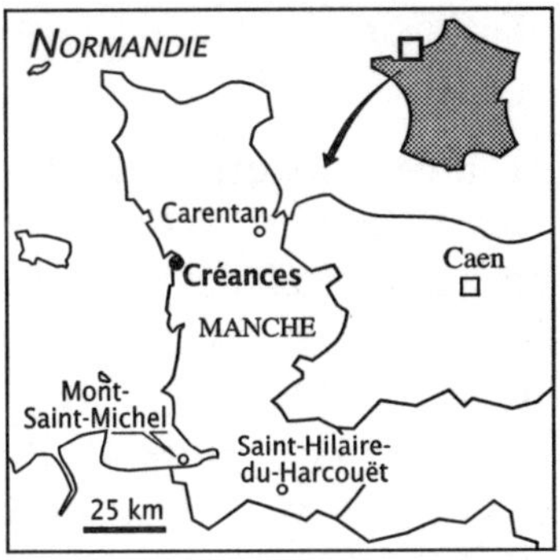

1

Gérard le conquérant

« Je serais déjà mort si je n'étais pas entré en résistance[1] », lâche Gérard Legruel, de sa belle voix tonitruante. Avec sa carrure de rugbyman et son parler vrai, Gérard n'est pas le genre d'homme à s'en laisser conter. « Dans la vie faut se battre tout le temps, et notamment contre les cons. Attention, ils sont nombreux[2] », s'amuse cet homme qui pour vivre heureux cumule les casquettes. Tout à la fois maraîcher – il fait des légumes que les plus grands restaurants étoilés s'arrachent – et éleveur d'agneaux de pré-salé. Ce qui l'agace le plus ? Que nos décideurs manquent de BSP. « Tu connais pas l'expression ? BSP, Bon Sens Paysan quoi ! Il leur en faudrait en injection à tous ces rigolos[3] ! »

Campé sur sa dune à Créances, dans la Manche, Gérard secoue la tête en regardant d'un air navré les parcelles qui s'étendent sous ses yeux. « Avant on se battait pour avoir un morceau de sable. Mes parents

1. Entretien du 9 juillet 2014.
2. Entretien du 30 mars 2015.
3. Entretien du 8 juillet 2014.

étaient éleveurs de moutons dans la commune. On vivait de rien mais on était heureux », se remémore-t-il, soudain nostalgique. « On a laissé faire n'importe quoi ! Regarde ces parcelles, elles sont beaucoup trop grandes, le vent s'engouffre dedans. » De son temps, elles étaient plus petites, mais cultivées à la main. « Maintenant on préfère faire du poireau et de la carotte à la tonne, qu'on vend mal », un système que Gérard connaît bien pour l'avoir pratiqué longtemps. Puis quitté du jour au lendemain. « J'en avais marre de crever la dalle pour faire de la merde. » Gérard n'en démord pas, le système productiviste, c'est la mort assurée du paysan.

« On était 70 à faire des légumes, on n'est plus que 6 ou 7 maintenant. »

S'il s'en sort, c'est parce qu'il fait la démarche « d'apporter ses produits jusque dans la bouche du consommateur. Sinon ça ne marche pas[4] ». « Trois jours dans les champs, trois jours sur les routes. Et le jour du Seigneur pour moi si j'ai de la chance », voilà comment il mène sa vie. Il la gagne plutôt bien. Mais chaque centime est l'enjeu d'une âpre bataille. L'homme livre ses légumes à Potel et Chabot qui s'est toujours montré prêt à payer le prix pour cette qualité de produits. Oui mais voilà, entre Potel et Gérard, il y a des intermédiaires, ceux de Rungis notamment. Et si certains jouent le jeu, d'autres ne le font pas. « Y a un grossiste comme ça, la première fois il m'a payé mes carottes au bon prix, près de 4 euros le kilo. La seconde, il m'a filé 40 centimes en me disant de fermer ma gueule[5]. » Pas tellement le genre de Gérard de s'écraser ! Alors, il est allé voir ses interlocuteurs chez ce grand traiteur pour leur dire qu'il fallait qu'ils trouvent une solution pour qu'il soit rémunéré au juste prix. Sinon la livrai-

4. Entretien du 9 juillet 2014.
5. Entretien du 30 mars 2015.

son des produits s'arrêterait. Un argument reçu cinq sur cinq par la prestigieuse maison qui les lui achète désormais directement.

Mais pour les abattoirs, c'est une autre histoire. Bien plus compliquée encore. Après avoir soigneusement trié ses bêtes, l'éleveur les fait entrer avec précaution dans sa fourgonnette. Il passe devant le rond-point de Créances – un drôle de monument avec d'un côté une immense carotte, de l'autre un poireau, le tout éclairé par des lampadaires-carottes un peu kitsch. Gérard s'emporte : « Regarde-moi ça ! Ils ont laissé construire des usines et des zones commerciales sur des terres pour lesquelles les anciens se battaient. »

Pas le temps de se lamenter. Il faut aller jusqu'à Saint-Hilaire-du-Harcoüet pour abattre ses animaux. Plus de 200 kilomètres aller-retour. Trois heures de route. Pourquoi aller si loin ? « Parce que l'abattoir de Coutances à une vingtaine de kilomètres d'ici ne veut plus de nous depuis qu'il est passé sous pavillon d'un gros industriel », résume, lucide, l'éleveur. « Ils ne veulent pas s'enquiquiner avec des petits producteurs, ça ne les intéresse pas. » Il y a bien un autre abattoir près de Cherbourg, d'ailleurs Gérard passe par lui quand il vend ses agneaux à la grande distribution. Mais « le mec qui le gère est un vendeur de bestiaux. Il ne me laisse pas faire les prix que je veux ». Et alors que la grande surface est prête à lui payer ses agneaux 16 euros du kilo, l'abatteur refuse. « Ils ne veulent pas que ça se sache que les paysans négocient directement les prix avec leurs clients, leur truc, c'est de garder la mainmise sur nous[6]. » De toute façon, cet abattoir est condamné et doit fermer ses portes en 2016. « On croise les doigts pour qu'un nouveau projet voie le jour à Carentan. » En attendant, Gérard continue à faire

6. Entretien du 30 mars 2015.

trois heures de route pour abattre ses agneaux dans le seul lieu où on le laisse vendre ses bêtes à qui il veut, au prix qu'il souhaite.

S'il n'y avait que ça comme problème… Il y a aussi tout le reste !

« Tu vois mes ânes dans l'enclos ? Avant, ils étaient avec mes brebis sur l'herbu [le pré-salé][7], se remémore-t-il. Puis un jour il y a un inspecteur de la direction départementale du territoire et de la mer qui m'est tombé dessus. Paraît qu'un âne, ça vaut six brebis », rouspète-t-il. Les inspecteurs semblent en effet formels, un âne aurait une pression écologique sur le pré-salé équivalente à six moutons. Donc, soit Gérard retire vingt-quatre brebis de son pré-salé, soit il se prive de ses ânes. Il a choisi la seconde option. Sauf que si l'éleveur a mis des ânes au milieu de ses agneaux, ce n'est pas pour la décoration. Ils ont une fonction. Ils permettent aux paysans de lutter contre les renards et les chiens errants. « Ben, j'ai rentré mes ânes. J'ai plus de problème avec les services administratifs, mais maintenant je me fais bouffer mes agneaux », regrette-t-il.

« Quand je te dis qu'ils manquent de BSP [le fameux Bon Sens Paysan !] tous ces fonctionnaires ! »

Une autre aberration a le don de le mettre en rage : les dates de retrait hivernal décidées arbitrairement par l'administration. « Pour eux, on est des pollueurs. Il faut donc que nos terres se reposent. Sauf qu'ici, on a trop d'herbe. On est à trois brebis l'hectare ! » grogne Gérard. Du coup, terminé l'autorisation de pâturer et ce, à date fixe. « En janvier, comme ça, il y a deux ans, on n'avait pas le droit de sortir nos bêtes, parce qu'on était en pleine période de retrait obligatoire, alors qu'il faisait un temps magnifique. Par contre, en mars, où

7. Entretien du 8 juillet 2014, ainsi que les citations suivantes.

il neigeait, le retrait était officiellement terminé, et il fallait laisser les bêtes dehors ! s'agace l'éleveur. Qu'on nous fasse un peu confiance, on n'est pas des fous. On sait s'occuper de nos bêtes, et prendre soin du pré-salé, c'est notre outil de travail. » Il semble d'ailleurs que concernant cette question, l'administration soit récemment revenue à un peu plus de raison.

Il était temps. Car le cahier des charges de l'appellation d'origine est très strict. Les agneaux doivent rester soixante-dix jours sur les prés-salés. Bien entendu, tous les jours où ils sont rentrés sont décomptés. « Sauf que les bêtes, elles, continuent à grossir. Or si l'agneau fait plus de 18 kilos, il est déclassé parce qu'il est considéré comme trop gras », s'emporte Gérard en me racontant le cas d'une voisine qui, en respectant scrupuleusement les périodes de retrait, et la législation en général, tire la langue puisque ses bêtes, constamment déclassées, ne lui sont pas payées au juste prix.

Puis de narrer, hilare, la dernière visite des ingénieurs de la direction départementale des territoires et de la mer sur son exploitation. « L'inspectrice m'expliquait qu'il était fâcheux que mes brebis n'aient pas mangé une des plantes présentes sur le pré-salé. Je lui ai répondu : "Chère madame, c'est sans doute contrariant, mais comme elles n'aiment la manger que lorsqu'elle est gelée, et qu'elle ne l'est que pendant la période de retrait hivernal... je ne peux pas grand-chose pour vous." »

Puis, agacé par ses airs doctes, il l'a emmenée dans les sables mouvants. « Je lui ai dit : "Vous voyez ! Vous êtes plus con que mes brebis, elles, elles savent les reconnaître. Comme elles savent manger ce dont elles ont besoin." » Gérard a alors frôlé l'incident diplomatique. Mais il a eu la paix pour quelque temps.

« C'est comme ces dates de fauchage imposées. On nous dit d'attendre jusqu'à fin juillet ou début août pour ne pas tuer les oiseaux migrateurs qui iraient nicher par chez nous ! Sauf que la grande marée est là mi-juillet ! Tu crois vraiment que les oiseaux sont assez idiots pour venir nicher au moment des grandes marées ? »

Gérard les appelle les ingénieurs du son. « Ils jactent beaucoup, mais ils n'ont pas l'image qui les rendrait sans doute moins cons. »

Pourtant, l'éleveur garde espoir. En ce moment, on est en train de remettre tout à plat avec la réforme de la politique agricole commune. « Ils sont même venus nous voir pour nous demander nos idées ! Ça fait guère que dix ans que je les répète, mais je suis prêt à les leur donner encore une fois, s'amuse-t-il. Si ça marche, il en aura fallu des années pour qu'enfin le BSP triomphe[8]. »

Croisons les doigts…

8. Entretien du 30 mars 2015.

2

Le bal des faux-culs

30 août 2014. Les photographes grimpent sur le perron du château de La Celle-Saint-Cloud, l'antre de Mme de Pompadour, pour débusquer le meilleur angle de vue. Ils disposent la lumière. S'activent fébrilement. Rappellent à l'ordre un ou deux de leurs modèles qui, agacés par la solennité de la mise en scène, commencent à se dissiper. À leurs pieds, alignés comme des premiers communiants turbulents, se tiennent tous les ambassadeurs de France, et quelques diplomates. Au centre, M. le ministre des Affaires étrangères, Laurent Fabius, entouré de nos chefs hexagonaux les plus renommés : Alain Ducasse, bien sûr, mais aussi Guy Savoy, Georges Blanc, Guy Martin, Michel Troisgros, Gérald Passédat... Les meilleurs ouvriers de France fromagers sont là également. Ainsi que Florence et Daniel Cathiard, heureux propriétaires du grand cru bordelais Château-Smith-Haut-Lafitte.

Virevoltant avec sa caméra portative autour de cet aréopage, le réalisateur Serge Moati est en pleine préparation d'un documentaire sur le Quai d'Orsay. L'homme de lettres ne boude pas son plaisir d'être au plus près de l'olympe de la bonne chère.

Perdu au milieu de tous, sans col bleu, blanc, rouge qui signe les meilleurs ouvriers de France, sans toque ni veste blanches qui désignent nos plus grands cuisiniers, sans l'austère costume des hommes d'État, on retrouve, en gilet de laine et Birkenstock, Gérard, éleveur d'agneaux de pré-salé à Créances dans la Manche ! L'homme est venu livrer ses tomates qui seront magnifiées par le cuisinier Akrame Benallal.

Laurent Fabius clame haut et fort qu'il n'a qu'un seul objectif en tête : faire de nos diplomates les ambassadeurs du bien-manger. La fête est d'ailleurs censée être une mise à l'honneur de nos mets d'exception. Mais, curieusement, on a omis de convier les paysans qui les produisent. C'est seulement la veille de ce grand raout que Gérard en a appris l'existence alors qu'il livrait ses tomates – celles-là mêmes qui devaient être dégustées le lendemain par les grands de ce monde – chez Potel et Chabot. L'un des traiteurs, follement amusé à l'idée de bousculer ces mondanités en y invitant cet homme au parler vrai, lui a glissé l'heure, le lieu et l'a incité à s'y rendre. Sur place, on ne l'attendait pas. Il lui a d'ailleurs fallu jouer des coudes à l'entrée. Convaincre les policiers en faction. Et retrouver tous ces grands chefs qui, eux, savent qui il est. Contrairement à Laurent Fabius. Il fallait voir l'œil inquiet du numéro deux du gouvernement quand Gérard s'est approché de lui pour lui faire part des tracasseries administratives qu'il subit… Poignée de main polie, sourire crispé. Le ministre s'est (très) vite dérobé pour aller saluer Alain Ducasse.

Aux paysans trop calleux, il préfère les chefs, ou les meilleurs ouvriers de France, plus policés.

Gérard Legruel est donc l'exception sur la photo, le petit paysan qui s'est glissé à la table des seigneurs. Ceux qui font nos plus grands fromages n'ont pas été invités non plus. Et la table de six mètres, composée de beaufort d'alpage, de bleu de Termignon et de camembert au lait cru, autant dire de nos derniers fromages artisanaux concoctés avec amour par la poignée d'hommes et de femmes qui les font encore, a été offerte au Quai d'Orsay par Lactalis, le géant de l'industrie laitière qui avait pris pour l'occasion le visage rassurant de son ambassadeur Xavier Thuret, meilleur ouvrier de France fromager, né dans la ferme familiale juste à côté de Meaux. Une icône autour de laquelle les critiques gastronomiques auront l'heur de pouvoir broder une histoire poignante même si elle est aujourd'hui vide des hommes de la terre qui l'ont bâtie.

Qu'importe ! Pour M. le ministre, comme pour ces grands critiques, l'image est aussi belle sans eux. Elle sera d'ailleurs vue par la France entière (ou presque) puisque la photo a été publiée dans le numéro de *Paris Match* où sont parues les bonnes feuilles de l'ouvrage sulfureux de... Valérie Trierweiler.

Il n'empêche, cette anecdote est révélatrice du penchant masochiste de la France, qui se sait riche de ses terroirs et de ses savoir-faire – jusqu'à les fêter en grande pompe – mais se montre incapable d'honorer les hommes qui les portent et de les laisser travailler.

3

La mise à mort de la jolie bergère du Mont-Saint-Michel

2013, 50e anniversaire du Salon de l'agriculture. La Manche (département 50) est à l'honneur. Anaëlle, ravissante blonde à l'allure juvénile, est devenue pour l'occasion le symbole de l'agriculture française. Sur cette affiche, une photo d'elle sur fond de Mont-Saint-Michel où la jolie brindille accompagnée de son chien et vêtue d'un simple jean et de ses bottes de travailleuse voudrait arborer un sourire éclatant. Pourtant, c'est une immense mélancolie qui se lit sur son visage. Comme Gérard, elle est parfois frappée d'une certaine lassitude.

« Sur le stand du salon, il y avait ce poster géant de moi, se souvient-elle avec fierté. On m'a dit que mes agneaux étaient les joyaux de ce terroir[1] », ajoute-t-elle à mi-voix.

C'est toujours son élevage que l'office de tourisme indique aux journalistes français ou étrangers. Les animaux y sont magnifiques, le pré-salé est parfaitement entretenu et Anaëlle est une cavalière émérite : les images de cette bergère rabattant ses brebis à che-

1. Entretien du 14 octobre 2014, ainsi que les citations suivantes.

val sont recherchées par toutes les télés du monde. Une émission chinoise doit venir tourner chez elle, la semaine suivante. Une équipe nippone vient tout juste de la quitter après avoir passé plusieurs semaines à ses côtés pour comprendre sa vie d'éleveuse fournissant les plus grandes tables françaises. Olivier Roellinger et Alain Passard ne jurent que par ses agneaux.

D'ailleurs, quand Hermès a organisé une très grande fête au Mont-Saint-Michel, c'est encore à elle qu'ils ont fait appel.

Sauf qu'aujourd'hui Anaëlle est à bout. À deux doigts de jeter l'éponge tant elle ne parvient plus à supporter ce qu'elle perçoit comme un véritable acharnement.

« La présentatrice japonaise qui nous a suivis pendant près d'un mois, et qui est une véritable star là-bas, était très choquée. Elle m'a demandé comment cela se faisait que la France ne fasse rien pour sauver des joyaux comme notre élevage, souffle-t-elle. Le problème, c'est pas tant qu'ils ne fassent rien pour nous aider. On ne leur en demande pas tant. Mais qu'ils fassent tout pour nous enfoncer », s'emporte la jolie blonde.

Il y a d'abord eu l'histoire de son abreuvoir. Son mari, François Cerbonney, est un homme très rigoureux. Quand en 2004 on lui propose de faire contrôler son pré-salé par un comité *ad hoc*, il accepte sans broncher. Il sait que son travail est irréprochable. Aussi est-il fier de le montrer. Hélas, une inspectrice commence à tiquer sur l'abreuvoir qu'il a mis pour ses bêtes. « Elle m'a demandé si j'avais une autorisation pour ça », se remémore-t-il. Au départ, il croit à une blague. Pas du tout. Elle lui explique qu'il est en zone Natura 2000 et qu'on ne peut pas tout se permettre sur ces sites protégés. Loin de lui l'idée de commettre un crime de lèse-majesté pour un abreuvoir. François décide donc de se mettre en conformité. « Ils m'ont fait remplir huit pages pour le régulariser. Il a fallu que je leur fasse le plan, que je donne les cotes, l'emplacement exact... Pour finalement m'entendre dire qu'il ne serait pas autorisé. » François et Anaëlle ont d'ailleurs frôlé la verbalisation pour cause d'abreuvoir non conforme sur zone classée. « Sauf qu'on n'est pas censé rentrer les bêtes tous les soirs, persifle François. Un des collègues de notre inspectrice est venu nous contrôler quelque temps après et, lui, a menacé de nous verbaliser parce que nous n'avions pas d'abreuvoir, et que c'était de la maltraitance animale. » De quoi devenir dingue.

Mais s'il n'y avait que l'abreuvoir ! Après ça, il y a eu le chemin. Anaëlle et François utilisent le chemin côtier pour descendre leurs brebis. Ils ont un autre moyen d'y accéder mais cela leur fait faire un détour de deux kilomètres. Impensable quand les petits commencent juste à aller à l'herbe. « Pour aller jusqu'à la mer, là, juste au bout du chemin, les agneaux mettent plus d'une heure au début. Et les services administratifs voudraient qu'on leur fasse faire deux kilomètres de plus ? interroge Anaëlle. Puis les agneaux, tu les mets pas directement à l'herbu vingt-quatre heures sur vingt-quatre, ce sont comme des bébés, tu fais une transition alimentaire. Au début tu les sors une demi-heure, puis une heure », tacle-t-elle. Mais, inadmissible outrage, François emprunte parfois ce chemin avec son tracteur.

C'est ainsi qu'un jour il s'est trouvé nez à nez avec Patrick Bosquet, contrôleur principal TPE-AIT (travaux publics de l'État-aménagement des infrastructures terrestres) « affecté à la direction départementale des territoires et de la mer et commissionné à l'effet de permettre la constatation des infractions en ce qui concerne les dispositions du Code général de la propriété des personnes publiques et du Code de l'environnement », qui a, de fait, constaté que M. Cerbonney avait « circulé avec un véhicule à moteur sur un chemin situé sur le domaine maritime public ». Il dresse un procès-verbal en date du 23 juin 2014 en vertu des articles L 362-1 du Code de l'urbanisme, L 2132-2 et L 2132-3 du Code général de la propriété des personnes publiques (CG3P). Avec une citation à comparaître devant le tribunal administratif de Caen pour répondre « à la contravention relevée au procès-verbal ci-dessous notifié » et s'entendre « condamné à l'amende de 5e classe ainsi qu'aux dépens ».

Autant dire que l'affaire du chemin emprunté par les brebis d'Anaëlle et de François prend tout à coup une nouvelle dimension : la préfète se fend d'un courrier le 2 juillet 2014. Tout cela pourquoi ? Une simple histoire de querelle de voisinage. « Les voisins nous ont dit que les moutons, ça bêle, ça pue. Manifestement, ils ne veulent ni le bruit ni les odeurs », persifle Anaëlle. Pourtant ils avaient bien fait les choses, tous les deux. Rachetant les terres des uns et des autres pour pouvoir faire leur chemin (ils y ont investi 20 000 euros), puis, comme on leur reprochait de dégrader le chemin en passant dessus, ils y ont mis des pierres (pour 8 000 euros). Oui mais voilà, l'empierrement a été perçu comme une dégradation du chemin qu'ils sont désormais sommés de remettre en l'état. « Ils veulent qu'on le remette en herbe, mais l'hiver, tu as un mètre de boue. Mes brebis, je peux pas les faire nager dans la boue, si ? » interroge Anaëlle à bout de nerfs.

Le chemin, encore, ce n'est presque rien. Il y a aussi le problème… de la bergerie.

François et Anaëlle regardent fièrement leur pré-salé. « Quand on s'est installés ici, qu'on a créé le GAEC (groupement agricole d'exploitation en commun) des Va-Nu-Pieds, nous deux quoi, les herbes m'arrivaient à la cuisse, se remémore François. On ne voyait même plus le Mont-Saint-Michel, il était caché par les roseaux », narre cet homme blessé qui se souvient que la maison construite juste à côté de sa bergerie ne trouvait pas preneur et s'était vendue pour une bouchée de pain à cause de l'état déplorable de ce qui n'était alors que des marais mal entretenus. « D'ailleurs, à part les moustiques, il n'y avait pas beaucoup de biodiversité ici », ironise-t-il.

Avec l'arrivée des moutons, le paysage a changé du tout au tout. « Tout le monde salue l'état de notre pré-salé. On a reçu des félicitations des élus, mais aussi des scientifiques qui nous disent qu'il y a une vraie régression du chiendent maritime et un retour de petites plantes qui avaient disparu », explique François avec fierté.

Depuis la plage, la bergerie d'Anaëlle et François est invisible. Impossible de deviner qu'il y a un bâtiment agricole. Enfin, si c'est comme cela que l'on doit nommer une jolie bergerie sommaire, faite de bois et totalement démontable. Il faut donc emprunter le fameux chemin qu'ils n'auraient pas dû empierrer, pour tomber quelques mètres plus loin sur la modeste bergerie.

Ils l'avaient pourtant bien mérité, ce bâtiment. Parce que depuis 2001 que François est installé là, il travaillait sans rien. La mise bas de ses bêtes, l'hiver, dans le froid, il la faisait comme il pouvait. Sans bâtiment pour l'abriter ni lui ni elles. Une épreuve que l'on n'imposerait à personne. Depuis 2002, il déposait des permis de construire juste pour pouvoir continuer à travailler. « J'en étais à ma sixième demande en 2009. Tout ça m'a coûté beaucoup d'argent et d'énergie. » Puis, un jour, c'est le ras-le-bol. L'hiver de trop. On est en décembre 2008. Le temps est particulièrement rude. Le couple perd la moitié de ses agneaux à cause du froid. Anaëlle en parle encore avec beaucoup d'émotion dans la voix. « Là, je me suis dit : plus jamais ça. Ces bêtes, on s'y attache, on vit huit ans avec nos brebis. »

Avec son compagnon, ils montent une bergerie de bois. Ils s'assurent auparavant que la mairie et la préfecture de la Manche les soutiendront. Ils suivent d'ailleurs leurs conseils sur le choix de l'emplacement et la meilleure façon de le faire. Puis ils obtiennent un permis de régularisation de la mairie en août 2011. Permis validé par le ministère de l'Écologie et du Développement durable, la commission des sites et la préfecture de la Manche. Anaëlle et François suivent scrupuleusement les demandes de modification de l'architecte des bâtiments de France pour arrondir les angles. Enfin, tout est validé. Le couple revit. Ils vont pouvoir travailler dans un climat serein. Oh, ce n'est pas le grand luxe, l'installation est sommaire. Les toilettes pour eux sont dans une caravane à côté ; mais au moins les brebis sont au chaud, et les agneaux aussi.

Sauf qu'entre-temps, une association écologiste a décidé de porter plainte contre la bergerie. Et a eu gain de cause auprès du tribunal administratif de Caen qui, par le jugement n° 1101189 du 28 juin 2012, a annulé le permis de construire. La commune décide de soutenir ses bergers et de se pourvoir auprès de la cour administrative d'appel de Nantes. Qui rejette également la requête. Pugnaces, nos éleveurs sont allés jusqu'au Conseil d'État qui a rejeté leur pourvoi le 17 octobre 2014.

Sur quels arguments de droit la cour de justice s'estelle appuyée pour leur donner tort ? Aux termes de l'article L 146-4 du Code de l'urbanisme, « les constructions peuvent être autorisées dans les communes littorales en continuité avec les zones déjà urbanisées, caractérisées par une densité significative des constructions, mais aucune construction ne peut en revanche être autorisée [...] dans les zones d'urbanisation diffuse éloignées des agglomérations[2] ». En clair, le lieu-dit aurait été plus construit, il y aurait eu plus d'habitations (et donc plus de gens susceptibles d'être gênés par la cohabitation avec un élevage), nos bergers auraient eu le droit de conserver leur bergerie. Mais étant finalement dans un coin bien tranquille, où cela ne dérange pas grand-monde, ils risquent de se la faire démolir... Cherchez l'erreur.

Une conclusion excessivement paradoxale, d'autant plus d'ailleurs que la cour rappelle que « par dérogation [...] les constructions ou installations liées aux activités agricoles ou forestières qui sont incompatibles avec le voisinage des zones habitées peuvent être autorisées [...] avec l'accord du préfet ». Or la bergerie a eu toutes les autorisations nécessaires et elle est à plus de 220 mètres du rivage, dissimulée derrière un talus.

La bergerie est donc un bâtiment agricole qui n'a pas le droit de se prévaloir de la dérogation accordée aux bâtiments agricoles, mais, suivant les conclusions de la cour, devrait se conformer à la réglementation qui régit les lotissements alors même qu'elle présente un caractère de nuisance dans un quartier résidentiel dont les riverains pourraient se saisir pour s'opposer à son utilisation !

Vous nagez ? Vous n'êtes pas les seuls !

« Ce sont des résistants qui se battent pour faire le meilleur, et à qui on ne cesse de mettre des bâtons dans les roues[3] », déplore Olivier Roellinger, grand chef sis à Cancale qui ne sait que trop bien qu'il n'est pas de haute gastronomie sans produits d'exception.

François a également payé très cher son indépendance et son refus de s'encarter à la FNSEA. Et s'il

2. Cour d'appel de Nantes, lecture du 11 octobre 2013.
3. Entretien du 8 avril 2015.

a pu compter sur le soutien sans faille de fortes têtes tels que Gérard Legruel, il a trouvé porte close du côté des apparatchiks.

En revanche, un véritable élan de solidarité s'est créé autour d'eux émanant tant de la société civile, des voisins, des clients, que des politiques, de droite comme de gauche. François Dufour, vice-président de la région, en passant par les différents maires de Genêts – Alain Lalisse, Catherine Brunaud-Rhyn –, ou encore Guénahël Huet, député, ou Jean Bizet, sénateur de la Manche… Olivier Roellinger a toujours, lui aussi, été à leurs côtés.

Mais cet engouement collectif n'a pas suffi. Aucune cour de justice n'a osé s'ériger contre le premier jugement. Et François a fini par recevoir en avril cette lettre qu'il redoutait tant. Ce courrier qui lui imposait de démolir sa bergerie…

Il ne l'a pas supporté. Cette énième offensive a été la goutte d'eau dans cet océan de tracas qu'on lui a infligés. Il a craqué. Si sa femme n'était pas passée par là, il serait mort aujourd'hui. Laissant derrière lui une jeune veuve et un orphelin.

Il faut entendre Olivier Roellinger parler d'Anaëlle et de François. Tenter de dissimuler son émotion, de retenir ses larmes pour comprendre qu'il est juste intolérable que cette bataille ait été perdue par ces résistants de toujours.

« Pourquoi s'acharne-t-on sur ces paysans qui offrent ce qu'il y a de plus beau dans le savoir-faire français ? s'émeut le grand chef. Quand cessera-t-on de les martyriser pour enfin les honorer comme ils le méritent[4] ? »

4. *Ibid.*

4

La brebis corse fait de la résistance

Il ne faudra citer ni les noms ni donner de lieux précis. L'homme est bourru, un peu austère. Derrière ses lunettes, il vous jauge en un clin d'œil. Il aurait dû être vigneron, comme les trois générations qui l'ont précédé sur ces terres auxquelles il est viscéralement attaché. Mais l'entretien de l'immense maison que ses parents ont reçue en héritage, « le château » comme on l'appelle au village, la gestion désastreuse de la coopérative à laquelle son père vendait le vin, ont poussé le patriarche, premier président de l'un des organismes de distribution d'aides bruxelloises de la région, à préférer toucher des primes pour arracher ses vignes plutôt que de les léguer à sa progéniture. Son fils ne s'en est jamais vraiment remis. Il n'est cependant pas homme à se laisser abattre. Ni à abandonner ses terres. Son attachement pour son île, il le vivra autrement, en devenant berger. Mais attention, hors de question pour ce Corse d'élever autre chose qu'une brebis locale. C'est pourtant vers les races lacaune ou sarde que les instances agricoles – comme les industriels qui lui achètent son lait – le poussent. Pensez ! Pourquoi perdre son temps avec une brebis corse quand les autres sont de véritables pisseuses de lait ?

C'était compter sans l'acharnement et la détermination de tous ces bergers. Dans les années 80, ils décident de sauver la race corse et, sans relâche, travaillent pour que cette brebis perdure. Ils ont porté cette démarche à bout de bras, sans financement. Et quand, à la fin des années 80, ils touchent enfin des aides, c'est pour mieux se les faire retirer quelques années après à la suite d'un changement de majorité de la chambre d'agriculture. Du jour au lendemain, ils se retrouvent dehors, sur la route, avec leurs 150 béliers et leurs dizaines d'essais déjà réalisés. Beaucoup auraient abandonné. Pas eux. Puis, une nouvelle génération de bergers s'installe, qui les soutient. Ainsi que l'Institut national de la recherche agronomique (INRA).

Il aura donc fallu vingt ans pour que nos éleveurs touchent des aides de l'État et de la région. L'appartenance aux clans nationalistes des bergers corses a sûrement compté dans la méfiance de l'État vis-à-vis d'eux. Mais curieusement, c'est en 2000, soit deux ans seulement après l'assassinat du préfet Érignac, que les choses se débloquent. L'État leur accorde alors – non sans que nos valeureux bergers aient eux aussi âprement bataillé – un bail emphytéotique de 25 hectares sur le domaine du pénitencier de Casabianda, propriété du ministère de la Justice. C'est dans ce lieu hautement symbolique que sera construit le centre de sélection qui va permettre de faire considérablement progresser les capacités laitières de ces brebis corses. En vingt ans, cette petite brebis de 35 kilos est passée de 90 litres de lait par an à… 180[1] voire 250 pour les élevages les plus productifs.

« On a travaillé comme des dingues pour démontrer que cette race en valait la peine », lâche en

1. 137 litres selon l'Agreste. Comme pour les manifestations, selon les points de vue, les chiffres ne sont pas les mêmes…

novembre 2014 notre éleveur de Haute-Corse. « Bien sûr, on aurait pu aller chercher de la sarde qui crache plus de lait. Ça aurait été moins de contraintes. Mais quand on vend un produit corse, on a une identité à défendre, et cette identité, elle vient aussi de nos brebis. »

Même les services de l'État reconnaissent désormais (mieux vaut tard que jamais) que cette brebis est particulièrement adaptée aux maquis insulaires[2].

Paul André Fluixa, président de la Coopérative de sélection et d'insémination jusqu'en 2013, se garde bien pourtant de tout triomphalisme. Et reste vigilant. Car si on revient de loin, l'élevage corse reste dans une posture difficile avec une chute importante de ses effectifs[3] et un vieillissement des bergers[4]. On enregistre une installation pour cinq départs à la retraite. « N'exagérons rien, on a tout de même fait des progrès pour l'installation des jeunes[5] », nuance cet éleveur au caractère bien trempé qui reconnaît pourtant que c'est un métier difficile et souvent très peu rémunérateur : 11 000 euros annuels en moyenne.

Devant la pugnacité de ces éleveurs, leur volonté de se battre et de faire perdurer leur savoir-faire, on ne peut qu'être touché. Et, naïvement, se dire que les pouvoirs publics, désormais avertis de l'importance de cette filière, doivent batailler pour que ces bergers ayant eu le courage de surmonter ces obstacles soient soutenus contre vents et marées.

---

2. « C'est une bonne marcheuse, adaptée à l'exploitation des zones de parcours et à la transhumance », *Agreste-Corse,* n° 5, juillet 2013.

3. Moins 25 % selon les syndicats, moins 32 % d'UTA (unité de travail annuel) de 2000 à 2010 selon l'Agreste, *Agreste-Corse,* n° 5, juillet 2013.

4. Dont la moyenne d'âge est de 50 ans.

5. Entretien du 19 novembre 2014.

Sauf que dans ce pays masochiste, lorsque l'on est parti dans l'engrenage infernal du toujours pire, on a tendance à s'y complaire. Et à peine certains grands technocrates agricoles vaincus, un nouveau barrage s'élève : et quel barrage !

5

Le grand homme de l'Aubrac

La terre est sèche cet été-là, et ses mamelons jaunis par le soleil s'étendent à perte de vue. Une mer de montagnes, avec leurs courbes rondes et sensuelles. De sobres bâtiments de pierre couverts de lauzes, les burons où les éleveurs transformaient le lait en fromage durant les mois de transhumance, sont autant de preuves que ce paysage a toujours été façonné, accompagné, par la main de l'homme.

Dressé face à son territoire, il vous lance : « Vous êtes allée au sommet du roc du Cayla ? C'est tellement beau là-haut, ce vent qui vous fouette le visage, ces montagnes qui vous encerclent. Mon élevage y paît, vous l'avez sûrement vu[1]. » Il est très grand et porte beau ses quatre-vingts années de combat. L'homme en impose. Il a tant vécu, tant fait pour l'Aubrac, son pays. Ici, partout, il est chez lui, c'est M. Valadier, l'homme providentiel qui a su sauver les éleveurs laitiers. « Il a mis son intelligence au service du collectif », aime à dire Francis Sabrié, un éleveur au caractère bien trempé lui aussi.

1. Entretien du 27 juillet 2015, ainsi que les citations suivantes.

« Nous sommes des rescapés, souffle André Valadier, mais je pense que la difficulté vaincue est source de progrès. On est sortis renforcés et solidaires de l'adversité à laquelle on a dû continuellement faire face. »

L'homme est né à La Terrisse, un village proche de Laguiole. Son père est mort jeune dans un accident. Aussi, très tôt, il a dû prendre des responsabilités. Il a quitté l'école à 14 ans, comme beaucoup de gens de sa génération. Mais André Valadier avait soif de savoir et a mis à profit son service militaire de deux ans – c'était la guerre d'Algérie – pour dévorer tous les livres qui lui tombaient entre les mains. Quand il revient dans son village, on est en plein boom de la modernisation. « Elle avait tardé sur l'Aubrac, grâce aux bœufs notamment. On était les derniers à faire entrer le tracteur, les anciens l'appelaient Attila : là où il passait, selon eux, l'herbe ne repoussait pas ! Surtout, c'était une perte d'argent : le tracteur, à peine acheté, se dévaluait, coûtait en essence. Et puis les bœufs, chez nous, avaient un rendement 20 % supérieur aux tracteurs. » N'empêche, certains n'ont cure du bon sens des anciens et se laissent tenter par les sirènes de la modernité. Oubliant un peu vite tout ce qui a fait la richesse de l'Aubrac.

André Valadier, lui, ne l'entend pas de cette oreille. Il voit que des 300 buronniers qui faisaient le laguiole, il n'en reste plus qu'une poignée. Et que le savoir-faire des « cantalès », ceux qui savent fabriquer le fromage comme le leur ont appris les hommes du Cantal, est en train de disparaître. Si au début du XXe siècle la production de laguiole frôle les 1 000 tonnes, elle tombe à 50 tonnes en 1950 et à 25 tonnes en 1960. Il était donc temps d'agir. André Valadier décide alors de lancer la coopérative Jeune Montagne. Jeune, parce que dans ces montagnes vieilles, les membres de la coopérative n'ont pas plus de 28 ans. Et obtient l'appellation dans la foulée pour le fromage laguiole, en 1961.

« Je ne voulais pas d'un territoire support, mais d'un territoire acteur en me disant qu'ainsi, cela nous empêcherait de le massacrer puisqu'il devient notre "associé" », explique calmement André Valadier. Il réfléchit à chaque détail du cahier des charges de l'appellation, qu'il aime d'ailleurs à appeler cahier de ressources. « C'est notre frein moteur, celui qui nous empêchera toujours de sombrer dans l'hyperproductivisme et de nous casser la figure », estime-t-il. Pas de maïs, pas d'ensilage, parce que « quand les vaches ne ruminent plus, c'est le paysan qui rumine », lance le patriarche qui se souvient combien ses éleveurs ont toujours passé sans difficultés toutes les hausses successives du prix des céréales qui mettent les agriculteurs productivistes à genoux tant leurs vaches ne mangent plus que ça. Autre point fort, le lait cru. Pourtant, que n'a-t-il pas entendu quand il a dit qu'il fallait absolument conserver cette denrée irremplaçable ! Il allait à contre-courant de l'histoire, c'était un nostalgique, il allait entraîner les éleveurs à leur perte. Sans pasteurisation, point de salut ! Envers et contre tous, il a tenu bon. « Je me souviens très bien d'avoir dit alors aux éleveurs : "Considérez une fois pour toutes que le soleil se lève à l'est et arrêtez d'admirer le modèle breton." »

L'avenir lui a donné raison. « Si on n'était pas restés en lait cru, on ne serait plus là aujourd'hui. Quand je vois la détresse, l'incertitude et l'angoisse qui étreignent les éleveurs qui ont suivi le modèle dominant... Il faut avouer qu'il pouvait être tentant, ce modèle : tellement allégé en contraintes, et soutenu de façon inconditionnelle par nos décideurs... »

Et l'homme de livrer une anecdote. C'était lors d'une des récentes crises du lait. Il était encore aux responsabilités à l'Institut national de l'origine et de la qualité (INAO). Il voulait savoir si les fromages sous appellation résistaient mieux à la crise que les autres.

Il lance alors une étude. Quelques semaines plus tard, les résultats tombent : une moitié des appellations est durement touchée par la crise. L'autre pas. Quel est le critère commun à celles qui résistent ? Le maintien du lait cru ! Les politiques lui ont, bien entendu, demandé gentiment mais fermement de ne pas ébruiter les résultats de cette enquête. « Ceux qui résistaient étaient ceux qui ne faisaient pas semblant. L'AOC n'a d'effet que si elle entraîne une pratique rigoureuse et quotidienne », tacle l'homme fort de l'Aubrac.

C'est d'ailleurs cette quête de la perfection qui le pousse à revenir à un ramassage quotidien du lait dans les élevages. « Il a fallu recruter six personnes, mais le nombre de fromages déclassés a diminué, on a donc largement compensé l'augmentation des coûts et on a créé six emplois. »

C'est ça, la méthode Valadier. Faire vivre son terroir, recréer de l'emploi et du lien social. Aujourd'hui, le prix du lait de Laguiole est le deuxième plus important de toute la France : 530 euros les 1 000 litres. Il fait vivre 90 éleveurs, et 106 salariés.

Mais pour en arriver là, il a dû en livrer, des batailles.

6

Laguiole envers et contre tous !

La chance de ce territoire de l'Aubrac, c'est d'avoir eu son grand homme. Sans sa pugnacité, le bel exemple que donne aujourd'hui sa coopérative n'aurait pu résister aux assauts continus des politiques publiques influencées par la FNSEA et consorts.

Car André Valadier est un homme de son territoire. Son premier geste a donc été de se tourner vers la race de vache locale qu'est l'aubrac. Une belle bête qui donnait viande et lait dès lors qu'on savait la prendre.

Oui mais voilà, les pouvoirs publics pour qui l'aubrac n'était que folklore ne l'entendaient pas de cette oreille. « La race était sous le coup de la répression. Les prêts n'étaient pas octroyés par le Crédit agricole quand on s'en servait[1] », se remémore André Valadier. C'était la grande heure des pisseuses de lait, et les « responsables » croyaient en elles, avec la vigueur de ceux qui pensent toujours mieux savoir que les paysans.

Comme si cet obstacle n'était pas suffisant, il y en a eu d'autres. La célèbre politique agricole commune décréta une prime à la vache allaitante, ce qui, comme

1. Entretien du 27 juillet 2015.

son nom ne l'indique pas, veut dire une prime à la vache à viande. « Une belle idée pour aider nos éleveurs en race à viande à se maintenir et à continuer une agriculture de qualité », nuance Jacques Berthomeau, spécialiste des questions agricoles dans différents cabinets ministériels sous Mitterrand. « Hélas, toute subvention, aussi intelligente soit-elle, peut avoir des effets pervers[2]. » C'est ce qui arriva avec l'aubrac, jolie race mixte aussi laitière qu'elle était à viande : elle fut éligible à cette prime. Le résultat fut le suivant : comme il devenait plus avantageux de faire de la viande que de vendre son lait, les éleveurs – et on les comprend – abandonnèrent progressivement le sacerdoce des deux traites par jour. « Les politiques vivaient déjà dans le spectre des montagnes de lait en poudre qu'on n'arrivait pas à écouler. Je suis persuadé qu'ils ont inventé cette prime pour nous empêcher de produire. Une prime à ceux qui ne faisaient plus de lait[3] », peste André Valadier, encore sous le choc des conséquences de cette politique. « Il y avait 300 éleveurs à l'époque à Jeune Montagne. Les trois quarts ont souhaité abandonner à la suite du vote de cette subvention », regrette-t-il. Lui décide de jouer son va-tout. Et fait en sorte que sa coopérative se substitue à la politique agricole commune et verse des primes aux éleveurs qui voulaient bien continuer à fournir du lait. Il essaie en quelque sorte de mettre en place, au niveau local, une contre-politique de la PAC. Las, le rouleau compresseur auquel ils ont affaire est bien trop redoutable. Et l'hémorragie a bel et bien lieu. « Quelle énergie ont pu dépenser nos politiques dans cette culture intensive du handicap ! soupire André Valadier. Mais je me suis tenu à mes engagements et je n'ai jamais voulu que l'Aubrac bascule dans l'assis-

2. Entretien du 1er juillet 2015.
3. Entretien du 27 juillet 2015, ainsi que les citations suivantes.

tanat auquel l'État voulait le contraindre, un assistanat qui n'est en rien une solution, et encore moins une perspective ! s'enflamme-t-il. La crise du modèle productiviste actuel nous a donné raison. »

Il n'empêche, la coopérative Jeune Montagne est affaiblie. À tel point d'ailleurs qu'elle se laisse un temps embobiner par les sirènes agronomiques qui la conjurent de se convertir à la prim'holstein, une laitière hyperproductive. « On avait beaucoup d'appréhension, mais les techniciens nous disaient qu'elles donneraient 7 à 8 fois plus de lait qu'une aubrac », se souvient André Valadier. En ces temps de crise de la vocation d'éleveur laitier, l'argument porte. « Sauf qu'on nous a trompés. La prim'holstein faisait certes des volumes, mais la qualité n'était plus là, et nous peinions à faire nos fromages », se remémore la forte tête. Il faut donc faire machine arrière. Or l'aubrac n'est plus un horizon possible. Poussée par les primes à produire de la viande, la vache, croisée avec de la charolaise, est devenue une race sans lait ou presque. « La race aubrac fait désormais 200 kilos de plus que son arrière-arrière-grand-mère, mais la moitié du lait. » « Ce n'est pas le fromage qui a abandonné la vache, c'est la vache qui a abandonné le fromage[4] », regrette-t-il. L'homme se lance alors dans la reconquête de la race, achète des vieilles vaches de 18 ans dans des terroirs où l'on n'a pas encore totalement abandonné le lait. Essaie de retrouver, dans de vieilles cuves, des semences abandonnées de taureaux que l'on jugeait trop producteurs de vaches laitières plutôt que de vaches à viande. Et met tout un système de sélection en place, jusqu'à la naissance de Nénette, capable de fournir 5 000 litres de lait, soit un peu plus que son arrière-arrière-grand-mère de 1935 qui en faisait 3 500 en n'étant nourrie qu'à l'herbe.

4. Entretien du 25 juillet 2015.

La race est sauvée, mais en attendant, il a bien fallu mettre un autre système en place. D'abord, l'urgence était de se débarrasser de la prim'holstein qui ne convenait pas pour le laguiole.

André Valadier prend son bâton de pèlerin et part visiter la Suisse, la Bavière, l'Autriche, pour voir quelle race de vache lui permettrait de faire la transition avant que l'aubrac ne reprenne la place qui lui est due. Ce sera la simmental. On est en 1976. André Valadier convainc les éleveurs de le suivre. Certains traînent un peu des pieds. Il faut dire qu'en quinze ans, on leur a fait abandonner l'aubrac, prendre des prim'holstein, pour ensuite y renoncer pour de la simmental, tout cela dans un contexte économique où ils ne touchent pas d'aides pour fournir un travail de qualité !

Mais l'homme a su trouver les mots. Et a été suivi… Jusqu'au nouveau fléau qui s'est abattu sur eux : les quotas laitiers.

Le modèle productiviste est déjà en surproduction et pour éviter que les prix ne s'effondrent, les politiques décident de freiner la production. Une louable intention. Oui mais voilà, bien souvent ces grands cerveaux, coupés de leur base, imposent à tous un modèle, sans voir ce qui se passe dans les marges… Et dans les marges, il y a la renaissance de Jeune Montagne.

« Les quotas, contrairement aux droits à la prime de la vache allaitante, nous sont tombés dessus du jour au lendemain, se remémore Francis Sabrié. Autant, pour la prime à la vache qui ne fait pas de lait, les éleveurs ont été prévenus et ont eu le temps de faire de très gros élevages pour toucher un maximum de subventions, autant là, ça nous est tombé sur la tête avec une violence inouïe. En 1984, on nous a annoncé qu'on avait le droit de produire ce qu'on faisait en 1983 moins 30 %[5]. »

5. Entretien du 27 juillet 2015.

Autant dire que pour ceux qui avaient eu une mauvaise année en 1983 comme pour les jeunes qui voulaient s'installer, ça a été une catastrophe. Jeune Montagne est alors en pleine expansion. « Quand les quotas se sont abattus sur nous, on n'était même pas à 700 tonnes de fromages produits, bien loin des 1 000 tonnes de nos ancêtres », se remémore André Valadier qui essaie de faire comprendre sa propre problématique aux politiques de l'époque. Mais ceux-ci ne veulent rien entendre. La coopérative doit rentrer dans le moule, comme les autres. Et tant pis si elle crée de la richesse, si les éleveurs sont bien payés, et si elle installe de nombreux jeunes. « Ce qui était absurde dans la volonté des politiques de nous empêcher de produire, c'est que nous seuls aurions payé les conséquences de notre surproduction ! Nous n'étions pas subventionnés, et si les fromages nous étaient restés sur les bras, nous en aurions été les seules victimes[6] ! » regrette Francis Sabrié.

Oui mais voilà, reconnaître la réussite de Jeune Montagne, lui accorder le droit à l'exception, cela aurait sans doute froissé le syndicat majoritaire qu'est la FNSEA. Impensable, notamment quand on sait qu'à l'époque la majeure partie des dignitaires de ce syndicat provient de cette belle région. « Les politiques ont le regard coincé au fond de l'urne[7] », s'amuse André Valadier. Hors de question donc de se mettre le syndicat majoritaire à dos.

André Valadier sait que s'il ne trouve pas le moyen de contrecarrer cette politique des quotas, c'en est fini de son projet. Il décide alors d'entrer en dissidence. Il ne respectera pas les quotas laitiers. Mais hors de question de faire courir un risque financier à ses éle-

6. Entretien du 27 juillet 2015.
7. Entretien du 25 juillet 2015.

veurs. Il lui faut donc trouver un moyen de prendre en charge les pénalités qu'ils devront payer pour avoir dépassé leurs quotas. La coopérative crée alors un fonds appelé « provisions pour risques communautaires ». Et durant quatorze ans, jusqu'à ce que les pouvoirs publics cessent le harcèlement, la coopérative a pris en charge les pénalités que devaient verser les paysans. C'est à ce prix qu'il a pu maintenir la production, et développer son laguiole ainsi que l'aligot.

Aujourd'hui, les éleveurs de Laguiole sont fiers de leur produit, bien rémunérés et contribuent à la renommée de leur territoire. Mais cette victoire, ils l'ont obtenue en résistant aux pouvoirs publics. « Chez nous, 30 hectares font un emploi ; dans le modèle dominant, il leur faut 100 hectares et des primes pour en créer un ! » s'enorgueillit André Valadier.

« Quand je vois où en sont les autres éleveurs, je me dis que nous avons emprunté le bon chemin », sourit-il, tout en s'étonnant cependant que les politiques ne s'inspirent pas davantage d'exemples comme le sien pour penser autrement les problématiques du monde agricole.

7

Histoire d'eau

Francis était si fier quand son fils Lionel lui a annoncé qu'il allait s'installer sur la ferme, et qu'ils allaient tous les deux se lancer dans le laguiole fermier. Lionel avait d'abord penché pour l'aquaculture, mais finalement la passion du laguiole l'a emporté sur celle des poissons. Il est allé apprendre le métier de cantalès – c'est comme cela qu'on appelle ceux qui font le fromage – à la coopérative Jeune Montagne, qui offre la possibilité à ceux qui se lancent dans une production fermière de rester dans son giron en lui apportant le volume de lait qu'ils souhaitent quand ils le veulent. Une sacrée sécurité pour les jeunes installés.

Lionel monte patiemment son dossier auprès de la chambre d'agriculture qui le valide sans difficulté. Mais, comme pour Valadier, les obstacles imprévus surgissent ! L'agence régionale de santé ne l'entend pas de cette oreille. Lionel veut se servir de l'eau de sa source, et l'ARS s'y oppose, enjoignant à l'éleveur de se servir de l'eau du réseau… Sauf que la propriété de Lionel n'est pas raccordée au réseau. On le lui a toujours refusé : trop loin, trop coûteux, à moins qu'il ne paie lui-même les travaux de raccordement.

Récapitulons : l'agence régionale de santé l'oblige donc à prendre l'eau du robinet sauf qu'on ne veut pas la lui installer.

Devant ce cas de figure inédit, l'ARS exige donc que ce jeune éleveur demande une autorisation préfectorale pour avoir le droit d'utiliser son eau de source.

« Là, se remémore son père, on a eu affaire à des gens charmants, mais qui marchaient au ralenti. Ils m'ont expliqué qu'il fallait que je remplisse un dossier. Mais qu'ils ne pouvaient pas me l'envoyer directement après ce coup de fil. Il fallait au préalable que j'en fasse la demande par écrit[1] », souffle Francis Sabrié. « J'ai donc écrit, ils ont réceptionné mon courrier et... trois semaines plus tard j'avais le dossier qui, sans mentir, devait faire pas loin de trente centimètres d'épaisseur[2] ! » se souvient l'éleveur.

Une fois le dossier rempli, il a fallu attendre qu'un hydrogéologue soit nommé par l'agence régionale de santé. « Ils ont désigné un homme charmant qui venait de Clermont-Ferrand, s'amuse Francis. C'était en juin, et il m'a demandé si ça ne me dérangeait pas, étant donné qu'il était en congé à Royan, qu'on repousse le rendez-vous en septembre ! »

Devant le courroux des deux éleveurs prêts comme Gérard, Anaëlle et tous les autres à batailler pour leur cause, l'hydrogéologue se décide tout de même à venir. Et trouve quelques broutilles à redire. Broutilles qui coûteront tout de même la modique somme de 4 000 euros, entre sa rémunération et le filtre UV pour tuer les bactéries que les analyses sanitaires n'ont pourtant pas trouvées, mais dont il était urgent que les deux éleveurs se dotent au cas où on en trouverait un jour.

---

1. Entretien du 27 juillet 2015.
2. Entretien du 27 juillet 2015, ainsi que les citations suivantes.

Ce n'est pas fini. Une fois le rapport de l'hydrogéologue rendu, les analyses sanitaires faites, les travaux réalisés, il faut encore présenter le dossier au CoDERST (Conseil de l'environnement et des risques sanitaires et technologiques). Hélas, les commissions de cette institution ne se tiennent pas quotidiennement. Il a donc fallu attendre encore plusieurs mois pour que le projet de Francis et de son fils soit enfin validé.

« En tout et pour tout, cela aura pris une année, peste Francis. Imagine un jeune qui, contrairement à mon fils, n'aurait pas ses parents derrière lui pour assurer ? Imagine si nous n'avions pas eu quelques économies de côté ? Il serait mort. »

Ou comment dégoûter même les plus motivés...

8

Le triomphe de l'hygiénisme

Avec le temps, les contraintes qui pèsent sur les petits producteurs se sont donc transformées en une sorte de harcèlement. Mais le tout au nom du Bien. À la fin des années 90, les services sanitaires décident ainsi de « rationaliser » tous les petits ateliers fermiers. En quel honneur ? La mise en conformité avec des normes européennes qui n'ont pas encore vu le jour[1] et qui, lorsque ce sera chose faite, laisseront beaucoup plus de marge à ces productions traditionnelles que l'administration française ne veut bien le laisser croire. Car Bruxelles est, pour nos politiques, le coupable idéal à qui l'on fait porter le poids de toutes les réglementations tatillonnes que la France décide de prendre et dont elle ne veut pas endosser l'impopularité. En clair, Bruxelles a le dos large. Nos fonctionnaires vont même parfois jusqu'à exiger l'application de normes qui n'existent ni dans les textes européens ni dans les textes hexagonaux !

Quoi qu'il en soit, sur l'île comme sur le continent, les éleveurs plongent les uns après les autres. Une poi-

1. Elles n'entreront en vigueur qu'en 2006.

gnée d'entre eux décident alors de se rassembler au sein d'une association fermière, Casgiu Casanu (littéralement « fromage maison »), pour entrer en résistance. Une jolie *pinzuta* – doux épithète que nos amis insulaires réservent à ceux qui ne le sont pas –, Nelly Lazarrini – elle s'est mariée avec un Corse dont elle a endossé le fier patronyme –, prend les rênes de cette association. Arrivée en 1999 sur l'île de Beauté, son diplôme de microbiologie en poche, elle affiche une volonté farouche de vivre de l'élevage, elle qui a passé toutes ses vacances à aider sa tante mariée, elle aussi, à un éleveur corse.

« Quand on s'est créés en 1999, c'était pour enrayer la fermeture des ateliers fermiers qui, les uns après les autres, jetaient l'éponge. Les gens n'osaient même plus déclarer leur travail de peur d'écoper d'un contrôle sanitaire[2] », se remémore Nelly qui nous décrit cette époque comme le règne de la terreur. « Les vétos allaient voir les petits vieux en leur disant : "Pour vous, ça va encore, on vous tolère, mais après vous, il faudra fermer." » Sonnés par la tournure que prenaient les événements mais toujours combatifs, nos bergers décident d'aller à la rencontre des services vétérinaires. « On leur a dit qu'il fallait se calmer, qu'à ce rythme-là, il ne resterait bientôt plus un fermier en Corse[3] », se souvient cette jolie femme au sourire ravageur.

Il est intéressant de constater, les mots ayant un sens, que dans cette double décennie de recrudescence des contrôles sanitaires et de triomphe de l'hygiénisme, les services vétérinaires ont changé de nom. À partir de 2010, la DSV, direction des services vétérinaires, est devenue DDPP pour direction départementale de la protection des populations. Une dénomination que les

2. Entretien du 17 novembre 2014.
3. Entretien du 12 décembre 2014.

paysans prennent comme une déclaration de guerre : « Ce nom, il dit bien ce que nous vivons », s'émeut Jean Baptiste Galloo, ancien syndicaliste de la FNSEA et éleveur laitier à la ferme des Quatre-Étoiles à Rambouillet. « Désormais, nos fonctionnaires ont pour mission de protéger la population contre nous. Notre administration nous voit, nous paysans, comme des dangers, pour ne pas dire des assassins[4]. »

Blessée elle aussi par la dérive hygiéniste des services sanitaires, Nelly n'est pourtant pas femme à baisser les bras. Et cette bergère de caractère décide de montrer aux services vétérinaires que les petits fermiers ne sont pas isolés dans leur coin et qu'ils ne se laisseront pas abattre sans mot dire : « On est 140 et on ne pense pas se laisser faire[5] », leur lance-t-elle fièrement.

« Je me suis rendu compte que la loi était très souple mais que chaque producteur était isolé. Les vétos venaient les voir, leur faisaient peur. Mais dans les textes, il n'y avait rien. Alors je leur ai demandé de me montrer les règlements. De me dire exactement où il était spécifié qu'il fallait du carrelage jusqu'au plafond ! Pas de texte : pas de carrelage ! » gronde-t-elle. Car Nelly s'aperçoit que non seulement les règlements sont inexistants et imprécis, mais qu'en outre, tout dépend du fonctionnaire sur lequel vous avez la chance (ou la malchance) de tomber. Certains se montrent très compréhensifs – et le paient d'ailleurs parfois chèrement au sein de leur administration – et d'autres beaucoup plus tatillons. Bref, à la complexité administrative s'ajoute l'arbitraire le plus total.

À force de batailles, Nelly parvient à enrayer les fermetures. Et redonne envie aux jeunes de s'installer, eux qui s'étaient détournés de ce métier rude et en

4. Entretien du 1er juillet 2014.
5. Entretien du 17 novembre 2014.

avaient perdu le goût tant ils étaient assommés par la peur de ne jamais être dans les clous.

Divine surprise, le 7 novembre 2011, la Direction générale de l'alimentation – autant dire l'une des trois instances sanitaires avec la Répression des fraudes et la Direction générale de la santé, toutes trois dépendant de trois ministères différents –, la DGAL donc, sous tutelle du ministère de l'Agriculture, se fend d'une note intitulée « Mesures de flexibilité dans la filière lait et produits laitiers ». Dans son jargon habituel, l'administration explique que : « Sans préjudice des possibilités qui seront offertes par l'utilisation des méthodes traditionnelles, l'application des prescriptions des règlements de l'Union européenne (UE) dans les petites structures fermières ou artisanales doit se faire avec une certaine souplesse. [...] Des aménagements sont donc possibles dans la mesure où ils n'affectent pas la sécurité des aliments. »

Traduction : Soyons plus cool avec les petites structures artisanales si nous ne voulons pas les voir toutes disparaître... Cette note s'appuyait d'ailleurs sur une législation européenne datant de... 2004[6]. Il aura donc fallu sept années pour que l'État français retranscrive la réglementation européenne réclamant plus de souplesse pour les petites entreprises et la fabrication de produits traditionnels... Quand on vous dit que l'Europe est un parfait bouc émissaire.

Et encore ! Cette note est passée, comme souvent étant donné l'accumulation des réglementations sous

6. Dispositions du règlement (CE) n° 852/2004, considérant (15) : « Les exigences concernant le système HACCP devraient prendre en considération les principes énoncés dans le Codex Alimentarius. Elles devraient prévoir une souplesse suffisante pour pouvoir s'appliquer dans toutes les situations, y compris dans les petites entreprises. »

lesquelles les paysans sont littéralement noyés, complètement inaperçue. Le travail de Nelly a consisté à la faire circuler et connaître auprès des bergers. Car sur le terrain, les agents des services vétérinaires, eux, étaient toujours aussi stricts, comme s'ils n'étaient au courant de rien.

« Pour résister, il faut savoir[7] ! » s'enflamme la jeune femme qui se félicite d'avoir réussi à créer un collectif d'éleveurs pour faire pression sur l'administration. Et surtout, pour devenir le seul interlocuteur de cette dernière. Terminé les petits bergers apeurés dans leur coin qui subissaient les contrôles comme autant d'écoliers penauds attendant l'inévitable punition. « On a fait passer les notes de flexibilité aux paysans : un fermier averti n'aura pas le même discours qu'un éleveur qui a peur. La survie est dans la connaissance de ce qu'on a le droit de faire », tacle cette bergère pugnace.

Grâce au combat acharné de cette association, les petits fermiers ont été sauvés. Bien peu cependant ont demandé l'agrément, le sésame auquel doivent normalement se conformer, depuis l'arrêté du 8 juin 2006, les établissements « mettant sur le marché des produits d'origine animale ou des denrées contenant des produits d'origine animale ». Ils sont à peine 30 sur les 140 fermiers de l'association et les 256 de l'île de Beauté. C'est mieux que les 10 d'il y a dix ans, me direz-vous, mais c'est toujours très peu... Et les autres, comment font-ils ? Ils sont en dérogation. Autant dire qu'on a réussi à instaurer toute une classe de gens qui ont fait le choix de ne pas se ranger dans ce système sanitaire drastique pour ne pas être ennuyés. Et qui du coup sont enquiquinés à longueur de temps pour la mise en vente de leurs produits. Quand un atelier fermier n'a pas d'agrément CE (pour Communauté européenne),

7. Entretien du 17 novembre 2014.

il lui est par exemple interdit de vendre ses fromages sur le continent. Il faut croire que ces derniers, jugés par nos administrations suffisamment bons et sains pour être consommés localement, deviennent de véritables bombes bactériologiques immensément dangereuses une fois arrivés à Paris. Qu'importe, les fromages industriels dûment pasteurisés sont, eux, parfaitement dans les clous, et peuvent inonder les grandes surfaces sur le reste du territoire national.

Parce que qui, à part quelques mastodontes de l'industrie, a les moyens de mettre, comme Lactalis l'a fait en 2010, 100 000 euros dans son usine corse pour qu'elle réponde non seulement aux normes d'hygiène françaises, européennes, mais désormais mondiales avec l'IFS (International Food Standard) que réclame de plus en plus souvent la grande distribution ? Autant dire qu'on a inventé un cran supérieur de contrôle au cas où quelques fermiers ou ateliers artisanaux auraient survécu à tous les autres. Ces mêmes fermiers et ces mêmes PME que les grandes surfaces vont mettre en tête de gondole comme elles le feraient des derniers Indiens dans leurs réserves, pour se donner un air bucolique.

Voilà comment se joue dans notre pays la tragédie de la globalisation s'abattant sur la bonne chère. Parce que ces normes sont tellement strictes que seuls les laits pasteurisés et les produits aseptisés passent au travers des mailles du filet. On a ainsi inventé la norme sanitaire internationale qui, certes, permet d'exporter nos produits de terroir dans le monde entier... À un détail près : pour répondre à cette même norme, ces mets n'ont désormais plus grand-chose à voir avec le terroir ! Et donc plus tellement d'intérêt non plus à l'export puisqu'un produit aseptisé peut être fabriqué n'importe où, à moindre prix. Plus besoin donc qu'il soit français.

Mais si cette nouvelle religion de l'hygiène semble avoir conquis nos élites, elle n'a pas convaincu les vieux bergers. L'un d'entre eux se souvient avec amusement d'une réunion organisée par Lactalis pour expliquer aux éleveurs comment travailler pour que le lait soit toujours plus propre et réponde aux normes d'hygiène. L'homme vêtu d'une blouse blanche, comme un clinicien, expliquait ainsi doctement les bonnes pratiques à un vieux paysan de 96 ans. Pas ravi de se faire prendre pour un bleu par cet homme en blanc, l'ancêtre lui a lancé un regard noir comme seuls les Corses savent le faire, et lui a posé cette simple question : « Tu as quel âge, toi ? – 40 ans », a répondu l'homme. « Moi, tu vois, j'en ai 96, eh ben avec la bouffe de merde que tu veux nous faire fabriquer et que tu dois déjà ingurgiter, crois-moi, t'y arriveras jamais, à 96 ans. »

On notera d'ailleurs que si nos instances nationales se sont fait les chantres de l'hygiénisme, l'Europe est de plus en plus intelligente. Un paysan s'adresse ainsi à la Direction générale de la santé et des consommateurs, expliquant que son fromage de brebis fabriqué en montagne n'est jamais dans les clous. Furibard, il lui demande si l'Europe a définitivement décidé d'en interdire la fabrication. Réponse revigorante de l'instance européenne : « Non, l'UE considère les denrées alimentaires traditionnelles comme constituant un patrimoine précieux et irremplaçable des États membres et, par conséquent, comme appartenant également au patrimoine de l'Union européenne. C'est la raison pour laquelle les règlements relatifs à l'hygiène prévoient une certaine flexibilité, particulièrement pour la fabrication de ce type de produit à condition que le produit soit sûr[8]. »

---

8. Questions/réponses, Direction générale de la santé et des consommateurs, 12 août 2010.

Pour autant, sur le terrain, en France, rien ne change, ou si peu.

D'ailleurs, vu les retranscriptions nationales qui sont faites des législations européennes, de nombreux artisans reculent devant la mise aux normes de leurs ateliers, effarés qu'ils sont par les tracasseries auxquelles il leur faudra faire face ainsi que les frais à engager. C'est le cas notamment de la belle Christelle Dervieux, Lyonnaise devenue Corse d'adoption et comptable licenciée de géographie métamorphosée en éleveuse passionnée à Monte a Torra : « Pour avoir l'agrément, il faudrait que ma fromagerie ait des toilettes. Un sas avec une salle de déshabillage et une autre de vente[9] », soupire-t-elle, ne voyant pas tellement l'intérêt de toutes ces installations. Puis, ce serait des frais supplémentaires : « Il faudrait que je mette 60 000 euros pour obtenir l'agrément, et pour quoi faire ? Avoir plus de papiers encore à remplir ? Ça suffit comme ça ! » s'emporte-t-elle. Et de souligner le cercle vicieux auquel les contraignent ces règlements. « Au fond, pour que l'agrément soit rentable, il faudrait s'agrandir, avoir plus de bêtes… » En clair, devenir plus gros. Car il faut croire que, pour l'administration française, seul le *big* soit *beautiful*. Ce à quoi ces petits producteurs se refusent.

On notera que dans ce même questions/réponses daté de 2010, pour ce type de denrées alimentaires, la législation européenne permet aux États membres d'accorder des dérogations :

- aux exigences générales en matière d'hygiène en ce qui concerne les locaux dans lesquels ces produits sont exposés à un environnement contribuant au développement de leurs caractéristiques […] ;

9. Entretien du 10 novembre 2014.

- aux mesures de nettoyage et de désinfection de ces locaux [...] afin de tenir compte de la flore ambiante qui leur est propre ;
- aux exigences relatives aux matériaux composant les instruments et équipements utilisés spécifiquement pour la préparation, l'emballage et le conditionnement de ces produits.

Traduction : l'Europe a compris que les ateliers de fabrication de fromage ne sont pas des salles d'opération à cœur ouvert, et qu'il est sans doute nécessaire qu'il y reste quelques ferments et autres moisissures pour faire du bon fromage...

D'autres paysans ne veulent juste pas se mettre dans les radars des services.

C'est le cas de ce jeune homme installé depuis six ans en Haute-Corse. Il est bien content d'avoir une dispense d'agrément pour sa transformation, même si ça le contraint à tout commercialiser sur l'île. De toute façon, il vend tout et n'en a même pas assez pour satisfaire sa clientèle locale. La fromagerie est impeccable. Il est très soucieux d'hygiène, se lave les mains après chaque opération. Nettoie son atelier à fond toutes les semaines. Bref, il est dans les clous. On s'interroge alors : pourquoi ne demande-t-il pas l'agrément ?

« Pour avoir l'agrément, il manque le sas, c'est presque rien, je pourrais le mettre en place, mais je mets un point d'honneur à ne surtout pas le faire, parce que les contrôles, c'est pas pareil dès que tu as l'agrément. »

Et tous de vous conter des histoires de faillites épouvantables survenues à tel ou tel qui, à force de contrôles, a jeté l'éponge ! Des histoires qui relèvent parfois de la mythologie mais qui sont révélatrices du climat qui règne auprès de ces petits producteurs et de leur défiance envers ce service administratif qui aujourd'hui porte un nom qui semble les mettre en accusation.

Un état de fait que les fonctionnaires balaient d'un revers de main. Le responsable de ce service sur la Corse pendant de nombreuses années réfute cet argument. « Ce n'est pas parce qu'ils ont peur de nous que les éleveurs refusent l'agrément, c'est parce que les Corses veulent faire du black et ont pris l'habitude de ne rien déclarer. Ils nous voient comme des flics qui viennent mettre le nez dans leur tambouille », assène cet homme très sûr de lui. On comprend qu'avec pareil respect mutuel, les relations ne soient pas près de s'arranger…

Pourtant, il n'y a pas que sur l'île de Beauté que ça coince. Partout en France, c'est la même histoire.

Laurence est dans l'Aveyron à Saint-Izaire. Elle tient avec son mari une très jolie bergerie. C'est une éleveuse qui fait partie de ceux qui ont été choisis par la profession pour sélectionner les bêtes les plus performantes. Elle livre une partie de son lait aux industriels de Roquefort, et en conserve une autre pour faire de la vente à la ferme. C'est une femme heureuse qui grâce à cette double activité gagne bien sa vie. Mais si aujourd'hui tout se passe bien dans le meilleur des mondes, ça n'a pas toujours été le cas. Il faut l'entendre vous raconter la mise en place de ce tout petit atelier de fabrication à la ferme. On croirait qu'elle a dû gravir l'Annapurna. Et pourtant, Laurence est loin d'être une faible femme qui se laisse facilement déstabiliser. Oui, mais à force de demandes contradictoires des services en place, la voilà littéralement noyée sous l'amoncellement des réglementations… Perdue, elle décide de prendre son courage à deux mains et de passer un coup de fil aux services vétérinaires pour leur demander de l'aide. La réponse ne s'est pas fait attendre, cinglante. « Très sèchement, ils m'ont expliqué qu'ils n'étaient pas là pour faire du conseil, mais du contrôle. J'en aurais pleuré[10]. » Heureusement, Laurence est pugnace et n'a pas jeté l'éponge. Beaucoup l'auraient fait. Elle a bâti sa bergerie seule, et sans aucune aide de l'administration, en croisant les doigts pour que sa compréhension de cet imbroglio de textes abscons soit la bonne…

Une fois son atelier monté, il fallait fabriquer les étiquettes, et là, nouveau casse-tête. Que mettre dessus ? Comment ? Laurence reprend son téléphone pour s'adresser à la Répression des fraudes cette fois-ci, espérant y trouver un accueil plus chaleureux que chez les vétérinaires. « C'est devenu tellement compliqué ce qu'il faut mettre sur l'étiquette que j'avais peur de me planter. Ils ont été plus sympas, ils m'ont aidée à la faire », se souvient-elle.

La bergère est aujourd'hui ravie de cette double casquette. Bien sûr, elle est un peu inquiète du contrôle vétérinaire qu'elle devrait subir incessamment. Mais se rassure en se disant que les agents sont de moins en moins nombreux et qu'elle passera peut-être au travers des mailles du filet.

Elle vend ses produits à 200 kilomètres à la ronde. Par contre, pour vendre son lait cru, Jean Baptiste Galloo, notre éleveur de Rambouillet, ne peut pas dépasser les 80 kilomètres.

« Faire du lait cru en vente directe en France aujourd'hui… C'est juste suicidaire », peste cet autre paysan qui n'a aucune envie de rentrer dans le labyrinthe kafkaïen édicté par l'arrêté du 13 juillet 2012[11] qui, en son

10. Entretien du 16 décembre 2014.

11. Demandes d'autorisation de produire et de mettre sur le marché du lait cru de bovins, de petits ruminants et de solipèdes domestiques.

article 3, stipule que « Avant de produire et de mettre sur le marché du lait cru remis en l'état au consommateur final, l'exploitant adresse au préfet du département [...] une demande d'autorisation, conformément au modèle figurant en annexe I au présent arrêté ».

Traduction : le lait cru est devenu un objet éminemment dangereux, soumis à déclaration préalable en préfecture, et à emmerdements maximaux pour le paysan.

Jean Baptiste Galloo se remémore l'époque bénie où, au Salon de l'agriculture, les meilleurs éleveurs de France vendaient directement leur lait cru aux visiteurs qui faisaient la queue pour en avoir !

Fini tout ça ! Aujourd'hui, tout est envoyé à une laiterie et pasteurisé. Pour cause d'hygiène, bien sûr. Pire, au dernier Salon de l'agriculture, lors de la démonstration de traite sur le stand de Roquefort, l'animateur, désolé, répétait en boucle à des parents qui souhaitaient absolument que leur marmaille puisse goûter ce lait ultrafrais : « Je vous rappelle que le lait ne peut être ni vendu ni goûté pour des raisons sanitaires », puis, se tournant vers une mère dépitée : « Non, madame, je suis absolument navré, ça nous est interdit par les services vétérinaires[12]. »

Au fait, que dit l'Europe[13] à ce propos ?

« En cas d'approvisionnement direct en lait cru, il peut être dérogé aux exigences de l'UE si :

- le lait cru (non transformé) est livré par l'exploitant agricole, ou

12. Entretien du 21 février 2015.

13. On notera cependant une certaine ambivalence bruxelloise qui d'un côté reconnaît l'exception culturelle et de l'autre... met en garde contre les dangers du lait cru dans un communiqué du 13 janvier 2015.

- le lait cru est livré directement au consommateur final ou au magasin de détail local, et
- le lait cru est livré en petites quantités[14]. »

En clair, on peut faire sa vente de lait cru directement aux consommateurs assez tranquillement.

Peut-être serait-il temps de faire une fiche aux administrations françaises avec toutes ces belles réglementations européennes qui nous permettent finalement beaucoup de choses… Non ?

14. Questions/réponses, Direction générale de la santé et des consommateurs, 12 août 2010.

9

Qui veut la mort de Roquefort ?

Sainte-Eulalie-de-Cernon. Il vous attend au volant de sa fourgonnette pour vous guider jusque chez lui : « Les GPS ne nous connaissent pas encore ! On est en zone blanche… », s'amuse ce grand timide au sourire mélancolique. Fine moustache, longue figure émaciée, Robert Glandières a le regard soucieux de celui qui porte l'avenir de la profession sur ses épaules et se doit de faire les bons choix.

Car cela fait des mois maintenant qu'une épée de Damoclès est suspendue au-dessus de la tête d'une autre tribu, celle des bergers de Roquefort. Et qui menace la plus ancienne des appellations fromagères.

Tout est arrivé par le biais de ces terribles STEC (shigatoxine *Escherichia coli*), l'acronyme que redoutent les abattoirs comme les fromagers et qui désigne les toxines produites par les *Escherichia coli*. Certaines sont anodines, d'autres pas, engendrant des diarrhées sanglantes et un syndrome hémolytique et urémique. Ces bactéries sont arrivées sur le devant de la scène en 2011, avec une vague de personnes touchées principalement en Allemagne. On a d'abord accusé (à tort) le concombre espagnol (dont les ventes se sont alors littéralement effondrées, poussant la ministre de l'Agriculture ibérique de l'époque à croquer dedans à pleines dents face à une caméra pour faire la démonstration que le concombre n'était pas tueur), avant d'identifier la source de contamination dans un lot de graines importées d'Égypte et utilisées pour produire des graines germées prétendument bio.

Sauf que, du coup, le principe de précaution s'est mis en marche à plein régime. Et que les autorités sont, comme souvent, parties dans une surenchère pour ouvrir toujours plus grand leur parapluie. Surenchère dans laquelle elles ont été épaulées par la grande distribution qui, à la moindre suspicion de quoi que ce soit, retourne tout à l'envoyeur, histoire de se dédouaner à peu de frais.

C'est ainsi qu'on a commencé à chercher toute une batterie de pathogènes dans le lait cru.

Sauf que depuis qu'on les cherche, eh bien on les trouve ! Et, dans une spirale folle, on en cherche de nouveaux encore.

En 2014, les bergers ont « cassé » près de 2 millions de litres de lait de Roquefort à cause de ces fichus pathogènes. On dit « casser » dans le jargon local, parce que les analyses sont faites sur le caillé, autant dire quand on a déjà commencé à fabriquer le fromage. « Si on recherchait les *Escherichia coli* sur les fromages, c'est pas pour le plaisir, tonne cette spécialiste de la filière, c'est qu'on s'est rendu compte que le pic de multiplication était au maximum à J + 1, donc sur le caillé. » Sauf que, du coup, il est impossible de réorienter le lait pour en faire autre chose et le pasteuriser par exemple… Or, entre 2013 et 2014, on est passé de 800 000 litres de lait cassé à… deux fois et demie plus. « On a placé nos espérances dans une nouvelle méthode, explique Robert Glandières, elle nous permettrait de détecter ces toxines sur le lait, j'espère qu'elle sera aussi efficace que l'autre[1] », souffle-t-il. Sauf que cette nouvelle méthode dont les bergers attendent beaucoup mais dont ils ignorent encore si elle fonctionne va leur coûter… 270 000 euros.

« Cette fois-ci, Lactalis (propriétaire de Société des Caves) a été touché[2], murmure un éleveur. Et du coup ça a fait très mal, parce que les volumes ne sont pas ceux des petits industriels. Or, dans un cas de suspicion de STEC, on bloque les produits ayant été fabriqués deux jours avant et deux jours après la détection. »

Ça a fait très mal, mais ça s'est fait en toute discrétion. Finalement, tout est rentré dans l'ordre. Mais Gabriel Coulet n'a pas eu cette chance en juillet 2012 quand il a dû faire face à un retrait-rappel de ses fromages. « On est passés au 20 heures comme s'il y avait eu des morts[3] », se désole Robert Glandières qui se souvient de l'impact désastreux de cette affaire sur la filière : « Moins 15 % de ventes en août. » Et surtout de son absurdité. Les fromages en question avaient été commercialisés entre le 1er juin et le 12 juillet. Or le retrait-rappel a été fait en fanfare le… 12 juillet. Autant dire que la majeure partie du fromage avait déjà été mangée depuis belle lurette sans qu'aucun amateur de roquefort n'ait été déclaré mort au champ d'honneur du lait cru !

« Il y a eu deux autres retraits-rappels, mais ceux-là n'ont pas été ébruités », souffle ce fin connaisseur du dossier. Car, quand la MUS[4] – doux acronyme utilisé pour décrire la mission d'urgence sanitaire – décide de se saisir de votre affaire, soit ses services se contentent

1. Entretien du 8 janvier 2015.
2. Par mail le 11 septembre 2015, j'ai sollicité Emmanuel Besnier sur de nombreuses questions et notamment celles concernant les problématiques du lait cru et l'approvisionnement en Corse : le patron de Lactalis n'a pas fait suite à ma demande.
3. Entretien du 8 janvier 2015.
4. Arrêté du 30 juin 2008.

d'un « simple » retrait produit, avec affichette en magasin, soit il y a communiqué de presse… Et quand il y a communiqué de presse, la filière frémit.

Sur le territoire national, ce n'est déjà pas simple, mais c'est encore pire quand les produits passent les frontières. Car comme un fait exprès, personne en Europe ne cherche les mêmes choses. Un fromage ayant passé sans problème les contrôles français s'est fait retoquer en Belgique car le plat pays cherchait deux autres « variétés » de STEC. Sauf qu'à partir du moment où ces fromages avaient été bloqués en Belgique et considérés là-bas comme hautement dangereux, les autorités françaises n'ont pas eu d'autre choix – Europe oblige – que d'intercepter leurs « petits frères » sur le sol français alors même que, jusque-là, ils les avaient considérés comme parfaitement sains.

En Allemagne, on renvoie tout à la première suspicion, du coup, là encore, une fois les fromages retoqués, tous les autres marchés se referment en cascade.

Il semblerait donc urgent de trouver au minimum un accord sur ce que l'on cherche. Oui mais voilà, ce n'est pas si simple, et cela fait quelques mois déjà que l'EFSA[5] (European Food Safety Authority, l'agence sanitaire européenne) planche dessus. Sauf que la solution qu'elle voudrait imposer est maximaliste et entraînerait donc des pertes très importantes. « Si on passe au système sur lequel travaille l'Europe actuellement, on aura 15 % du fromage qui part à la poubelle[6] », peste Robert Glandières.

5. J'ai sollicité l'EFSA qui m'a répondu que l'agence « n'avait aucune implication dans les réglementations » et ne souhaitait donc pas s'exprimer (mail du 8 juin 2015) et m'a conseillé de me tourner vers la Direction générale de la santé qui n'a pas donné suite à ma demande d'entretien. Pas plus d'ailleurs que Catherine Geslain-Lanéelle, ancienne directrice exécutive de l'EFSA et actuelle collaboratrice de Stéphane Le Foll.

6. Entretien du 8 janvier 2015.

« 30 %[7] », avance Jean-Charles Arnaud, président de l'Institut national de l'origine et de la qualité (INAO), et grand défenseur du lait cru. Un homme passionnément attaché à son terroir qui a su transformer le fort des Rousses en cave d'affinage pour magnifier le comté[8]. Il secoue la tête, comme sonné : « Mais si 30 % des fromages au lait cru étaient dangereux, il y aurait eu des alertes sanitaires, des épidémies, et pour finir, le ministère de la Santé aurait dû trancher, s'étrangle-t-il. Soyons rationnels, confions des études à des chercheurs compétents, établissons la dangerosité de ces pathogènes, puis, une fois ces résultats en main, nous en tirerons les conclusions. Là, on nous cloue au pilori, on nous met au bûcher, à titre préventif ! Ça devient kafkaïen. »

D'ailleurs, à Roquefort, certains craignent que ce principe de précaution poussé à l'extrême ne sonne le glas du lait cru, d'autant que certains industriels comme Lactalis, largement leader sur le marché (il fait vivre 1 200 des 1 800 éleveurs de l'appellation), ne demanderaient que ça !

Le leader mondial est même prêt, pour vous convaincre de l'intérêt d'abandonner le lait cru, à dégainer son meilleur ouvrier de France, Xavier Thuret, qui, droit dans les yeux, vous assure que « le fait de tout pasteuriser ne changera rien au bon goût du fromage et on n'aura plus les emmerdes[9] ».

Le problème est là. Aujourd'hui, au nom du principe de précaution, rester au lait cru relève du sacerdoce. Pire que ça aux yeux des industriels : cela coûte très cher.

L'an passé, les analyses pour détecter tous les pathogènes supposément présents dans le lait de Roque-

7. Entretien du 18 septembre 2015.
8. *Ibid.*
9. Entretien du 17 février 2015.

fort ont coûté la bagatelle de… 1,2 million d'euros, 560 000 euros rien que pour les STEC.

Il n'en faut pas plus à certains industriels – alors même que les frais sont supportés pour moitié par les éleveurs – pour dire qu'il est plus que temps de sortir du lait cru et œuvrer pour que ce soit fait le plus rapidement possible.

Mais si une filière comme celle de Roquefort, première appellation fromagère, ancrée dans un terroir d'exception et dotée d'une image internationale est ainsi déstabilisée, comment font les autres ?

Car Roquefort est un précurseur sur toutes ces questions. « Ils ont dix ans d'avance[10] », reconnaît Xavier Thuret.

« On est équipés de voitures avec des étuves pour pouvoir mettre les pathogènes en incubation dès l'arrivée à la laiterie, détaille Robert Glandières. On a également été précurseurs sur l'analyse listeria[11] », ajoute-t-il. Derrière le lait cru de Roquefort, c'est désormais une machinerie high-tech qui est mise en place. D'ailleurs, les industriels n'ont pas attendu que les autorités les somment de chercher les fameux STEC. Dès qu'ils ont eu vent de cette histoire de graines germées allemandes, les techniciens de Roquefort étaient sur les dents, tant ils étaient certains que les autorités ne manqueraient pas de leur tomber dessus rapidement.

« Pour les *E. coli*, le premier plan remonte à 2012, se remémore cette cheville ouvrière des plans de contrôle de l'appellation. Ce plan, on l'a fait de nous-mêmes. On a même entamé des recherches où l'on inocule ces pathogènes artificiellement dans le fromage, pour voir s'ils disparaissaient à l'affinage. Et de

10. Entretien du 17 février 2015.
11. Entretien du 8 janvier 2015.

fait, il y a une très forte diminution », ajoute-t-elle. Et cette dernière de se réjouir que la filière ait tout mis en œuvre avant que n'éclate le retrait-rappel de juillet 2012. « Si l'on n'avait pas eu de plan, plus aucun roquefort n'aurait pu être vendu sur l'Hexagone », se remémore-t-elle tout en pestant contre les services vétérinaires, qu'elle décrit comme « littéralement en panique » et qu'il a fallu rassurer pour que toute la filière ne soit pas coulée. « Les autorités ouvrent leur parapluie, c'est évident et assez humain », tempère-t-elle.

Une analyse confirmée par d'autres producteurs qui, en réunion avec les services vétérinaires, leur ont expliqué qu'ils s'étaient aperçus qu'une partie des salmonelles disparaissait avec l'affinage. Les services vétérinaires leur auraient répondu qu'ils ne voulaient rien savoir. À partir du moment où les salmonelles avaient été détectées à un moment de la fabrication, même si elles disparaissaient par la suite et qu'il n'en restait plus de traces, il fallait tout de même détruire le produit.

« On a démarré par la détection listeria, il y a plus de vingt ans, on maîtrise, on est capables d'identifier et d'aller rechercher l'élevage impliqué, on va même jusqu'à trouver la brebis. On est très bons également dans la détection de la salmonelle, explique cet expert de Roquefort, c'est un peu plus compliqué, mais on y arrive. Mais sur l'*E. coli*, on n'est pas aussi bons. Sur 2 millions de litres, on n'a réussi à remonter que sur deux producteurs. Et quand on arrive à eux, on ne sait pas quoi leur dire. Chez l'un des deux, on pouvait manger par terre tant son étable était propre. »

« On est pratiquement les seuls à avoir les moyens de faire toutes ces analyses, soupire Robert Glandières. Alors comment vont faire les autres régions fromagères si nous peinons[12] ? » s'interroge ce fervent défenseur du lait cru.

« Roquefort, c'est un monument du patrimoine vivant, il faudrait faire attention de ne pas le tuer[13] », souffle Jean-Charles Arnaud, le patron des appellations.

12. Entretien du 8 janvier 2015.
13. Entretien du 18 septembre 2015.

10

Le grand principe du parapluie

« Le lait cru peut contenir des bactéries nuisibles susceptibles d'entraîner des maladies graves. » C'est par ces propos peu engageants que débute l'avis rendu le 13 janvier 2015 par l'EFSA, autrement dit l'agence sanitaire européenne. Et les scientifiques d'égrener toutes les horreurs que l'on peut y trouver, des *Campylobacter* en passant par *Salmonella* et autres *Escherichia coli* productrices de shigatoxines (STEC).

Bref, l'heure est grave, à tel point d'ailleurs que le président du groupe BIOHAZ, John Griffin, en appelle à une « nécessaire » amélioration de la « communication auprès des consommateurs sur les dangers et les mesures de contrôle associés à sa consommation[1] ».

En clair, le lait cru est devenu LA bombe bactériologique de demain, celle qui pourrait à tout moment exploser en engendrant des centaines de milliers de morts. Un vrai film noir !

Sauf qu'au détour de l'avis, on aperçoit cette petite phrase sibylline : « En raison des lacunes dans les don-

---

1. « Lait de consommation cru : quels sont les risques ? », EFSA, 13 janvier 2015.

nées disponibles, le groupe scientifique n'a cependant pas pu quantifier exactement les risques pour la santé publique associés à la consommation de lait cru dans l'UE. »

Donc l'heure est grave, on va tous mourir du lait cru, sauf que l'on n'en est pas si sûr finalement...

Et les centaines de milliers de victimes ? Selon l'EFSA, entre 2007 et 2013, 27 foyers de maladies d'origine alimentaire ont été provoqués par la consommation de lait cru. 27 ! Que regroupent ces fameux foyers ? Commençons par les maladies vraiment inquiétantes. *Salmonella* aurait été à l'origine d'un foyer et STEC de deux foyers[2]. Sinon ? Sinon, « la plupart d'entre eux – 21 foyers – ont été causés par *Campylobacter* ».

On se renseigne auprès de l'EFSA[3] sur cet autre péril au nom abscons : la campylobactériose – le tableau dressé par l'agence sanitaire est à nouveau très sombre. Les symptômes de cette « menace pour la santé publique » qui coûterait chaque année quelque 2,4 billions d'euros à l'Union européenne ? La plupart du temps, « de la fièvre, une diarrhée et des crampes abdominales[4] ».

2. Le virus de l'encéphalite transmise par les tiques (TBEV) a engendré trois foyers.

3. http://www.efsa.europa.eu/fr/topics/topic/campylobacter.htm

4. http://www.efsa.europa.eu/fr/topics/topic/campylobacter.htm. L'UFC-Que Choisir a récemment traqué la présence de campylobacter sur des volailles crues et en a trouvé sur 87 % de son échantillonnage. L'association rappelle qu'une complication rarissime mais redoutable peut exceptionnellement survenir : le syndrome de Guillain-Barré. Tout en assurant que « dans la plupart des cas l'intoxication demeure bénigne » et qu'en faisant « bien cuire la volaille » ou en appliquant « des mesures d'hygiène de base qui devraient être enseignées à l'école », on se prémunit du danger, l'association de consommateurs réclame plus de vigilance encore sur les élevages (*Que Choisir* n° 541, novembre 2015).

Et s'il n'y avait que ces bactéries ! Qu'en est-il de ces fameuses toxines que l'on recherche partout dans le lait cru depuis qu'elles ont provoqué cette importante épidémie en Allemagne avec des graines germées ?

L'EFSA – toujours elle – explique que les verocytotoxigenic *Escherichia coli* ont provoqué la mort de 13 personnes en Europe en 2013[5]. Bien entendu, c'est intolérable et toujours trop. Mais au regard des 25 000 morts provoquées chaque année par des bactéries résistantes que l'on ne peut plus soigner notamment parce que nous abusons de traitements antibiotiques pour nos animaux de rente, c'est excessivement peu. On peut s'étonner d'ailleurs qu'au vu du différentiel de morts, on n'ait pas imposé des mesures aussi drastiques aux élevages industriels que celles que nous avons exigées des fromageries.

Un autre chiffre devrait nous donner à méditer. En France, l'an passé, nous avons eu 3 384 morts sur la route. Autant dire qu'on a plus de chances de mourir en allant au travail en voiture qu'en mangeant un morceau de fromage.

Et sur les douze foyers liés aux verocytotoxigenic *Escherichia coli* pour lesquels on a pu dresser un lien de cause à effet, quatre concernent la viande bovine, trois des jus et des légumes, trois autres des poissons, des épices et des herbes… et deux seulement des fromages !

On pourrait donc dire que le fromage paie très cher un lien pour le moment ténu avec ces cas de décès.

Des conclusions qui n'étonneront pas l'épidémiologiste Dominique Angèle Vuitton ou la chercheuse

5. Scientific Report of EFSA and ECDC, « The European Union summary report on trends and sources of zoonoses, zoonotic agents and food-borne outbreaks in 2013 », European Food Safety Authority European Centre for Disease Prevention and Control, *The EFSA Journal*, 2015, 13(1) : 3991.

Marie-Christine Montel, rédactrices, avec leurs équipes, d'un remarquable article intitulé « Traditional Cheeses : Rich and Diverse Microbiota with Associated Benefits », paru en 2014 dans la revue *International Journal of Food Microbiology*[6]. Dans cette analyse, les auteurs insistent sur le fait que « dans les pays industrialisés, la bonne gestion du risque associé aux bactéries pathogènes est illustrée par le nombre relativement faible de foyers de toxi-infections alimentaires dues aux produits laitiers (1 à 5 %), y compris aux fromages non pasteurisés[7] ». En clair, n'en déplaise aux grands défenseurs de Pasteur, même les fromages au lait cru sont très peu porteurs de risques. Mieux : les chercheurs avancent que la pasteurisation n'est en rien une protection absolue contre les risques sanitaires. Expliquant notamment que la listériose, qui a « longtemps été l'exemple emblématique de maladie grave transmise par les fromages au lait cru », était non seulement très rare, mais qu'en outre elle n'était « pas spécifique des fromages au lait cru ; les fromages au lait pasteurisé peuvent être contaminés en raison d'une pasteurisation inadéquate ou d'une contamination postpasteurisation ». Il en est de même avec les tristement célèbres *Escherichia coli.*

Dont acte.

On pousse donc nos fromagers à tous pasteuriser pour être enfin tranquilles… Or il n'en est rien.

Pire, selon ces auteurs, la richesse bactériologique de ces fromages au lait cru, combinée avec celle des outils traditionnels mis en place depuis la nuit des temps, comme les étagères ou les gerles de bois que les services sanitaires s'attachent d'ailleurs à faire dis-

6. « Traditional Cheeses : Rich and Diverse Microbiota with Associated Benefits », *International Journal of Food Microbiology*, 177 (2014), p. 136-154.

7. *Ibid.*, p. 2-3.

paraître pour les remplacer par de l'inox – il semblerait cependant que les contrôleurs commencent tout doucement à lever le pied sur ces questions – et du carrelage jusqu'au plafond, seraient l'un des plus sûrs moyens pour réduire le risque pathogène !

Cela fait des années que l'on pousse les éleveurs à faire du lait plus blanc que blanc – on les paie d'ailleurs d'autant mieux que le lait est dit plus propre –, et à travailler dans des univers aseptisés alors même que ce serait cette richesse du lait cru et de l'outillage traditionnel qui serait le meilleur rempart contre les catastrophes sanitaires !

Les scientifiques soulignent également l'importance dans le lait cru « d'inhibiteurs naturels non microbiens ». En clair, certains agents[8] présents dans le lait cru permettraient eux aussi de lutter contre les pathogènes. « Or ces agents sont plus ou moins inactivés par un traitement thermique. » Ou, pour le dire plus clairement encore : on avait la solution présente naturellement dans le lait cru, et en le chauffant pour se débarrasser des microbes, on risque de s'en priver. Un comble !

Ce n'est pas tout. Les chercheurs ont également passé en revue tous les systèmes de levurage inventés par l'industrie pour tenter de recréer ce qu'elle a fait disparaître. Or s'ils conviennent que « recréer une telle diversité serait une contribution majeure à la production industrielle », ils concluent que, hélas, « cela semble hors de notre portée ». Sans surprise donc, ces levures industrielles sont bien moins efficaces que ce qui se trouvait naturellement dans le lait, et que l'on a pris soin de retirer !

Intuitivement, pour celui qui a déjà visité une usine de fromage pasteurisé, dans laquelle on ne pénètre

8. Comme la lactoferrine, le lysozyme, ou des immunoglobulines et des acides gras libres.

qu'après avoir nettoyé ses chaussures, chaussé des bottes en caoutchouc ou des surchaussures, une blouse blanche et une charlotte, ces résultats ne semblent pas très étonnants. De fait, une fois que le lait n'est plus protégé par sa microflore naturelle, il devient, forcément, un terrain de jeu merveilleux pour les bactéries.

Par ailleurs, les scientifiques sont formels : pas de bon fromage sans lait cru ! La pasteurisation, en uniformisant la composition microbienne des laits et des fromages, a standardisé le goût. Seul le lait cru offre une variété de saveurs, suivant ce que l'animal a mangé[9], car il garde le lien au terroir en respectant les saisons et en revenant au pâturage.

Autant dire que défendre le lait cru, c'est aussi se battre pour un modèle de société. Car ces petits élevages entretiennent les sols, les paysages, le maillage social, et donc notre tourisme qui, sans cela, n'aura plus grand-chose à vendre.

---

9. Verdier-Metz *et al.*, in *26th IDF World Dairy Congress*, CIDIL, Paris, 2002.

11

Et si on mourait de tout aseptiser ?

Elle a un sourire dans la voix mais l'assurance et la fermeté de ton des grands scientifiques qui ont su gagner leurs galons par des publications dans de prestigieuses revues internationales. Dominique Angèle Vuitton est professeur émérite d'immunologie clinique, membre de l'External Review Group de l'EFSA (l'agence sanitaire européenne). Cette femme de caractère a fait ses preuves. Aussi, quand elle entend certains décideurs brandir le désormais sacro-saint principe de précaution pour dénigrer le lait cru, elle ne polémique pas, elle avance des chiffres, des données, des études pour battre en brèche ce qui pour elle relève de l'irrationnel. Un irrationnel dont elle déplore qu'il soit également partagé par certains membres de la communauté scientifique. « J'ai lu d'excellents rapports, pilotés par de très bons chercheurs, qui démontrent qu'en Europe les fromages au lait cru ne présentent pas plus de risques que ceux fabriqués avec des laits pasteurisés – et parfois même moins – puisque ces derniers ont tendance à se recontaminer après pasteurisation. Pourtant, dans leurs conclusions, c'est toujours sur le lait cru que ces professionnels insistent[1]. »

Cette chercheuse n'est en rien une dangereuse baba cool qui balaierait d'un revers de main dédaigneux des années de progrès sanitaires. Bien au contraire. Elle se bat pour le maintien du lait cru en Europe, où les élevages sont propres – parfois même un peu trop – et où l'on sait le gérer pour n'en garder que les bénéfices. C'est d'ailleurs ce qu'elle réclame : qu'enfin l'on établisse de façon rationnelle – chiffres et études à l'appui – le rapport bénéfice/risque du lait cru. Or, force est de constater que les chercheurs s'y refusent. Et qu'elle et son équipe, qui se battent depuis des années sur ces questions, sont quasiment inaudibles.

Par ailleurs, elle s'interroge également – sans pouvoir se l'expliquer – sur cette véritable fixation alors même que « tous les articles scientifiques indiquent qu'en Europe, depuis 2000, le lait cru et les produits laitiers au lait cru sont très loin derrière d'autres produits alimentaires (saumon fumé, porc fumé et autres salades prêtes à l'emploi avec de longues durées de conservation) comme responsables de listériose mortelle ou suivie d'avortement[2] ». Et de rappeler « qu'aucune épidémie provoquée par le lait cru n'a été identifiée en France depuis 2003. La dernière engendrée par du fromage traditionnel remonte à... 1999. En 2002, c'est avec du fromage fondu au lait pasteurisé que les personnes touchées sont tombées malades[3] ».

Bref, ce produit cristallise toutes les angoisses de notre société moderne aseptisée. Sauf qu'en le diabolisant, on se prive d'un atout majeur pour la santé publique.

1. Entretien du 18 juin 2015.
2. Présentation PowerPoint de Dominique Angèle Vuitton.
3. *Ibid.*

« Pour un nombre extrêmement limité de listériose fœtale dans un pays comme la France, on condamne énormément de gens à devenir des allergiques chroniques et des asthmatiques[4]. » Car la chercheuse n'en démord pas : « Le nombre d'allergiques ou de morts par asthme grave – 910 morts par an[5] – qui seraient évités par la consommation de lait cru est bien supérieur aux quelques décès par listériose en France[6]. » En 2013, sur 781 621 naissances, la France a connu 6 morts fœtales ou néonatales, et 64 décès par listériose chez des personnes âgées ou à risque. « Il s'agit là de la totalité des cas déclarés officiellement en France, toutes origines confondues. Il est vraisemblable qu'aucune n'ait pu strictement être attribuée à la consommation de lait cru, d'autant qu'au cours des dernières années, parmi les cas associés aux produits laitiers, presque tous le sont à la contamination de produits initialement fabriqués avec du lait pasteurisé (soit chez le producteur, soit chez le consommateur)[7] », tacle la chercheuse.

En clair, il y a eu un nombre infinitésimal de morts qui, en outre, n'ont pas été causées par le lait cru. Il n'empêche : c'est lui qui est banni et accusé de mille maux !

Or le lait cru serait, en fait, une arme intéressante pour renforcer les défenses de nos enfants. Et la chercheuse de citer différentes études, dont celle menée sur une cohorte de 1 000 enfants âgés de 10 ans vivant dans cinq pays européens et de leurs mères durant

4. Entretien du 18 juin 2015.

5. Entre 1980 et 1999, il y a eu plus de 2 000 morts par an par asthme, 910 cas par an à partir des années 2000. On peut projeter que 20 % des 781 621 enfants nés en 2013 seront allergiques, selon la chercheuse.

6. Entretien du 18 juin 2015.

7. Mail du 26 juin 2015.

le dernier trimestre de grossesse. « Dans des études transversales menées dans différents pays, une association inverse a été observée entre la consommation de lait cru de vache (lait de ferme) et l'apparition de l'asthme et des allergies chez les enfants et les jeunes adultes[8]. » Alors qu'on le déconseille fortement aux femmes enceintes ! Et cette dernière d'insister également sur les bienfaits de la consommation de ce produit contre les infections respiratoires de la petite enfance (rhino-pharyngites, otites, fièvre...). « L'ingestion de substances présentes dans le lait cru pourrait rendre l'enfant tolérant aux allergènes mais combatif contre les infections[9] ! »

La consommation de lait cru aurait également un effet bénéfique sur nos intestins[10], le fameux second cerveau[11] !

Plus encore que la défiance envers un produit naturel, c'est cette propension de nos sociétés modernes à tout aseptiser qui inquiète Dominique Angèle Vuitton. « Toutes les études de ces vingt dernières années vont dans le même sens. Il est aujourd'hui scientifiquement prouvé qu'à force de tout aseptiser, et notamment dans les premières années de la vie, on fragilise les enfants puisqu'on ne leur permet pas

---

8. M.-Ch. Montel *et al.*, « Traditional Cheeses... », *op. cit.*

9. Présentation PowerPoint de D. A. Vuitton.

10. Bertrand *et al.*, 2007 : « Après administration d'amoxicilline – acide clavulanique à des volontaires humains pendant cinq jours, les niveaux d'entérocoques intestinaux résistants à l'amoxicilline diminuaient significativement de 6,2 % à 0,03 %, durant les 42 jours de la période post-antibiotique, chez les volontaires ayant consommé des fromages expérimentaux à pâte pressée cuite au lait cru, à la différence de ceux ayant consommé des fromages au lait pasteurisé fabriqués à partir des mêmes lots de lait », cité in Marie-Christine Montel *et al*, « Traditional Cheeses... », *op. cit.*

11. *Ibid.*

de mettre correctement en place leur système immunitaire[12]. »

Elle cite alors différentes études[13] prouvant que les enfants qui vivent à la ferme voient « la fréquence de l'asthme, de la rhinite et des signes biologiques d'allergie divisée par deux[14] », et ce grâce à leur exposition aux animaux, et à la consommation de lait cru par l'enfant et par sa mère durant la grossesse.

Conclusion ? Nos marmots, quand ils ne vivent pas dans un univers complètement aseptisé, se portent beaucoup mieux !

---

12. Entretien du 18 juin 2015.

13. Confortées par l'étude du chef de l'unité Microenvironnement et immunité à l'Institut Pasteur, Gérard Eberl, dans *Science*, été 2015.

14. *Ibid.*

12

Pasteur, le roi de l'export !

Quand on s'enferre dans une spirale masochiste, on ne l'abandonne pas si aisément. Au contraire, on a tendance à s'y complaire.

Ainsi, après avoir constaté que l'abandon du lait cru n'était bon ni pour nos éleveurs ni pour notre santé, nos autorités ont-elles décidé d'y renoncer ?

Non. Au contraire. Elles ont continué dans la stratégie de Pasteur et invité les éleveurs qui voulaient conquérir les marchés extérieurs à aseptiser leurs produits… Un raisonnement Shadok de plus !

13 février 2015. Stéphane Le Foll, ministre de l'Agriculture au tutoiement facile. Cigarette au bec, et gestuelle virile. Un homme, un vrai. Qui pourtant ne rechigne pas à prendre la pose avec des agneaux dans les bras. Le tableau, sur fond de paysage idyllique, est flatteur. Si les téléspectateurs n'ont retenu du voyage du ministre sur l'île de Beauté que ces quelques images gentiment moqueuses du *Petit Journal* de Yann Barthès, les éleveurs sur place ont eu une tout autre impression. Et l'ont trouvé un tantinet méprisant, ce socialiste de longue date si proche des hommes (et des bêtes !) devant les photographes.

Il faut dire que le locataire de la rue de Varenne avait malencontreusement omis de convier les représentants de la Confédération paysanne[1], le syndicat en faveur de la fameuse agroécologie revendiquée avec vigueur par le ministre. « C'est amusant, il oublie systématiquement de nous rencontrer lors de ses déplacements[2] », tacle avec ironie leur porte-parole Laurent Pinatel. « Il faut croire que depuis qu'il a pris le virage de l'agro-industrie, nous n'apparaissons plus sur ses radars », ajoute le syndicaliste qui s'est fait éjecter du cortège de François Hollande lors de sa visite fleuve au Salon de l'agriculture 2015. Laurent Pinatel était pourtant convié à escorter le président, ce qui n'a pas empêché les sbires de ce dernier de le molester...

C'est par les renseignements généraux que la Confédération paysanne a appris que notre ministre venait leur rendre visite. Par eux aussi qu'ils ont obtenu un rendez-vous auprès de l'homme au tutoiement facile. « Le cabinet ne répond pas au téléphone ni aux mails des gueux. Seuls les RG appellent, répondent et font passer les messages[3] », s'agace Paul André Fluixa qui n'en est pourtant pas à son premier ministre en voyage officiel. Les RG encore qui expliquent au porte-parole du gouvernement que, sans doute, il est inopportun, quand on a déjà « oublié » de faire une petite place aux représentants de ce syndicat sur son agenda, de leur proposer de n'être reçus que par un conseiller. Le ministre a finalement accepté de les voir et leur a délivré ce message : « Avec du lait cru, vous ne ferez pas de développement économique. L'avenir, c'est l'export, et l'export, c'est la pasteurisation », s'étrangle Paul André Fluixa, encore abasourdi par cette leçon

1. Elle s'appelle Via Campagnola en Corse.
2. Entretien du 21 février 2015.
3. Échange du 13 février 2015.

hygiéniste administrée par un homme qui se dit bon connaisseur de l'agriculture.

Voilà donc notre ministre, autrefois chantre de la défense du terroir et du développement local, prôner la pasteurisation comme seule solution pour exporter devant une filière déjà malmenée par les tracasseries sanitaires. Autant dire que Le Foll leur a donné l'estocade.

Mais l'homme n'est pas le seul à donner des conseils farfelus aux agriculteurs. Constatant que pour exporter, il faut atteindre « une masse critique[4] » – ce qui en langue « techno » veut dire une certaine taille –, et tout en insistant sur le fait qu'« il serait incompréhensible de niveler par le bas la politique de qualité française », les députés rédacteurs du rapport sur les signes de qualité, Marie-Lou Marcel et Dino Cinieri, ont invité nos agriculteurs à se « contenter [pour l'export] d'une marque "ombrelle"[5] ».

C'est-à-dire ? Il s'agit de créer un grand fourre-tout dans lequel on caserait tous les produits, qu'ils soient sous appellation d'origine ou pas, artisanaux ou industriels, afin « de satisfaire le besoin "régionaliste" des consommateurs[6] ». Nos deux députés, un peu gênés, expliquent qu'il faudrait tout de même tenter d'éviter de créer une « simple bannière code postal ». Alors même qu'ils l'appellent de leurs vœux. Autant dire qu'en suivant leurs conseils, on retomberait immanquablement dans ce qu'André Valadier, l'homme fort de

4. Rapport parlementaire, p. 47. Enregistré à la présidence de l'Assemblée nationale le 21 janvier 2015 par la commission des affaires économiques sur les signes d'identification de la qualité et de l'origine et présenté par Mme Marie-Lou Marcel et M. Dino Cinieri.

5. *Ibid.*, p. 64.

6. *Ibid.*

l'Aubrac, appelle les fâcheuses pratiques du « terroir-caisse ».

« L'enfer est pavé de bonnes intentions, lâche le président de l'INAO, Jean-Charles Arnaud. On peut comprendre que les politiques aient envie d'assurer la promotion de leur région, mais ça peut être très largement contre-productif[7]. » Étranges propositions de la part de nos représentants quand on sait que, justement, nos exportations de bonne chère se font sur la réputation de nos terroirs et de notre savoir-faire. Le vin en étant le meilleur exemple, qui a rapporté la bagatelle de 7,1 milliards d'euros en 2014.

Par contre, quand nous avons essayé de vendre des produits de piètre qualité, les résultats n'ont, pour le moins, pas été au rendez-vous. Rappelons-nous la triste aventure des Bonnets rouges bretons, que la taxe carbone, mal ficelée et promue au moment le plus inopportun, a jetés dans la rue. Ces paysans effondrés défilaient surtout parce qu'ils se sentaient lâchés. Des années durant, les gouvernements les avaient poussés dans la filière productiviste – celle justement de l'export du poulet congelé. Or, avec la fin des subventions qui rendaient ce merveilleux modèle possible, on les a envoyés dans le mur.

Depuis des décennies[8], la France – et elle principalement, pour ne pas dire exclusivement – touchait de l'argent (beaucoup d'argent) pour vendre des poulets congelés de médiocre qualité en Angola, dans les pays du Moyen-Orient ainsi que dans les États indépendants de l'ex-URSS. En résumé, on a organisé grâce à la manne de l'argent public un véritable système de dumping qui nous permettait de fourguer notre camelote à ces pays-là et, ce faisant, d'empêcher chez eux

7. Entretien du 18 septembre 2015.
8. 1965 plus précisément.

toute velléité de constitution d'un marché local. Tout ça, au profit de deux grosses entreprises françaises : Doux et Tilly-Sabco. « Avec 58,6 millions d'euros de restitutions en moyenne de 2008 à 2011, Doux a perçu 72,8 % des restitutions françaises et 65,5 % des restitutions de l'Union européenne à la viande de volaille. Et Tilly-Sabco a perçu en moyenne 21,6 millions d'euros de 2008 à 2011, soit 27,2 % des restitutions françaises et 24,1 % des restitutions de l'UE[9] », souligne l'économiste Jacques Berthelot. Sauf que, le 18 juillet 2013, la Commission qui payait *larga manu* depuis 1965 pour notre petit business a décidé de dire stop. Nos deux entreprises se sont alors retrouvées dans une situation fort difficile. Quant à leurs salariés, beaucoup ont été laissés sur le carreau.

Outre la tristesse de cette histoire, c'est son caractère ridicule qui est rageant. Car pendant qu'on subventionnait la France pour exporter des poulets bas de gamme au bout du monde, nous ne produisions pas suffisamment de poulets haut de gamme pour satisfaire notre propre demande intérieure.

Car nous, Gaulois, rois du poulet rôti dominical, nous importons 40 % de nos poulets ! Et en plus, nous importons massivement des poulets déjà découpés ailleurs. Bilan : zéro emploi agricole sur ces poulets, et zéro emploi dans nos abattoirs et ateliers de découpe. Comme si le pays de la bonne chère était incapable de produire des volailles de qualité et de les faire découper chez nous par une main-d'œuvre française.

Mais ne soyons pas médisants, il est possible que ce système d'exportation de produits de piètre qualité qui a été si peu porteur pour le marché du poulet soit une

9. Jacques Berthelot, « Le dumping total des exportations de volailles congelées de Doux de 2008 à 2011 », *Solidarité,* 17 juin 2012.

aubaine pour celui du fromage. Intuitivement on en doute, étant donné que notre marque de fabrique est tout de même, là aussi, celle du terroir et de la qualité. Pour autant, laissons une chance au raisonnement du ministre. Il est vrai par exemple que les services sanitaires des pays tiers auprès desquels nous tentons pour l'instant assez vainement d'exporter ont tendance à se montrer plus tatillons encore que nos propres services. C'est dire !

Le principal problème ? Les États-Unis. Après la prohibition de la mimolette en 2013 pour cause d'acariens, heureusement levée par de vaillants chercheurs de Harvard qui sont parvenus à convaincre le « *Chief Medical Officer* » de l'agence sanitaire américaine que la mimolette n'était pas une dangereuse bombe bactériologique, les autorités US, sous pression des industriels de l'International Dairy Foods Association (le lobby de l'agroalimentaire là-bas), ont décidé de durcir leur norme *E. coli* (encore ces pathogènes) qui jusque-là était plus souple avec les fromages au lait cru... Dès lors, cantal, salers, laguiole et à plus forte raison roquefort ne peuvent plus passer la barrière de ces contrôles. Sans compter que la méthode de comptage des *E. coli* n'étant pas la même des deux côtés de l'Atlantique, nous nous cassons systématiquement les dents. Alors quelles solutions pour que nos fromages passent à nouveau la frontière ?

La pasteurisation, pardi ! C'est du moins ce qu'affirme notre cher ministre de l'Agriculture, ainsi que le consultant Ralph Ichter, chargé de faire du lobbying auprès de la FDA – Food and Drug Administration, l'autorité sanitaire locale – pour que nos fromages soient mieux perçus chez nos amis américains. Dans une note interne adressée à la Confédération de Roquefort, ce dernier s'en prend au « dogme de la pureté des appellations » et réclame leur pasteurisation, sous prétexte qu'une fois aseptisées, elles seraient autorisées. Un raisonnement radical mais qui pourrait se tenir si seulement les Américains avaient une envie torride de fromages pasteurisés. Seulement voilà, aux États-Unis, le marché qui décolle chez les bobos – les seuls capables de s'acheter des produits d'importation rendus hors de prix une fois sur place à cause des taxes –, c'est celui du lait cru ! Et, en pasteurisant nos fromages, il nous échappe définitivement.

Par ailleurs, quand les industriels réclament à cor et à cri de pouvoir pasteuriser pour mieux exporter, ils sont particulièrement hypocrites. Car si nous exportons si peu aux États-Unis, c'est aussi et surtout parce que nos géants de l'industrie laitière que sont Lactalis, Bongrain ou Bel ont choisi de s'implanter localement et d'y développer leurs marques. Donc, exporter ce qu'ils font en France est le cadet de leurs soucis. Comme le dit très bien Ichter, le fameux pourfendeur des appellations et du terroir : « Avec la montée en puissance de l'usine du Dakota du Sud, Bel – Savencia désormais – va progressivement transférer les exportations de Babybel aux États-Unis, [...] [quant à] Lactalis, il produit davantage localement qu'il n'exporte de France[10]. »

Ce qui ne l'empêche pas de conclure que ce qui menace le plus les fromages français, c'est « l'imbécillité des réglementations » des appellations...

Il serait donc urgent de pasteuriser et d'aseptiser nos chers fromages de terroir pour reconquérir des marchés sur lesquels nos industriels règnent déjà localement ! Tellement urgent d'ailleurs qu'on monte désormais à Bruxelles pour être certains que notre voix soit bien entendue. D'après le registre de transparence tenu par la Commission sur les activités de lobbying, Lactalis a

10. Washington, le 6 février 2015, note à destination de la Confédération de Roquefort.

déjà investi entre 25 000 et 50 000 euros. Une somme ridicule à côté des 400 000 euros qu'est capable d'aligner Avril, le groupe du patron de la FNSEA, pour sauvegarder les intérêts de l'agro-industrie, mais colossale pour les petits fermiers pour qui cela représente une à deux années de revenus.

Gageons qu'une fois réussi ce lobbying anti-lait cru, nos industriels parviendront à nous couper de la seule possibilité d'exporter en faisant de la qualité. Ou quand les raisonnements absurdes sont érigés au rang de chef-d'œuvre.

Car « les barrières sanitaires d'aujourd'hui sont les barrières douanières d'hier », comme le dit, indigné, José Bové. « Quand ils ont augmenté la TVA de 100 % sur le roquefort en 1999, c'est parce que nous ne voulions pas de leurs bœufs aux hormones. Aujourd'hui, ils se planquent derrière des questions sanitaires, mais c'est toujours le même bras de fer qui se joue[11] », explique le député européen.

Donc, on ne gagnera rien en se torpillant nous-mêmes, bien au contraire.

Les bergers de Roquefort, terre de résistance, le savent bien, qui ont réussi à maintenir 1 800 producteurs dans cette belle région austère. Car qui dit lait cru, dit production locale et emploi non délocalisable. Tout ce que nos appellations sont censées défendre.

Qui pourra empêcher les mastodontes de l'agroalimentaire d'acheter du lait pasteurisé produit n'importe où pour moins cher que chez nous, si les appellations n'imposent plus le lait cru ?

« Ce sera à l'institut qui veille sur les appellations, l'INAO, d'en empêcher les industriels[12] », lâche Xavier

11. Entretien du 9 janvier 2015.
12. Entretien du 17 février 2015.

Thuret, la voix de Lactalis, dans les yeux duquel passe soudain un voile d'anxiété. Il a beau être salarié de ce grand groupe, l'homme n'oublie pas son enfance à la ferme. Et mieux que quiconque, il sait combien la pression sera grande sur les éleveurs, tant la tentation sera immense pour les géants de l'agrobusiness.

Autant dire que l'on ouvrira la boîte de Pandore.

« Si nous lâchons sur le lait cru, ajoute José Bové, comment pourrons-nous encore défendre les appellations face aux États-Unis dans le bras de fer qui s'engage actuellement sur le traité transatlantique[13] ? » Et ce dernier d'expliquer que les Américains s'opposent déjà au système des appellations qu'ils accusent d'être du protectionnisme déguisé. Or que pourrons-nous leur opposer quand, avec la disparition du lait cru, il ne sera plus question de terroir ni d'emploi local ? Rien. Nous n'aurons alors plus rien pour protéger notre agriculture de qualité face au rouleau compresseur de l'agro-industrie américaine.

Contrairement à ce que pensent nos industriels, il est aujourd'hui crucial de protéger les appellations.

Mais en sommes-nous seulement conscients ?

13. Entretien du 9 janvier 2015.

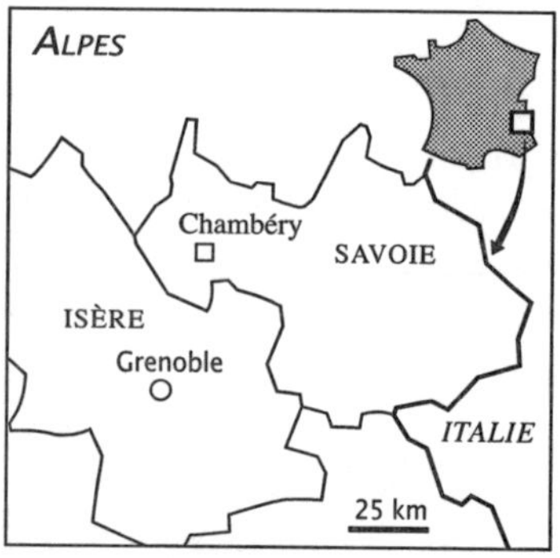

13

Et pourtant, la qualité, ça paie

« Vous voulez quoi ? Rencontrer des mecs qui souffrent ? Qui vont mal ? Mais moi, je vais vous faire connaître des gonzes qui sont des cadors, des dieux du fromage. Des gens auxquels je m'adresse en disant : "Monsieur" ou "Madame", à qui je demande, d'une petite voix douce : "S'il vous plaît, il ne vous en resterait pas un petit peu à me céder, votre prix sera le mien !" Et quand ils daignent m'accorder une meule, je leur dis merci[1] ! » Cet homme au parler vrai qui vous renvoie dans les cordes en vous regardant droit dans les yeux, c'est Bernard Mure-Ravaud, l'un des meilleurs ouvriers fromagers de France. Il faut écouter cet écorché vif qui se dissimule derrière sa grosse moustache et sa voix tonitruante vous parler de ses fournisseurs sélectionnés un à un pour qu'il n'y ait que les plus beaux fromages de nos terroirs dans son antre grenoblois. Il faut voir sa mère s'affairer dans la boutique pour l'aider à concocter des plateaux pour que « les jeunes mangent de bons fromages à l'apéro plutôt que des chips de merde ».

1. Entretien du 22 septembre 2014, ainsi que les citations suivantes.

Sa passion, ce sont les alpagistes, une poignée d'hommes et de femmes qui entrent en fromage comme d'autres en religion, et acceptent de passer cinq mois dans les montagnes pour faire des beaufort au goût inimitable. Il n'en reste qu'une dizaine aujourd'hui. Et chaque année, un alpage disparaît, faute de repreneur.

Départ 5 heures du matin pour assister à la fabrication du fameux beaufort par l'un de ces résistants de la bonne chère. Cela fait près de trois décennies que cet homme bourru à la poigne de fer et au sourire charmeur grimpe dans ses alpages chéris de la fin du mois de mai jusqu'à la fin octobre. Son fief, qu'il vous fait découvrir avec une immense fierté, est un lieu magique. Il a 135 vaches, des abondances et des tarines… Enfin, un peu plus de tarines, qu'il préfère aux abondances. Il n'a pas de mots assez doux pour les décrire avec leur belle robe rousse et leurs longs cils noirs. « L'abondance, elle est moins plaisante, on dirait qu'elle s'est maquillée », relève avec ironie Bernard Mure-Ravaud.

Il vous emmène sur les hauteurs. « Tu vois, c'est là qu'on déniche cette petite plante, le pied-de-poule, elle est rase, et les vaches en raffolent. On ne les aperçoit pas avant 2 600 mètres. Mais ça donne un lait magnifique », puis de continuer son chemin, plié en deux, pour vous montrer une à une les plantes qui vont faire « son » lait, puis « son » fromage. « Pour nous, les herbes, c'est comme le terroir dans le vin », explique-t-il fièrement. On continue à grimper, il faut pouvoir le suivre dans ces montagnes qu'il connaît comme sa poche. « En haut, c'est que de la pierre, tu vois. On se demande où les vaches vont choper quelque chose à manger. Mais l'herbe autour des pierres, c'est comme la viande autour de l'os, c'est le meilleur. »

Dans l'atelier, un jeune homme s'affaire. Il est roumain, cela fait quatre ans maintenant qu'il travaille ici. « On bosse sept jours sur sept, c'est très dur », reconnaît l'alpagiste, qui se félicite d'avoir réussi à former cet apprenti qui « a le lait dans les doigts ».

La voix de ce vieil homme se fait chevrotante quand il parle de ce jeune garçon courageux qui a accepté de travailler pour lui. « Quand il ne fabrique pas le fromage, qu'il ne retourne pas les meules, il confectionne des colliers de cuir pour les vaches et répare les cloches. » Il faut les voir parader, ses vaches, avec leur collier sur mesure.

La fabrication se fait à l'ancienne, sur toile de lin, puis le petit-lait est donné aux cochons qui s'ébattent joyeusement dans leur enclos au pied de la montagne avant de finir en saucissons chez un charcutier du coin.

Le fromage se vend très bien. D'ailleurs, l'éleveur ouvre une petite boutique l'été pour régaler les courageux touristes qui ont grimpé jusqu'à lui.

« Si c'est cher mais bon, le client oublie que c'est cher », s'amuse l'alpagiste.

Pourtant, après lui, il n'y aura pas de repreneur. Ses enfants préfèrent vendre le lait à la coopérative. « Je les comprends, c'est moins d'emmerdes, moi il faut vraiment que j'aime ce que je fais pour continuer encore. » Et l'homme de décrire les tracasseries administratives, la coopérative qui fait du fromage à la chaîne et qui les concurrence directement ; et surtout, encore une fois, ces normes sanitaires toujours plus tatillonnes…

« Heureusement que le jeune est là, se félicite le vieux briscard. C'est moi qui lui ai tout appris, mais aujourd'hui, c'est lui qui en sait plus que moi, notamment sur toutes les analyses qu'il faut qu'on fasse ! » L'éleveur a failli mettre la clé sous la porte il y a quelques années. C'était du temps de l'ancien contrôleur. « Un jour que je l'avais encore dans les pattes, j'ai foutu un coup de jet d'eau fraîche dans ma préparation. En le faisant, je me suis dit merde, celui-là, il va me faire chier, j'aurais pas dû le faire devant lui. » Et de fait, voilà notre fonctionnaire qui enjambe le « fil des cochons », « et commence à chercher partout le réservoir d'eau, tout en me disant que je n'aurais jamais dû me servir de ce jet qui était dehors ». Heureusement, l'éleveur a eu la présence d'esprit de lui dire que le réservoir était perché très haut dans la montagne et donc inaccessible (alors qu'il était juste sous les yeux du fonctionnaire : « S'il avait pas été si couillon, il l'aurait bien vu »). Réservoir ou pas, l'éleveur a été verbalisé et vertement réprimandé. Désormais, pour faire son fromage, il ne devrait plus utiliser que de l'eau du robinet !

Discipliné, il obtempère. Sauf qu'en suivant ces bons conseils, il n'arrive plus à faire un seul fromage. « Comme s'il n'y avait plus de ferments dans mon lait », souffle cet homme bourru. Désemparé, il ne sait plus que faire, jusqu'au moment où il finit par établir le lien avec l'eau. « J'ai réessayé avec mon eau de source : nickel ! Par contre l'eau du robinet est tellement chlorée qu'elle me faisait mourir mon fromage. » Au fait, qu'en pensent les services vétérinaires ? « Ils n'ont pas besoin de savoir. »

Et ses enfants, derrière lui, hochent la tête, et d'un air penaud, presque fataliste, vous expliquent : « Vous comprenez maintenant pourquoi on ne reprendra pas ? Ils laissent faire ça au père, parce que c'est lui, mais quand ce sera nous, il va falloir tout casser, tout remettre aux normes, et avec ce nouvel attirail, on ne fera jamais cette qualité de fromage. »

14

L'histoire, à leur façon

Entre les mains d'hommes comme André Valadier ou Jean-Charles Arnaud, l'actuel président de l'INAO, les appellations d'origine sont un merveilleux atout pour maintenir les hommes sur leur terroir, sauvegarder les savoir-faire et respecter l'environnement. Une très belle histoire à laquelle nous avons tous envie d'adhérer. Or cela n'a pas échappé aux industriels ! Très vite, aux origines mêmes des appellations, ils ont su parler couramment « terroir ». D'ailleurs, ce dernier n'est jamais si bien instrumentalisé que par les businessmen qui s'en emparent. Parfois, d'ailleurs – rarement ! –, pour son plus grand bien.

L'un des plus beaux exemples de ces arrangements avec la mémoire collective, c'est l'histoire de roquefort, première appellation avec celle de champagne. Premier fromage digne de revendiquer haut et fort son terroir. Et cette jolie bluette qui accompagne sa création, avec ce jeune berger des Grands Causses qui, tombé amoureux d'une belle Aveyronnaise, en avait délaissé son fromage dans une grotte où il s'était (miraculeusement) bardé du fameux bleu qui fait son originalité.

En croquant dans du roquefort, c'est donc un peu de ce plateau austère et magique que l'on assimile. De la rudesse de ces paysans, et de la beauté de ces paysages…

Sauf que si le roquefort est aujourd'hui un monument de notre patrimoine culinaire, dans les faits, l'histoire est beaucoup plus triviale.

À la fin du XIXe siècle, les protestants qui avaient fait fructifier avec beaucoup de talent cette belle aventure de Roquefort, développant la sélection de brebis et rationalisant la production, se retrouvent face à la concurrence de la vache qui commence sérieusement à leur faire de l'ombre. Certains n'hésitant pas à mélanger lait de vache et de brebis, quand d'autres rêvent d'implanter les bovins sur les Causses (une hérésie, mais on en fera tant d'autres…). « Bref, les industriels de Roquefort se disent qu'il est temps de s'organiser pour ne pas se laisser déborder[1] », s'amuse Laurent Reversat, berger passionné par son terroir.

Puis, il fallait également éradiquer la concurrence sur l'affinage. Certains outrecuidants pensaient (à tort) qu'ils pourraient continuer indûment à faire vieillir leurs fromages dans ce que les Roquefortais de souche appellent les caves bâtardes, c'est-à-dire toutes celles qui ne sont pas sous la montagne du Combalou. « Avec un lobbying de chaque instant, les industriels ont imposé aux politiques de voter la loi sur l'appellation d'origine de 1925[2] », résume, lapidaire, le député européen et ancien berger roquefortais José Bové.

« Pour le champagne comme pour le roquefort, on est très loin de l'esprit de terroir dont ils se prévalent aujourd'hui. La loi a été votée pour satisfaire les intérêts de ceux qui l'avaient demandée, autant dire les

1. Entretien du 16 décembre 2015.
2. Entretien du 9 janvier 2015.

grandes maisons de Champagne, et les caves de Roquefort. » En clair, ceux qui possèdent les caves possèdent le fromage. Et peuvent donc démanteler les autres caves qui avaient pour seul tort de leur porter un préjudice économique…

« Mais là où ils ont été très forts et un rien pervers, c'est qu'ils ont verrouillé les caves (qu'ils possédaient) mais pas le lait… Le bassin s'étendait donc jusqu'à la Dordogne, Biarritz, la Corse, parce qu'il n'y avait pas assez de lait chez nous », ironise José Bové.

Comment ça ? Les industriels n'ont pas mis en avant le fabuleux lait des Grands Causses, le terroir, la race de brebis lacaune, toutes ces briques qui réunies dans un même édifice forment la grandeur de l'Aveyron et donnent son goût inimitable au roquefort ? Non. Ils n'ont commencé à revendiquer leur patrimoine que bien plus tard, quand ils ont été bien certains d'avoir assez de lait (et bientôt trop) en Aveyron. En attendant, le lait corse était parfait ! On a même été (discrètement) jusqu'en Tunisie dans les années 60 pour prendre son lait.

De fait, la plus vieille appellation avec celle de champagne jouissait d'une dérogation stupéfiante : elle pouvait collecter son lait ailleurs que dans la région de Roquefort. Et depuis 1925, chaque décret reconduisait cet incroyable passe-droit[3] : le lait de Roquefort pouvait venir de Haute-Corse, de Corse du Sud, mais aussi de Gironde, du Tarn… C'est seulement en 2005, grâce à l'Europe[4] – qui a transformé les appellations d'origine contrôlée en appellations d'origine protégée –, que la collecte de lait s'est resserrée autour de ce qui aurait dû être depuis toujours son bassin d'origine. C'est donc

3. Décrets du 22 octobre 1979, du 29 décembre 1986, jusqu'au 22 janvier 2001.

4. Décret du 17 mai 2005.

l'Europe, celle que nos dirigeants accusent de mille maux, celle qu'ils clouent trop souvent au pilori pour mieux se défausser de leurs propres responsabilités, qui a redonné un peu de (bon) sens à notre roquefort !

« Bruxelles a donné ses lettres de noblesse à nos appellations en remettant les paysans et les consommateurs au cœur du processus[5] », s'enhardit José Bové, soudain lyrique. « Avant l'Europe, ce n'était que du protectionnisme de commerçants », gronde le député européen.

Si l'Europe a sauvé le terroir (tout en l'enterrant aussi parfois sous les normes sanitaires), on peut également constater que celui-ci n'a été brandi par les industriels qu'à partir du moment où ils ont eu trop de lait. Dans la mécanique de l'agriculture productiviste, on pousse toujours vers l'excès, le trop-plein.

À la fin des années 70, les cuves aveyronnaises commencent à déborder. « C'est à partir de 76-77 que la production de lait devient supérieure à ce qui était nécessaire pour faire du roquefort, se remémore José Bové. Plus ça allait, plus ça augmentait de façon considérable[6]. »

Face à ce fléau de la modernité, les industriels ont-ils décidé de lever le pied et de commencer à réfléchir pour produire moins et mieux ? Que nenni ! Tels des Shadoks emportés par leur élan, ils continuent. Mieux, comme les affaires vont mal, on concentre les outils de production. « Et si, au début des années 70, il y avait 250 à 300 laiteries, on est passé à 8 aujourd'hui, autant dire une par industriel[7] », se remémore le député européen. Du coup, les petits bergers qui étaient à

5. Entretien du 7 janvier 2015.

6. Entretien du 9 janvier 2015.

7. Combes, Carles, Sodiial, Coulet, Vernières, La Pastourelle, Papillon, Société des Caves.

deux pas de leur laiterie se sont parfois retrouvés fort éloignés de la nouvelle usine. Et donc, en très mauvaise posture. Car contrairement à ce que l'on nous laisse entendre à longueur de spots télé, hors de question pour les industriels d'aller quérir le lait dans un coin perdu de nos belles campagnes. C'est le début de la rationalisation de la collecte. Un doux verbiage pour dire que ceux qui étaient trop éloignés devaient mourir.

Après avoir commencé par se partager les bergers (sans leur demander leur avis) comme on avait autrefois partagé l'Afrique, en regardant lesquels étaient les moins éloignés de leur usine à lait, les industriels les ont poussés à se concentrer, partant du sacro-saint principe que mieux vaut une collecte chez un gros que dix chez dix petits. Ra-tio-na-li-ser, on vous dit.

« C'est un truc un peu humain de vouloir tout massifier[8] », se désole Xavier Thuret. Lui, le meilleur ouvrier de France, le fils de paysan qui se retrouve tiraillé entre son amour du terroir et le rôle d'alibi qu'il doit endosser pour satisfaire aux exigences de son groupe Lactalis. « Avant, il y avait une centrale par village, se remémore-t-il, nostalgique. Mais voilà, on a voulu avoir des produits plus réguliers. »

Le raisonnement est toujours le même : c'est parce qu'on produisait trop de lait pour fabriquer ces produits d'exception qu'on a commencé à perdre de l'argent, donc concentré les outils de production, pour ensuite demander aux bergers de se concentrer également eux-mêmes. Autant dire de produire toujours plus en étant de moins en moins nombreux et en faisant des produits de plus en plus standard.

Ou comment mettre à mal une filière, perdre des emplois, et s'éloigner de cette belle notion de terroir.

8. Entretien du 17 février 2015.

En 1987, la coupe est tellement pleine que Roquefort est obligé de geler la rémunération des éleveurs. Et elle le fait de telle manière qu'au fond ne seront privilégiés que les éleveurs qui étaient en place à ce moment-là, interdisant quasiment aux nouveaux venus de s'installer puisqu'ils n'obtiendront pas ou très peu de droit à produire du roquefort, le seul lait qui soit payé correctement.

Du coup, les jeunes ne peuvent pas s'installer, et les bergeries s'agrandissent, sous l'œil complaisant de la commission des sages, une structure féodale largement dominée par les industriels et dans laquelle les fonctionnaires des directions départementales des territoires sont allés se commettre, pour faciliter la concentration des élevages et décider à qui reviendrait tel ou tel droit à produire. Autant dire un comité d'une transparence absolue comme la France en a le secret !

On aurait pu penser qu'après cette date fatidique de 1987, les industriels allaient se calmer et cesser de pousser les bergers à produire ? Mais il n'en a rien été. « On est passé de 2 800 producteurs en 1987 à 1 800 aujourd'hui. Et la taille des fermes a été multipliée par deux[9] », regrette Laurent Reversat.

Dans le même temps, la production a continué à grimper… « À l'époque on produisait 100 millions de litres, aujourd'hui on doit être à 160, après un pic à 180 millions de litres », se désole le berger.

Il faut voir les joujoux high-tech qu'on les incite chaleureusement à acquérir pour devenir toujours plus compétitifs : de gigantesques grues commandées depuis une cabine de contrôle sise à 5 mètres du sol et qui permet de sillonner le hangar à la vitesse du TGV et de distribuer automatiquement la nourriture aux bêtes. Une disneylandisation de l'agriculture qui coûtera aux

9. Entretien du 16 décembre 2014.

agriculteurs quelques centaines de milliers d'euros. Pour amortir cette somme et ces emprunts, ils seront bien entendu – gentiment – poussés à s'agrandir encore et toujours. Et donc à s'enfoncer dans cette spirale de l'endettement.

Les éleveurs aveyronnais très attachés à leur terroir et à leur savoir-faire sont pris dans une sorte de schizophrénie bien française : mourir ou s'agrandir… pour mieux mourir quelque temps plus tard, étranglés par les dettes.

Si la filière aveyronnaise a été mise à mal, la Corse, elle, a été littéralement mise à genoux. À partir de la fin des années 80, l'Aveyron a beaucoup trop de lait. Donc, plus besoin de le collecter en Corse. Sauf que la filière ovine corse s'est entièrement reconstruite autour des desiderata de ceux qui s'appelaient encore Société des Caves.

« Ils sont arrivés à la fin du XIXe, avant même la promulgation de l'appellation roquefort. Il n'y avait bien entendu pas encore d'industrie laitière sur l'île. Seuls de petits éleveurs bien implantés et leurs fameux casgiles, ces cabanes de pierre qui servaient pour la transhumance et la fabrication. Autant dire que ça ressemblait furieusement à tout ce dont avait besoin Roquefort : le lait était riche, il y avait un savoir-faire, et les conditions d'affinage ressemblaient à s'y méprendre aux leurs[10] », détaille l'éleveur et syndicaliste Paul André Fluixa. Ces nouveaux entrepreneurs ont alors démarché les éleveurs en leur demandant de bien vouloir leur vendre du lait. L'affaire ne s'est pas faite sans réticences, comme le démontre cette histoire que toutes les familles de bergers se racontent de père en fils : « Ils sont allés voir nos aïeux et leur ont dit : “On va

10. Entretien du 20 janvier 2015.

t'acheter du lait pour faire du fromage, comme ça tu auras des sous. – Mais pour quoi faire, des sous ? Alors que j'ai du fromage ?" auraient répondu les fameux ancêtres. "Tu pourras t'acheter des chaussures !" lançaient alors les démarcheurs de Société des Caves. Ce à quoi les fiers bergers répondaient, invariablement : "Je marche pieds nus." »

Il faut croire cependant que certains ont accepté, car les hommes de Société des Caves ont fait leur trou en Corse, et jusqu'à la fin des années 90, y ont été très implantés. « Ils ont tout fait pour nous faire entrer dans l'ère industrielle. Allant même jusqu'à modifier les systèmes d'exploitation : c'est Roquefort par exemple qui impose une mise bas en septembre-octobre, deux mois avant les Aveyronnais, pour avoir une production plus étalée[11] », se remémore Paul André Fluixa. Rassurés par ce débouché qui semblait pérenne, les éleveurs ovins abandonnent progressivement leur savoir-faire dans la fabrication du fromage pour devenir de « simples » apporteurs – c'est le doux nom que l'on attribue aux bergers qui ne transforment pas leur lait – de l'industriel. « Et c'est ainsi que petit à petit, ils ont fonctionnarisé les éleveurs », regrette Paul André Fluixa.

À tel point d'ailleurs que le prix du lait corse était fixé à Roquefort jusque dans les années 90, se souvient José Bové[12].

Voulant eux aussi acquérir leur part du gâteau, les industriels insulaires se sont alors greffés sur le modèle aveyronnais. Et si, jusqu'aux années 70, Société des Caves détient 100 % de la collecte de lait, les entrepreneurs corses commencent à grignoter des parts de marché en faisant basculer certains bergers dans leur escarcelle. « Roquefort payait le prix fort parce qu'ils

11. *Ibid.*
12. Entretien du 9 janvier 2015.

avaient vraiment besoin de notre lait et avaient des débouchés, on a dû surpayer le lait pour attirer des éleveurs chez nous et pouvoir se développer[13] », relate Antoine Ottavi, petit-fils de berger devenu l'une des deux plus grosses laiteries insulaires. Mais le jeu en vaut la chandelle car les produits identitaires corses, bénéficiant de l'image de l'île de Beauté, commencent à percer et à se vendre très cher.

Malgré le développement des autres, Société des Caves (devenue propriété de Lactalis en 1991), renommée Fromagère corse – ça fait plus typique – en 1993, reste un acteur incontournable du marché du lait insulaire. À la fin des années 90, Lactalis pèse plus de 150 points de collecte en Corse et fait donc vivre nombre de bergers, sachant que près de 70 % du lait de brebis est transformé par de grosses laiteries (dont la Fromagère).

Autant dire que si Lactalis choisit de renoncer brutalement à collecter le lait corse comme elle menace de le faire, ce sera une catastrophe pour la filière insulaire.

Nous voilà donc à la fin de la décennie 80-90, face à un drame qui se joue sur deux scènes. En Aveyron : que faire du surplus de lait ? Et en Corse : comment retenir Lactalis sur l'île ? Deux fois la même question puisque le groupe est dominant dans ces deux bassins historiques de lait de brebis et que, partout où il est, il manie avec maestria le chantage à l'emploi.

Du coup, en Aveyron comme en Corse, l'État a choisi de faire ce qu'il fait toujours avec les groupes ultraprospères : leur proposer des conditions en or.

---

13. Entretien du 19 janvier 2015.

15

La féta à la française

C'est l'histoire de Perrette qui avait beaucoup trop de lait. Et que fait Perrette quand son pot déborde ? Elle arrête de le remplir, bien sûr !

Mais dans la France moderne, Perrette se tourne vers les pouvoirs publics. Que font nos grands hommes d'État quand ils sont face à une politique agricole qui commence à tourner au désastre, engendrant une surproduction qui risque d'entraîner un effondrement des prix et de mettre à mal la filière ? Courageusement, ils prennent leurs responsabilités et, quitte à déplaire aux syndicats et aux industriels, leur intiment l'ordre de freiner un peu ? Non, pourquoi feraient-ils une chose pareille ? Comment se permettraient-ils de parler si durement aux dirigeants de l'industrie agroalimentaire, première industrie de France avec 160,5 milliards d'euros de chiffre d'affaires ?

Non, hors de question de changer de logiciel, surtout quand on a déjà constaté qu'il nous menait droit dans le mur. On va juste, comme toujours, tenter désespérément de trouver vaille que vaille une solution bricolée, en sachant que ce n'est que cautère sur jambe de bois. Mais entre-temps, nous ne serons plus au pouvoir et nous n'aurons pas à gérer les conséquences de nos non-décisions d'aujourd'hui !

C'est ainsi qu'a germé l'idée d'ériger une usine de diversification.

« Ah ! qu'en termes galants ces choses-là sont mises », aurait dit un Philinte conquis. Mais que veut dire ce terme ? Que l'on s'est fait payer une belle usine toute neuve pour pouvoir faire en Aveyron « de la tomme comme on a appris à la faire au Pays basque, et de la féta comme on a appris à la faire en Corse[1] » ? s'amuse José Bové.

Autant dire qu'on a fait payer à Bruxelles, sur deniers publics donc, une usine permettant de faire du toc, quitte à mettre à mal les filières vertueuses existantes.

C'est comme ça qu'est née l'usine du Massegros, ouverte au début des années 80.

Et comme l'affaire n'était pas encore tout à fait assez juteuse pour les industriels, et qu'il est toujours de bon ton de stigmatiser les paysans – forcément coupables de toutes les fautes et notamment de celles vers lesquelles les industriels les ont orientés –, on a sanctionné les éleveurs en leur payant moins cher leur lait : normal, ils n'avaient qu'à pas produire autant ! Comment ça, ce sont les industriels et les pouvoirs publics qui les y ont poussés ? Allons !

Donc on va leur acheter le lait moins cher parce que la féta aveyronnaise ne se vend pas au prix du roquefort. Il faut bien qu'ils paient leur écot, ces terribles bergers qui nous ont mis dans l'ornière.

D'ailleurs, comme ce n'est pas suffisant encore, ils vont également payer pour la diversification (c'est-à-dire la féta), que les « pauvres » industriels sont obligés de fabriquer, parce que les horribles éleveurs produisent trop.

---

1. Entretien du 9 janvier 2015.

Voilà en tout cas comment le système a fonctionné jusqu'en 1987, alimentant une discrète cagnotte de près de 60 millions de francs dont on avait tu l'existence aux paysans et sur laquelle, par conséquent, ils n'avaient aucune visibilité. La seule chose que devaient savoir les bergers, c'est qu'ils devaient payer toujours et continuellement pour des frais de diversification qui, d'année en année, étaient immanquablement élevés. Si aujourd'hui ce curieux système n'existe plus, les paysans continuent à payer les frais de la diversification puisque le lait leur est payé beaucoup moins cher quand il est destiné à faire de la féta, du pecorino romano, ou du bon lait cru bradé à d'autres régions ou à l'étranger.

Autant dire que pour les éleveurs, c'est toujours – et quoi qu'il arrive – la double peine. Non seulement leur lait est payé moins cher, mais ils doivent alimenter une caisse[2] pour faire des fromages qui se vendront partout, et notamment là où ils ont toujours été produits de façon traditionnelle.

Récapitulons, les pouvoirs publics paient l'usine, les éleveurs donnent (ou presque) le lait, et paient en plus pour qu'on puisse produire des fromages bas de gamme qui vont déstabiliser les marchés artisanaux.

C'est ce que les industriels appellent les lois du marché.

Mais au moins, cet outil avait comme intérêt d'être collectif. Et devait résoudre les problèmes de surproduction de toute l'appellation.

Oui, mais ça, c'était avant ! Avant que Lactalis ne rachète Société des Caves en 1991 et exige – et obtienne en en faisant une condition *sine qua non* de sa reprise – que la belle usine de diversification retombe dans son escarcelle. Que s'est-il passé, à votre avis ? Les syndicats

2. Financée pour moitié aussi par les industriels.

d'éleveurs et d'industriels ont défendu bec et ongles l'outil collectif ?

Non. Pourquoi ?

« Personne n'a rien fait pour éviter que Massegros ne parte dans la corbeille de la mariée de Lactalis », soupire José Bové qui semble avoir toujours ce triste épisode en travers de la gorge. « Les dirigeants de l'époque ont été emmenés par Besnier (le patron du groupe) en jet privé au Mont-Saint-Michel, au restaurant de la Mère Poulard, et se sont laissé embobiner. Trop contents d'être dans le saint des saints. » Et de conclure : « Autant te dire qu'ils se sont vendus pour une omelette, j'espère pour eux qu'elle était bonne[3]. »

Donc on récapitule : l'usine payée dans les années 80 par l'Europe pour juguler un problème de surproduction est retombée, une dizaine d'années plus tard, dans l'escarcelle d'une entreprise dont le chiffre d'affaires 2014 s'élève à 16,4 milliards d'euros.

Ce n'est pas tout. Parce que le libéralisme français, c'est bien, mais mâtiné à la sauce de Bruxelles, c'est encore meilleur. Quand l'Europe paie cette belle usine pour pouvoir faire de la féta en Aveyron, elle est bien placée pour savoir que la féta, eh bien elle est grecque ! Et que la Grèce a toutes les raisons de demander que son fromage soit, lui aussi, protégé par une appellation. Parce que pendant que l'Aveyron fait de la fausse féta de brebis haut de gamme, en Europe du Nord, et notamment en Allemagne, on fait de la fausse féta avec du lait de vache ! Autant la féta française n'est pas (vraiment) une menace pour la Grèce parce qu'elle est bien plus chère, autant l'allemande est en train de casser le marché. « N'oublions pas que dans les années 90, le lait de brebis est à 6 francs, et

3. Entretien du 9 janvier 2015.

le lait de vache à 1,60 franc[4] », se remémore Laurent Reversat.

La Grèce finit par taper du poing sur la table et obtient, en 1996, son appellation d'origine protégée. L'Allemagne et le Danemark se retrouvent fort marris avec leurs drôles de fétas... au lait de vache. Le problème, c'est que l'Aveyron aussi, même si la sienne est au lait de brebis.

Que fait la France, pays des appellations d'origine et du terroir ? France qui, avec son ministre de l'Agriculture Henri Nallet, n'a eu de cesse de faire du lobbying à Bruxelles pour que nos fameuses AOC soient transposées au niveau européen alors que les Anglo-Saxons n'en voulaient pas ? France qui obtient (de haute lutte) cette fameuse transposition des AOC en AOP grâce au lobbying d'un autre ministre de l'Agriculture, Louis Mermaz, en 1992 ? Eh bien, poussée par Lactalis, elle attaque l'appellation grecque aux côtés des deux fraudeurs ! C'est Jean Puech, ministre de l'Agriculture d'Édouard Balladur, qui s'y colle. Jean Puech, l'indéboulonnable (du moins jusqu'en 2008) sénateur de l'Aveyron, président du conseil général de cette belle région de 1976 à 2008. « En bon Aveyronnais, Puech nous a fait attaquer l'appellation féta, nous, les grands défenseurs de l'appellation d'origine, pour défendre les intérêts de Roquefort et plus précisément de Lactalis », se remémore, ivre de rage, l'un des hommes forts de Mermaz.

C'est ainsi que la Cour de justice européenne annule l'AOP féta en 1999. La Commission la lui rendra bienheureusement en 2002. Si l'Allemagne et le Danemark réattaquent, la France ne se commet pas une seconde fois. Et les deux fraudeurs assaillants sont déboutés en 2005.

4. Entretien du 7 janvier 2015.

Plus le droit, donc, de faire la féta dans l'usine payée par l'Europe dix ans plus tôt pour ça. C'est ce qu'on appelle avoir une vision sur le long terme !

Quant à Lactalis, il craint alors que sa marque ne soit pas assez implantée encore, et qu'elle s'effondre après ce que le groupe voyait comme un nouveau coup de Bruxelles. La Commission avait laissé aux industriels jusqu'à fin 2007 pour se retourner. Et c'est justement fin 2007, un hasard sans doute, que les importations de lait en Corse, qui jusque-là étaient restées assez restreintes, deviennent massives. De là à dire que Lactalis, pour se prémunir de l'arrêt de la féta, a commencé à refourguer massivement son lait aveyronnais en Corse, il n'y a qu'un pas… que certains franchissent.

Que l'on se rassure pour l'ensemble des salariés des usines Lactalis, les ventes de Salakis sans l'appellation féta sont, contre toute attente, devenues florissantes. Et les importations massives de lait en Corse ont continué.

16

Quand vous êtes gros, les millions pleuvent…

Il est amusant, bien que déconcertant, de constater que lorsque vous êtes puissant, en un mot lorsque vous êtes un industriel digne de ce nom capable de faire du chantage à l'emploi, l'argent public pleut par millions.

Il faut entendre Jean-Dominique Musso, éleveur ovin au domaine de la Sorba, près d'Ajaccio, décrire justement ses années de lutte quotidienne avec des apparatchiks des ministères et des (nombreuses) agences distribuant la manne bruxelloise, quand il était lui-même président de la chambre d'agriculture de Corse du Sud (2007-2013).

L'homme est connu pour ses colères homériques. Il aime d'ailleurs prévenir ses interlocuteurs quand il les reçoit pour la première fois : « On dit de moi que j'ai mauvais caractère, je préfère que vous le sachiez[1]. » On contient un fou rire en pensant à la description qui nous en a été faite par un ancien grand patron des services sanitaires, encore sous le choc du jour où, devant le ministre de l'Agriculture

1. Entretien du 26 novembre 2014.

de l'époque, Musso a enjambé une table pour menacer de lui coller sa main sur la figure.

Une vivacité de caractère qui ne pouvait qu'être excitée par les incohérences du système. Car des projets délirants, Musso en a vu passer un certain nombre. L'un d'eux concernait des salades en sachets. « C'était il y a quatre-cinq ans à peine, le dossier arrive, et tous les intervenants de l'administration étaient prêts à accorder à cet entrepreneur des financements publics sans même lui demander où il pensait collecter ses salades ! Quand j'ai suggéré qu'on lui impose de s'engager à prendre 60 % à 70 % de ses salades localement, tout le monde m'a regardé avec des yeux ronds[2]. » Personne n'y avait même pensé.

Et s'il n'y avait que la salade ! Le pire concerne bien évidemment l'une des productions emblématiques de Corse : le lait de brebis.

Souvenez-vous combien avait été dure et semée d'embûches la lutte de quelques bergers rebelles pour imposer la race corse et batailler pour la rendre plus productive, quand les pouvoirs publics y croyaient si peu. Mais pendant qu'ils se battaient pour survivre, les politiques, forts d'un énième financement de Bruxelles, décidèrent de proposer aux laiteries industrielles de se rénover sur fonds publics à hauteur de 80 % de leurs investissements. Tous les industriels se sont engouffrés dans la brèche. Mais celui vers lequel tous les yeux se sont tournés tant son rôle dans la métamorphose du paysage laitier corse a été important, c'est Société des Caves devenue propriété du groupe Besnier en 1991 (lui-même devenu Lactalis en 1999). La mairie de Lucciana se mit en quatre pour installer comme il se doit cette « petite » entreprise – leader mondial, faut-il le rappeler – sur un magnifique terrain sis à côté de l'aéroport de Bastia.

2. *Ibid.*

À la décharge des politiques, cela faisait quelque temps que Lactalis mettait la pression. Depuis que les cuves aveyronnaises commençaient à déborder. Chez les industriels, on n'est pas du genre à faire du sentiment. Pas question donc de se sentir concerné par l'avenir de bergers qui leur ont permis de faire du roquefort de qualité pendant un siècle. Ni de se sentir une quelconque responsabilité vis-à-vis de ce marché insulaire qu'on a formaté à sa main. Et finalement, pourquoi ne pas se retirer purement et simplement de Corse ?

Sauf, bien entendu, s'il y avait possibilité de se faire construire une belle usine toute neuve, sur argent public, pour faire de la féta par exemple ? C'est bon, la féta corse. Autant dire que quand la Fromagère a menacé de partir, elle a été entendue par les autorités. Elle a donc réclamé et obtenu une usine high-tech, financée par Bruxelles, pour que les bergers corses ne soient pas laissés sur le carreau. Ce que ne savait pas l'État, c'est qu'en faisant ce geste pour maintenir notre fière industrie, elle allait porter un coup fatal à la profession.

Au milieu des années 90, Lactalis repart donc avec une usine high-tech qui se dresse fièrement près de l'aéroport de Bastia. « Ça a été fait sur une enveloppe à part, un financement à part, qui n'a rien pris à la filière[3] », plaide le président du groupement des apporteurs de lait de la Fromagère corse, Sébastien Rossi. Dont acte. L'usine a été construite pour pouvoir traiter 12 millions de litres de lait selon ses opposants, 5 millions selon ses supporters. « En fait, au lancement de l'usine, on en traitait 3 : 2 millions pour faire des produits corses qui se vendaient bien et 1 million pour faire de la féta dont j'ai arrêté la production trois ans et

3. Entretien du 21 janvier 2015.

demi plus tard[4] », concède Jean-Pierre Raffali, l'homme désigné par Lactalis pour s'implanter en Corse, et qui, malgré son patronyme à la résonance insulaire, n'est qu'un *pinzutu*, comme le désignent dédaigneusement les Corses, c'est-à-dire un non-Corse que son accent hexagonal et son allure de gentleman farmer trahissent au premier regard. Mais il faut croire que l'homme a su comprendre les us et coutumes locaux puisqu'il est en poste depuis vingt ans. Une fois la féta (*made in* Corse !) abandonnée, l'usine tourne aujourd'hui autour de 2,5 millions de litres traités.

Voyant cela, les autres laiteries – on les comprend – ont exigé le même traitement, et se sont toutes agrandies sur fonds publics. Entre 2000 et 2006, plus de 23 millions d'euros ont ainsi été versés à des entreprises qui avaient comme seules obligations d'exercer leur activité en Corse, d'avoir moins de 250 salariés et ne pas dépendre de groupes de plus de 2 000 personnes dont le chiffre d'affaires n'excède pas 40 millions d'euros[5] ! Ce qui permettait, une fois Lactalis, ses 61 000 employés et ses 16,4 milliards d'euros de chiffre d'affaires traités sur une autre enveloppe, de ratisser suffisamment large pour que tout le monde se serve.

Quant aux justificatifs demandés, ils étaient, pour les industriels corses comme pour Lactalis, quasi inexistants. « Alors qu'on demandait des justificatifs de leurs capacités de production aux petits fermiers (cheptel, foncier, matériel) avant d'accepter de rénover leurs ateliers à taille humaine, rien n'a jamais été imposé aux industriels en termes de justification d'origine ni même de volume de lait collecté[6] », enrage le syndicaliste et berger Paul André Fluixa.

---

4. Entretien du 21 janvier 2015.
5. Docup Corse, 2000-2006.
6. Entretien du 17 novembre 2014.

Bref, on a laissé les gros faire à leur guise, alors que pour les petits, on a été ferme, très ferme. Comme toujours.

Ah oui, mais voilà, quand on est pauvre, avec des chiffres d'affaires à 3 ou 4 chiffres seulement (tout est relatif), les millions ne pleuvent pas. Les euros se quémandent, et ils sont âprement discutés par une administration soudain redevenue économe.

La fromagerie Ottavi, l'un des deux leaders insulaires avec Lactalis, avait ainsi décidé d'une nouvelle extension[7]. « Toutes les instances avaient donné leur aval et s'apprêtaient à s'engager à régler la facture. Elles m'avaient transmis le dossier ficelé, et m'avaient tout de même demandé, à titre consultatif, mon avis en tant que patron de l'interprofession[8] », rapporte Jean-Dominique Musso. « Quand j'ai vu le dossier en passe d'être validé, j'ai failli m'étrangler », s'insurge-t-il. Il y avait de quoi !

« La laiterie Ottavi, mettant en avant le nombre de ses bergers apporteurs de lait, quitte à en rajouter un peu, voulait s'agrandir car sa collecte avait augmenté de 30 % en trois ans et qu'elle pensait l'augmenter encore d'autant dans les années qui venaient », précise Jean-Dominique Musso. Très étonnant quand on sait que le lait corse permet tout juste de faire tourner les industriels en place. Musso, intègre, somme avec une certaine raideur les instances de demander à Ottavi comment il pense faire pour augmenter aussi massivement sa collecte de lait, sans nouveaux bergers et avec une production corse limitée. Ne serait-ce pas, par hasard, en important massivement du lait d'ailleurs ?

7. Elle en avait déjà fait une en 1989.
8. Entretien du 4 février 2015.

Le patriarche Charly Ottavi finit par le reconnaître, et invoquant son profond sentiment européen (un sentiment d'autant plus ardent qu'il permet d'importer une matière première à moindre coût), revendique son désir de ne se « ferm[er] aucune porte et [d'entreprendre] de [s']ouvrir sur d'autres bassins de production[9] ». Et ça tombe bien, parce que, en l'occurrence, ce bassin est sarde et que le lait y est – heureux hasard – beaucoup moins cher qu'en Corse.

Pris les doigts dans le pot de confiture, le chef d'entreprise ne se dégonfle pas, il explique qu'« afin de garantir la qualité des produits, et parce que nous avons un savoir-faire ancestral, nous avons déplacé un responsable qualité et un chef de production qui ont travaillé le lait selon nos propres recettes[10] ».

Autant dire que cette grande gueule fait presque un geste en demandant que son usine soit financée sur fonds publics ! Parce que, jusque-là, il reconnaît que ses fromages, il les faisait faire en Sardaigne, et les réimportait juste pour l'affinage afin de se prévaloir de la mention « Corse » si vendeuse. Alors qu'avec une belle usine toute neuve, le lait sarde serait traité en Corse. L'homme ne dit pas comment on le distinguerait du lait corse nécessaire pour faire des produits d'appellation d'origine. C'est le genre de contingences qui ne semblent pas le toucher.

Puis, le chef d'entreprise rappelle opportunément dans un nouveau courrier (il en a littéralement inondé les instances publiques pour parvenir à ses fins) qu'il traite 2,4 millions de litres de lait corse et qu'il fait vivre deux bassins de production, 50 salariés, bref, que cette usine est nécessaire puisque « c'est à ce prix que nous

9. Fax du 28 janvier 2005 adressé à l'ODARC (Office du développement agricole et rural de la Corse) par Charly Ottavi.

10. *Ibid.*

pérenniserons l'emploi, maintiendrons les revenus de nos éleveurs, irons de l'avant[11] ».

En clair, si vous ne nous payez pas l'usine toute neuve, vous mettez à mal notre avenir, et donc celui des éleveurs. Le patriarche ne manque pas de culot !

Mais l'austère Musso, tant décrié par les industriels, a fait un tel esclandre qu'Ottavi a été dans l'obligation de retirer de lui-même son projet. Musso n'avait qu'un but : empêcher la construction sur l'île d'une nouvelle usine aux capacités de celles de Lactalis.

Conséquences ? « On s'est retrouvés avec une capacité de stockage et d'affinage de 25 ou 30 millions de litres de lait[12] », s'emporte Paul André Fluixa. Même s'il ne s'agit que de 15 ou 20 millions de litres de lait, cela dénote un manque de discernement étonnant de la part de l'administration quand on sait que ces investissements étaient financés à 80 % sur fonds publics jusqu'en 2002 puis à 50 % après. « On a donc délibérément surdimensionné sur argent public ces laiteries industrielles[13] », s'emporte Jean-Dominique Musso.

Reprenons ce raisonnement, si l'on ose dire. D'un côté, nos élites soutenaient du bout des lèvres le développement de l'élevage corse qu'elles avaient laissé végéter durant des années, et de l'autre, elles finançaient des entreprises qui se retrouvaient du coup avec des capacités de stockage gigantesques. Que s'est-il passé à votre avis ? Une fois leurs capacités de stockage devenues conséquentes, les entreprises ont commencé à pester contre le manque de lait corse et ont voulu

11. Lettre du 10 avril 2005 à la conseillère territoriale, au conseiller, au président de l'ODARC, aux membres du conseil d'administration.

12. Entretien du 17 novembre 2014.

13. Entretien du 26 novembre 2014.

importer du lait d'ailleurs pour pouvoir remplir leurs belles laiteries industrielles payées sur fonds publics.

Car le fromage corse, qu'il soit ou non fait avec du lait de brebis ou des chèvres locales, ça se vend bien, très bien même. Autant dire qu'une fois dotés de beaux outils surdimensionnés, les industriels n'ont plus eu qu'une seule obsession : faire des montagnes de fromages corses avec du lait d'ailleurs. Tout en continuant, tranquillement, à l'estampiller corse.

Croix de bois, croix de fer, les industriels feront leur possible pour ne pas mélanger les laits corses avec ceux provenant d'autres contrées pour le brocciu, le fromage qui bénéficie depuis 1998 d'une AOC. Mais pour le reste, on fait un peu ce que l'on veut.

Au début, chut. Ces manigances se sont faites en toute discrétion. Du lait importé sur notre belle île pour faire du fromage *made in* Corse ? Pensez-vous !

Mais au fur et à mesure que nos industriels s'agrandissaient, les importations augmentaient aussi. Les bergers commençaient à avoir sérieusement la moutarde qui leur montait au nez.

Questionnés sur leurs importations de plus en plus massives, les industriels niaient en bloc. Tels des Pinocchio des temps modernes, ils s'étonnaient qu'on leur prête de pareilles intentions. Pour qui est déjà allé en Corse, et qui sait à quelle vitesse se propagent les nouvelles sur l'île de Beauté, les importations relevaient du secret de Polichinelle : tout un chacun pouvait être témoin des débarquements de camions chargés à bloc sur le port de Bastia. Tout cela n'étant d'ailleurs pas illégal.

Globalement, on faisait comme si tout cela n'existait pas. C'est ainsi que réunis dans une alliance un peu folle, l'administration française et les industriels ont réussi à faire financer sur deniers publics du lait étranger – pasteurisé pour supporter le voyage ! – pour mieux tuer nos propres bergers. Et tant pis pour les consommateurs !

Une générosité bien mal investie quand on sait le peu de cas que semblent faire les industriels des millions d'euros investis pour eux par la collectivité. Gérard Prêtre, le maire de Saint-Georges, une commune aveyronnaise, l'a appris à ses dépens. Son bourg, frappé par les fortes intempéries ayant touché le sud de l'Aveyron à la fin du mois de novembre 2014, avait dû faire face à une autre catastrophe : la fermeture de l'usine Lactalis installée sur ses terres. Durant des mois, Lactalis a tenu le maire du village en haleine, prétextant hésiter à rouvrir cette usine qui avait été, elle aussi, fortement touchée par la crue du Cernon. Pour finalement se décider à la fermer définitivement et à rapatrier des activités sur d'autres sites du groupe. Sauf qu'en 2008, la station d'épuration de Saint-Georges avait été entièrement refaite pour pouvoir traiter les rejets de l'usine. La commune s'est alors retrouvée prise au piège d'un engrenage infernal[14] car, comme le rappelle le maire, la station en question ne peut fonctionner « au-dessous d'un certain seuil[15] ». Non seulement c'est une catastrophe financière pour le village, mais en outre il se retrouve désormais avec un outil surdimensionné qu'il ne peut même plus faire fonctionner. « Pour nous, c'est un épiphénomène[16] », aurait rétorqué Christian Gentil[17],

14. Hugues Cayrade, « Fermeture de la fromagerie : une double peine pour Saint-Georges », *Centre Presse Aveyron*, 30 mars 2015.

15. « Elle a une capacité de traitement de 27 000 équivalents habitants, pour une population de quelque 1 600 personnes », *ibid.*

16. *Ibid.*

17. Christian Gentil « a eu le regret de [m']informer [qu'il] n'a pas souhaité répondre positivement à [ma] demande d'entretien », et « espèr[e] que [je] comprendr[ai] le bien-fondé de cette réponse négative », mail du 8 septembre 2015.

directeur général de Société des Caves et de Lactalis AOC.

Un épiphénomène qui va coûter cher à ce bourg. Le maire de Saint-Georges et président de la communauté de communes a déjà chiffré à plus de « 200 000 euros la perte pour sa commune et à pratiquement autant pour l'établissement intercommunal[18] ».

Une broutille, donc, pour Lactalis. Et un abîme pour les finances de cette commune de France.

18. Hugues Cayrade, art. cit.

17

C'est la faute à l'Europe

À en croire le discours dominant, l'administration bruxelloise, forcément détestable et coupée du monde, serait la source de tous nos maux. Si les choses étaient si simples, et l'Europe coupable de tout, le contre-poison serait facile à trouver. N'oublions pas que la Communauté, c'est nous. Elle est ce que nous en faisons. Las, aujourd'hui, c'est beaucoup moins ce que les citoyens rêvent d'en faire que ce que les lobbyistes en font.

Car ceux qui ont suffisamment d'argent et de temps pour payer des préposés à éplucher les textes réglementaires, et à errer dans les couloirs de la Commission, ce sont rarement – c'est une litote – nos fermiers. Seuls les industriels ont les moyens de déployer là-bas des employés dévoués pour défendre leurs intérêts. Or ces derniers coïncident « rarement » avec le maintien de nos terroirs et la transparence vis-à-vis des consommateurs.

Prenons l'exemple du règlement dit « Inco » : doux acronyme tout à fait dans l'air du temps du jargon techno, qui signifie « Information des consommateurs sur les denrées alimentaires ». C'est l'Europe qui a porté ce projet et l'a fait sortir le 25 octobre 2011 sous la forme du règlement n° 1169/2011.

C'est à ce texte de loi que l'on doit notamment d'avoir imposé la taille des caractères sur nos étiquettes... Anecdotique, me direz-vous. Pas tant que cela : la Commission proposait 3 millimètres, mais sous la pression des lobbys, et afin que nous n'y voyions goutte lorsque nous achetons nos produits savamment marketés, le texte est passé à 1,2 millimètre voire à 0,9 millimètre « dans le cas d'emballages ou de récipients dont la face la plus grande a une surface inférieure à 80 centimètres carrés[1] ». Mais si l'Europe n'avait pas été là, gageons que certains se seraient amusés à écrire en plus petits caractères encore.

C'est à ce texte également que nous devons, depuis le 13 décembre 2014 (il a fallu trois bonnes années pour que les industriels se mettent au pas) de savoir – enfin ! – d'où vient notre viande. Comme le rappelle Carole Delga, ancienne secrétaire d'État chargée du Commerce et de l'Artisanat, « de même que l'indication du lieu de naissance, du lieu d'élevage et du lieu d'abattage est obligatoire pour la viande de bœuf, elle est également obligatoire depuis le 1er avril 2015 pour les viandes préemballées fraîches, congelées et surgelées, porcine, ovine, caprine et de volaille[2] ». Parfait.

Tiens, c'est étrange, il n'est pas question du lieu de naissance dans la filière avicole ? La ministre prend tout de même le soin d'expliquer « qu'à titre volontaire, l'opérateur pourra ajouter le lieu de naissance de l'animal ». Pourquoi cette omission ? Parce que de

1. Règlement (UE) n° 1169/2011 du Parlement européen et du Conseil du 25 octobre 2011 concernant l'information des consommateurs sur les denrées alimentaires.

2. Communiqué de presse du 13 décembre 2014.

nombreux poussins industriels ne naissent pas sur le territoire où ils seront élevés par la suite. L'Allemagne s'est ainsi fait une spécialité d'acheter ses poussins aux Pays-Bas, de les élever chez elle, puis de les refourguer chez nous sous forme de blancs de poulet. La France a tout de même obtenu que si les industriels affichaient « origine française », cela signifierait que l'animal est né, a été élevé et abattu en France.

On peut se moquer, pointer les insuffisances, dire qu'il aurait fallu faire plus et mieux. C'est vrai. Pourtant, ce règlement européen, tout imparfait soit-il, est déjà une amélioration. Reprenons nos fameux blancs de poulet allemands : quand nous les verrons dans les frigos de nos supermarchés, nous saurons maintenant d'où ils viennent. Et nous pourrons essayer d'éviter d'acheter ces poulets voyageurs au bilan carbone ahurissant qui – morts ou vifs – en auront parcouru des kilomètres avant d'arriver dans nos assiettes pour jouer la carte du patriotisme de notre alimentation afin notamment que les emplois soient maintenus chez nous.

Reprenons le règlement Inco, dans son chapitre 29 : « Il convient d'indiquer le pays d'origine ou le lieu de provenance d'une denrée alimentaire lorsque, en l'absence d'une telle information, le consommateur pourrait être induit en erreur quant au pays d'origine ou au lieu de provenance réel du produit. » Cela ne vous fait pas penser à quelque chose ? Un fabuleux produit du terroir parfois fabriqué avec des ingrédients qui viennent d'un peu partout ailleurs ? Non ? Eh si ! Le fromage.

Et alors, que dit ce fameux rapport[3] que nous avons dû attendre près de quatre années ?

---

3. Rapport de la Commission au Parlement européen et au Conseil concernant l'indication obligatoire du pays d'origine ou du lieu de provenance pour le lait, le lait utilisé comme ingrédient dans

D'abord, il rappelle que nous, consommateurs, sommes très attachés à cette notion d'origine. « D'après le sondage Eurobaromètre réalisé en 2013, la plupart des citoyens de l'Union jugent qu'il est nécessaire d'indiquer l'origine du lait, qu'il soit vendu tel quel ou utilisé dans les ingrédients des produits laitiers (84 %). » Bref, que nous aimerions savoir d'où vient le lait que nous buvons (53 litres) ainsi que celui utilisé pour faire nos crèmes (3,7 kilos), nos yaourts, et nos fromages (25,9 kilos). Et attention, ce que l'on veut connaître, c'est le lieu où est traite la vache, la brebis ou la chèvre. Curieusement, les industriels ne tiennent pas outre mesure à nous donner cette information. Il semblerait que « les laiteries préfèrent indiquer le lieu de la transformation en raison d'une simplicité d'application accrue[4] » – traduire « pour continuer à manœuvrer tranquille ». Notamment, pour ce que la Commission appelle « un produit donné d'origine mixte ». C'est-à-dire ? Un fromage réalisé avec des laits venant d'un peu partout.

Or, pour ces « produits laitiers d'origine mixte », ce serait vraiment la galère d'indiquer d'où vient le lait, ou, devrions-nous dire, les laits. La question du seuil de détection se poserait, s'émeuvent les industriels. Comment ça ? Eh bien oui, à partir de quel pourcentage de lait venu d'ailleurs est-on obligé de le mentionner sur l'étiquette ? 20 % du produit ? 5 % ? 15 % ? En clair, les industriels mélangent tellement les laits venus d'un peu partout qu'ils se posent la question de savoir à partir de quel pourcentage de lait étranger dans le fromage de terroir on commence à étiqueter. Et hurlent, les pauvres, à l'impossible traçabilité ! C'est étonnant,

---

les produits laitiers et les types de viande autres que la viande bovine, porcine, ovine, caprine et la viande de volaille, 20 mai 2015.

4. *Ibid.*, p. 8.

on pensait que la traçabilité était obligatoire pour des questions d'hygiène, non ?

Un autre détail est amusant dans ce rapport quand on le compare à celui sorti le même jour concernant « l'indication obligatoire du pays d'origine ou du lieu de provenance pour les denrées alimentaires non transformées, les produits comprenant un seul ingrédient et les ingrédients constituant plus de 50 % d'une denrée alimentaire ». Pour le dire simplement, cet autre rapport devait enfin nous permettre de savoir d'où viennent les tomates utilisées dans nos conserves de coulis de tomate, les pommes de terre dans nos frites congelées, les blés dans nos farines, les oranges dans nos jus… Or, dans ce rapport-là, quatre scénarios ont été imaginés.

Le premier – remportant les suffrages des industriels – est un *statu quo ante*, sobrement intitulé « indication facultative de l'origine ». Autant vous dire qu'aucun industriel ne va se précipiter pour mettre en place une « obligation facultative ».

Le deuxième scénario propose de distinguer les produits venant de l'Union européenne de ceux venant de pays non membres.

Le troisième, de préciser de quel État membre provient le produit.

Et enfin, le dernier, de quelle région dans cet État membre est originaire le produit.

On le comprend, le plus intéressant est le quatrième scénario puisqu'il permet par exemple de savoir si c'est bien avec du lait basque qu'est réalisé le fromage de cette belle région. Eh bien, curieusement, ce scénario n'a pas été retenu pour le fromage. On ne l'a même pas évoqué. Bien trop compliqué sans doute ! Et puis, si délicat à mettre en place pour tous nos industriels qui aiment tant à mélanger les laits d'un peu partout pour faire des fromages de terroir.

C'est dommage, parce que c'était l'indication qui aurait le plus intéressé les consommateurs que nous sommes.

Conclusion du rapport : « Bien que le coût de l'indication de l'origine sur l'étiquette pour le lait puisse être faible dans l'ensemble, l'impact sur les exploitants sera[it] inégal. » Mais encore ? « Les coûts supplémentaires sont susceptibles de varier d'une hausse négligeable à 8 % du coût de production [...] jusqu'à 45 %. » En clair, cela veut dire, et d'ailleurs la Commission finit par le reconnaître, que l'impact économique serait très faible pour les entreprises à taille humaine qui de toute façon s'approvisionnent déjà localement. Et très fort pour ceux qui ne jouent pas le jeu.

Cocorico ! Enfin une prime à ce fameux tissu de PME vertueuses et pourvoyeuses d'emplois, que nos politiques ne cessent de prétendre vouloir défendre, et qu'ils laissent toujours tomber face aux grandes entreprises.

Enfin un vrai levier législatif offert par l'Europe pour rétablir la balance !

Bien entendu, on s'est empressé de le jeter aux orties sous prétexte que cela allait handicaper ces grosses usines à lait qui font de la concurrence déloyale aux entreprises locales en cassant les prix avec leurs faux produits de terroir fabriqués avec du lait du bout du monde. Car pour ces mercenaires, devoir s'approvisionner avec du lait issu des régions de France et faire vivre les éleveurs de nos contrées, c'est tout de même bien moins rentable que de faire du toc avec du lait venu d'ailleurs. On s'étonne que la Commission se soit montrée aussi peu diserte sur les conséquences positives que cette relocalisation aurait pu engendrer sur les filières locales, sur l'emploi et sur l'environnement. Au lieu de cela, elle s'éternise dans ce rapport, comme dans celui sur les coulis de tomate, sur le côté non confraternel que cette relocalisation engendrerait, nous mettant forcément mal avec tous nos fournisseurs du bout du monde avec lesquels nous sommes liés par des accords bilatéraux.

Bref, selon cette étrange logique, mieux vaut sacrifier les producteurs locaux et se jouer de la confiance des consommateurs pour préserver les sacro-saints traités et surtout… les intérêts des puissants.

18

Hold-up sur l'interpro !

Quand Jean-Dominique Musso prend les rênes de l'interprofession en 2001, la tension est à son comble. Après avoir essayé de le contourner, et de le faire tomber, les industriels se rendent à l'évidence : il va bien falloir composer avec ce dur à cuire. Voyant qu'il n'arriverait pas à l'embobiner, le directeur régional de Lactalis, Jean-Pierre Raffali, finit par lui demander de le rencontrer de façon non officielle. Et alors que cela fait des mois (voire des années) que lui, comme tous les autres, nie les importations de lait (et de fromages non encore affinés), Raffali les reconnaît devant Musso. On est fin 2007. « Il a avoué les importations et m'a dit qu'il allait continuer à les pratiquer car, selon lui, il y avait de moins en moins de bergers en Corse (et pour cause !) et ceux qui restaient étaient nuls, s'étrangle Jean-Dominique Musso. Il a ajouté qu'il avait besoin de faire du chiffre et qu'il voulait que je valide tout ça, que j'accepte ces pratiques[1] ».

« On l'a prévenu, reconnaît Raffali, mais comme il cherchait à briguer la chambre d'agriculture de Corse

1. Entretien du 26 novembre 2014.

du Sud – mandat qu'il a d'ailleurs obtenu –, il voulait avoir l'air d'un chevalier blanc[2] », lâche l'industriel.

En tout état de cause, l'homme a décliné la proposition du leader mondial. Et a choisi de prendre les choses à bras-le-corps : puisqu'il y avait problème, il fallait en débattre au grand jour au sein de l'interprofession.

Il réunit alors bergers, industriels et fermiers et leur demande de se prononcer – cette fois publiquement – sur la question des importations. Sans surprise, tous votent contre comme un seul homme ! C'est une chose d'importer discrètement du lait sarde ou aveyronnais pour faire du fromage corse, c'en est une autre de le reconnaître publiquement et de risquer de jeter l'opprobre sur leur production.

Mais si les industriels votent l'opposition aux importations, ils font, en catimini, pression sur les éleveurs en agitant de nouveau la menace d'une fermeture. Une menace qui fait mouche. « Lactalis avait déjà fermé pas mal de points de collecte. Les bergers étaient donc terrorisés. Le groupe leur a fichu une drôle de pression en leur disant : "Si l'entreprise coule, on ferme et vous êtes morts[3]" », se remémore Musso qui, agacé par les manières peu amènes du leader mondial, propose, dans une ultime provocation, de laisser partir Lactalis, ce qui permettrait aux industriels corses de récupérer les 2,5 millions de litres de lait traités par l'entrepreneur de Laval : une fois le *pinzutu* dehors, plus besoin d'importer du lait !

Bien entendu, cette proposition n'a pas plu aux éleveurs de Lactalis – qui auraient perdu leur patron dans la bataille ! – emmenés par Sébastien Rossi. Plus moyen de voter une quelconque décision dans ces conditions.

2. Entretien du 21 janvier 2015.
3. Entretien du 26 novembre 2014.

Musso, dans un ultime coup d'éclat, décide d'abandonner l'interprofession à Rossi, puisqu'il en empêche le fonctionnement.

Et il emmène l'association fermière Casgiu Casanu. En fait, le calcul est simple : l'association est un membre fondateur de l'interprofession et fait partie de ses statuts, son départ provoquera immédiatement une dissolution de cette dernière. Dissolution dont les industriels ne voudront pas, ce qui les poussera à revenir à plus de sagesse. En clair, Musso veut créer un électrochoc pour que chacun se ressaisisse afin d'éviter que les importations massives ne soient légalisées.

Une idée audacieuse qui aurait pu fonctionner, sans une intervention étatique digne des Tontons Flingueurs. Après avoir créé toutes les conditions pour que la guerre se déclare au sein de l'interprofession en finançant les laiteries surdimensionnées, voilà nos pouvoirs publics qui se piquent de vouloir organiser la bataille interne qu'ils ont eux-mêmes suscitée – à leur corps défendant, bien sûr. Il était impensable pour l'État que cette interprofession soit dissoute. Un coup à perdre la face, une fois de plus, face à ces insulaires turbulents. Pour exécuter ses basses œuvres, la République et la direction régionale de l'alimentation, de l'agriculture et de la forêt de l'époque prennent les choses en main, et montent une association bidon d'éleveurs, Ucasgile, pour couper l'herbe sous le pied de Casgiu Casanu.

Un tour de passe-passe pas très réglo mais qui permet à l'interprofession de rester droite dans ses bottes et de ne pas être dissoute ! « C'est curieux comme le ministère peut se montrer très rigoureux sur certaines choses et beaucoup moins sur d'autres[4] », soupire Musso.

4. Entretien du 23 janvier 2015.

Quoi qu'on pense de ces méthodes, le coup d'État de l'administration a parfaitement fonctionné. Le 15 octobre 2008, le président de l'Ilocc[5] organise une assemblée générale extraordinaire en « omettant » de convoquer l'association des producteurs de fromages fermiers de Corse Casgiu Casanu, qu'il a déjà remplacée dans les faits par l'association factice Casgiu Cagile.

La véritable association fermière, Casgiu Casanu, en reste soufflée. Elle a bien entendu essayé de contrer le putsch en assignant l'Ilocc devant le juge des référés… qui mettra deux ans[6] pour se déclarer incompétent. Quant au tribunal de grande instance de Bastia, il lui faudra deux années supplémentaires pour débouter Casgiu Casanu[7].

En clair, si la stratégie de Musso ne manquait pas de panache, elle a conduit tout droit à l'éviction des purs et durs et laissé les mains libres aux industriels pour mener à bien leurs affaires. C'est ce qu'ils firent d'ailleurs en s'organisant, chacun à sa façon (Lactalis d'un côté, les Corses de l'autre) pour importer du lait venu d'ailleurs.

Depuis la démission de Musso, le coup de force des industriels est devenu un empire. « Aujourd'hui, l'interprofession est tenue par les laitiers ; et les produits sont galvaudés, s'étrangle-t-il. D'un million de litres importés à l'époque, on est passé à 4 millions[8] » (1 à 2 millions seulement reconnus par les autorités !).

5. Interprofession laitière ovine caprine corse.

6. Jugement du 10 mars 2010.

7. Jugement du 21 février 2012, sous prétexte que son courrier de mise en demeure de l'interprofession pouvait être assimilé à une démission et, ce faisant, que l'association n'avait plus aucun lien avec l'interprofession, donc plus aucun droit !

8. Entretien du 23 janvier 2015.

Bien entendu, la production laitière insulaire n'a cessé de baisser durant ces années sombres : qui aurait envie de se lancer dans un métier où il sera concurrencé par du lait sarde 25 % moins cher ? Le patron de Lactalis, Jean-Pierre Raffali, en convient : « On est passé de 8 millions de litres collectés en 2008 à 6,5 millions en 2012[9]. »

Alors que faire ? Revenir en arrière, arrêter cette course folle vers une concurrence sauvage qui vampirise les bergers insulaires et les fait mourir à petit feu ? Que nenni, le président de l'interprofession (et l'un des plus gros industriels de Corse donc), Antoine Ottavi, est formel : « L'alternative est la suivante : soit on continue à importer, soit on troque les races locales contre des races beaucoup plus productives comme l'alpine pour la chèvre[10]. »

Le berger corse, lui, a le choix entre la peste – accepter l'importation massive de lait – et le choléra – se perdre dans un système productiviste sans limites.

---

9. Entretien du 21 janvier 2015.
10. Entretien du 19 janvier 2015.

19

Parfois les petits remportent une bataille

Quand la profession s'organise, c'est donc hélas souvent pour laisser la place aux gros. Ne serait-ce que parce que ce sont eux qui ont le plus de poids et versent l'écot le plus important au fonctionnement des structures – les interprofessions – censées présider à leur avenir. Plus on pèse lourd, plus on paye. Logique. Un principe juste et équitable sur le papier. Mais dans les faits, quand on verse jusqu'à cent fois plus d'argent que les autres, c'est rarement pour se taire !

Comment pourrait-il en être autrement ? Pour autant, cela ne veut pas dire que les défenseurs d'un autre modèle paysan n'aient jamais voix au chapitre. José Bové en a fait la démonstration en réussissant ce que personne n'avait pu faire jusque-là : faire rentrer la Confédération paysanne, le syndicat défenseur des petits agriculteurs, au sein de cette vénérable institution, et l'obliger à révéler au grand jour ses petits secrets.

Mais il en fallut, des batailles et de la pugnacité, pour « entrouvrir » les portes du paradis.

« Quand la Confédération de Roquefort – l'ancêtre de l'interprofession – se crée dans les années 30, les tenants du pouvoir sont d'un côté les industriels, de l'autre les propriétaires fonciers[1] », analyse le député européen. Ce ne sont donc pas les paysans qui représentent leurs propres intérêts mais les propriétaires qui leur louent les terres. Pourquoi les propriétaires auraient-ils à cœur de défendre les intérêts des éleveurs ? « Parce que, jusqu'en 1995, le prix des fermages est déterminé par les denrées. En clair : chaque hectare vaut tant de litres de lait », résume José Bové. Donc, industriels et propriétaires fonciers se partagent la plus-value roquefort. Les premiers en essayant d'acheter le lait le moins cher possible, les seconds, au contraire, en le faisant grimper pour augmenter les loyers des terres. Dans les deux cas, les paysans sont les dindons de la farce.

« Quand tu t'installais comme fermier, tu prenais ton bail et tu allais en apporter copie à ton industriel, se remémore Bové. Quand le solde de ton lait était payé à l'automne, l'industriel déduisait le montant du fermage et le versait directement aux propriétaires. On était dans la soumission totale », peste le député européen. Il a donc fallu gagner sa place d'interlocuteur dans le système. Effacer les propriétaires terriens, pour que les travailleurs puissent enfin défendre leur bout de gras.

Et si industriels comme propriétaires fonciers n'ont aucune envie que les paysans mettent leur nez dans leurs affaires, c'est que le business se porte bien ! Du moins, pour ceux qui ne traient pas les brebis. Car certains éleveurs s'aperçoivent que ce joli système, où l'on en demande toujours plus au paysan, est totalement opaque. Bien entendu, l'interprofession refuse de leur montrer les comptes. Et pour cause. Car si l'on en croit les industriels, il n'y a que de mauvaises années (même quand elles sont bonnes !). Les paysans prennent donc

1. Entretien du 9 janvier 2015, ainsi que les citations suivantes.

le pli de verser toujours et encore dans cette caisse censée sauver la filière de la surproduction.

Jusqu'au jour où certains décident de taper du poing sur la table et réclament de voir les comptes. Qu'en est-il de cette caisse qu'ils ne cessent d'abonder et dont ils ne savent rien ? « Nous voilà partis pour une bataille très dure qui a duré près de huit ans, résume Bové. La première action spectaculaire, on la lance en janvier 1987, se souvient, amusé, le député européen. On bloque le Paris-Dakar à Millau, on met les tracteurs en chicane sur le pont et on fait un autocollant qui figure un paysan avec une tête de brebis. En fait, on recycle et on détourne une vieille pub de roquefort : "Roquefort d'accord, le paysan d'abord." On colle cet autocollant sur chaque camion. Et on offre aux conducteurs un coup de rouge et une tartine de roquefort. » Une première action bon enfant qui n'empêche pas l'installation d'un climat de guérilla autour de la prestigieuse appellation. Car malgré cette agitation, les portes restent toujours fermées aux paysans. Mais comme ils ne sont pas hommes à abandonner si vite le combat, les voilà qui décident d'occuper les locaux de l'interprofession. « On avait mis de grands panneaux sur les murs en expliquant comment les éleveurs se faisaient escroquer », se souvient Bové. Reprenant le vieil adage : « Diviser pour mieux régner », les syndicalistes jaunes en place – ceux qui soutiennent les propriétaires fonciers et les industriels – réclament à ces derniers qu'ils ne ramassent plus le lait des éleveurs. Pas seulement celui des fauteurs de troubles. Non, celui de toute la profession. Pour un éleveur, c'est synonyme de mise à mort. « C'était d'une violence inouïe, se souvient Bové. On devait être 200 et face à nous il y avait 1 000 bergers, nos frères, nos sœurs, nos amis, qui réclamaient que l'on cesse notre action, qui nous en voulaient mortellement. »

Une bataille est perdue, pas la guerre. Nos éleveurs résistants décident de saisir le tribunal pour que l'existence de cette caisse noire et son montant soient enfin mis au jour. « Le tribunal de Millau était emmerdé, rit Bové entre ses moustaches, et nous demandait comme préalable de faire un dépôt financier colossal pour organiser une expertise. » Qu'importe ! La somme est réunie. Une enquête est lancée, un avocat parisien est saisi, et un cabinet comptable nommé. Or l'expert creuse, creuse, creuse encore… et trouve non seulement la caisse noire mais commence à percer le secret de la fixation des prix du lait. « Plus ça allait, plus il se rapprochait de la façon dont sont fixés les prix et donc de la question cruciale qui est celle des coûts réels de production de l'industrie », se souvient avec amusement José Bové. « L'expert-comptable s'est ainsi retrouvé à obliger Société des Caves à ouvrir ses comptes. » Face à ces fouineurs qui se rapprochent un peu trop à son goût du Saint-Graal, l'interprofession se rend compte qu'il est préférable de lâcher la cagnotte pour que les éleveurs s'en tiennent là. Cagnotte dont on apprend alors qu'elle s'élève à la bagatelle de 60 millions de francs.

Les industriels sont obligés de reconnaître qu'elle appartient à tous, et notamment aux éleveurs, et qu'elle servira donc à chacun.

L'interprofession est contrainte de faire entrer les dissidents en son sein. Mais l'équilibre reste précaire. À chaque réforme de la filière, ceux qui sont jugés insuffisamment productifs ou trop éloignés des usines par les gros de l'agro risquent d'être évincés.

20

La FNSEA ou le meilleur allié de l'agro-industrie

L'homme est jeune et déterminé. Lui aussi combat l'agrobusiness qui monte. Il a le regard de ceux qui ne s'en laissent pas conter. Il faut dire que Laurent Pinatel, patron de la Confédération paysanne, a déjà inscrit à son tableau de chasse une guérilla menée sans relâche contre la ferme des 1 000 vaches, ce projet pharaonique financé par un cador du BTP du Nord-Pas-de-Calais. Des ruminants entassés pour faire du lait à prix cassé, et de l'énergie avec les excréments. Car c'est surtout pour faire tourner les méthaniseurs que le projet est né. Il n'est plus question d'animaux dans ce genre d'usine, mais d'unités productives. Comme le dit avec beaucoup d'humour l'agronome Jean-Claude Poëncet[1] : « Aujourd'hui nous sommes dans des systèmes où des UGB – unités gros bétail – permettent à des UTH – unités travail humain – de faire du UHT – ultra-haute température. » Quant aux paysans sis aux alentours, ils n'ont plus qu'une solution : mettre la clé sous la porte. Comment lutter contre ces mastodontes ?

1. Entretien du 25 juillet 2015.

Au dernier Salon de l'agriculture, Laurent Pinatel a frappé fort en publiant la carte des fermes-usines françaises. Des 1 000 veaux, en passant par les 250 000 poules, les 12 000 porcs, les 850 000 poulets, ou encore les 120 000 agneaux, l'irruption de ces projets où l'humain et l'animal sont réduits à néant pendant un salon qui se veut la mise en avant de l'agriculture telle que nous la fantasmons mais telle qu'elle n'existe – presque – plus, a fait très mauvais effet. Un coup d'éclat qui a fortement déplu au ministre de l'Agriculture : il faut dire que ces projets ne collent pas tout à fait avec son discours vantant l'agroécologie, le terroir, ou le maintien de l'emploi paysan. Par ailleurs, l'image d'Épinal de notre agriculture en a pris un sacré coup : si la France fait la même chose que les pays qu'elle critique, si elle mène la même politique agricole que les États-Unis, on ne voit pas à quel titre nous pourrions continuer à nous opposer à ce que leurs produits déferlent sur nos marchés. Pire encore, comment pourrions-nous continuer à vanter la richesse de nos terroirs ?

Mais cette opération coup de poing n'a pas déplu qu'au ministre, elle a aussi beaucoup agacé le leader de la FNSEA, le syndicat (ultra)majoritaire de l'agriculture. Pourquoi ? Parce que derrière la plupart de ces fermes-usines, Laurent Pinatel a découvert le groupe Sofiprotéol. Enfin, Avril désormais. Car il en va du monde de l'agro-industrie comme de celui du nucléaire, on aime bien changer régulièrement de nom pour faire moins peur, et paraître moins tentaculaire.

Alors, c'est désormais derrière un joli mois de printemps que se cache le groupe présidé par Xavier Beulin – patron de la redoutable FNSEA et partenaire stratégique de l'industrie. Car cet empire né il y a une trentaine d'années du regroupement des producteurs d'huiles s'est étendu un peu partout et ratisse (très) large. Leader des agrocarburants, il l'est aussi devenu de la nourriture animale – c'est logique puisque les restes d'agrocarburants sont recyclés dans la nourriture pour les animaux que nous mangeons – mais aussi de la santé vétérinaire, de l'hygiène, de la génétique et maintenant… des abattoirs. Le groupe est présent un peu partout, de l'Asie à la Roumanie, en passant par l'Afrique. Ce n'est pas tout. Car Avril est aussi une banque d'investissement. D'ailleurs, les membres du groupe se revendiquent chargés d'affaires, directeurs d'investissement. On est dans le business pur et dur. Les affaires se portent bien puisque le groupe affiche un chiffre d'affaires de 6,5 milliards d'euros. À titre d'exemple, celui d'Areva est de 8 milliards.

Le groupe Avril présidé par le patron de la FNSEA a donc comme objectif une agriculture complètement intégrée, hyperproductive. Le symbole ? Ces fermes-usines auxquelles le groupe du leader agricole fournit l'alimentation, la santé, la génétique et les abattoirs.

C'est d'ailleurs ce que notait avec pertinence le site *Reporterre* dans une belle enquête[2], rappelant, au passage, que cette course au gigantisme avait fait de lourds dommages collatéraux dans le monde paysan. Puisque « en soixante ans, le nombre des exploitations agricoles a été divisé par quatre, passant de 2 millions en 1955 à 500 000 environ en 2010 », rappelant que « 200 exploitations disparaissent chaque semaine » ou encore que le nombre de fermes laitières était passé de 427 000 en 1983 à 78 362 en 2010, soit « une perte de 82 % ». « Et les projections

2. Voir « Le maître caché de l'industrialisation de l'agriculture française », 20 février 2015, de Barnabé Binctin et Laure Chanon (Reporterre), http://www.reporterre.netENQUETE-1-Le-maitre-cache-de-1

pour 2020 ne sont pas plus réjouissantes », s'inquiète Michel Dupont, le bras droit de José Bové au Parlement européen, « elles tablent sur 40 000 fermes de moins[3] ».

Les événements récents lui ont hélas donné raison. Mais comme toujours en France, il aura fallu attendre d'être la tête dans le mur pour décider de réagir. La fronde a d'ailleurs débordé le syndicat majoritaire qui a tout de même réussi à rattraper ses troupes. Pour ne leur proposer qu'une seule solution : aller vers toujours plus d'investissement, toujours moins de fermes, pour des prix toujours plus bas. Le paysan breton et ancien syndicaliste René Louail fulmine contre cette « myopie politique[4] » : « Depuis 2012, pour avoir la paix sociale dans les campagnes, le ministre de l'Agriculture cède sur tous les dossiers à problème. [...] La plus grande partie des aides octroyées depuis deux ans sont des aides à l'investissement, sans visibilité : aide à la méthanisation ou plan de modernisation des bâtiments d'élevage. Les agriculteurs ont investi, résultat : du lait plein les tuyaux, des cochons plein les camions ! En résumé, le ministre a fait le contraire de ce qu'il fallait faire[5]. »

Et René Louail de constater qu'il était temps de changer de paradigme puisque ceux qui s'en sortent aujourd'hui sont « capables d'aller sur des systèmes économes[6] », autant dire les petites structures. Et que ces dernières, créatrices d'emplois et de vie dans nos campagnes, respectueuses de l'environnement, favorisent le marché intérieur. Par contre, « ceux qui vont faire des concours de caïds sur le marché international

3. Entretien du 30 avril 2015.
4. *Global Magazine*, 21 août 2015.
5. *Ibid.*
6. *Ibid.*

continueront de demander aux pouvoirs publics des moyens nouveaux pour équilibrer leurs fins de mois[7] ». En clair : nous n'aidons pas ceux qui privilégient une agriculture de qualité qui façonne notre territoire, mais nous continuons à arroser largement ceux qui tuent les paysans en les lançant dans une course aux plus bas coûts à l'international.

Et ne faisons pas mine de croire que les industriels coopératifs seraient meilleurs que les autres sous prétexte qu'ils ont dévoyé ce bel outil qu'est la coopération agricole, autant dire l'alliance des paysans pour promouvoir eux-mêmes leurs produits et se serrer les coudes. Un modèle qui devait leur permettre de rendre l'emploi pérenne, indélocalisable parce que éminemment lié au terroir... Autant de belles idées qui leur ont d'ailleurs valu – et leur valent encore – des avantages fiscaux substantiels (notamment en termes d'impôts sur les sociétés). Mais que reste-t-il de cet esprit quand ces groupes devenus des géants investissent à l'étranger avec l'argent des paysans, leurs adhérents, contre leurs propres intérêts ? Finançant, cyniquement, les concurrents auxquels ils auront, demain, à faire face.

Qu'est-ce qui différencie aujourd'hui la Cooperl – 2 milliards d'euros de chiffre d'affaires en 2014 –, leader coopératif du porc, de Bigard – 4,4 milliards –, industriel (et racheteur de la coopérative Socopa), quand ils décident tous deux de quitter le marché de Plérin qui fixe les échanges car ils trouvent que le prix y est trop élevé ?

En quoi une coopérative étranglant ses éleveurs, en augmentant par exemple le prix de l'alimentation pour les bêtes en pleine crise de l'élevage à l'été 2015 – elle

7. *Ibid.*

sera suivie par tous les fabricants d'aliments –, serait-elle meilleure qu'un industriel ? D'ailleurs, dans son courrier du 6 août 2015 à ses adhérents, elle les prévient : « Les capitaux de la Cooperl [...] n'ont pas vocation à financer un cours politique pour tenir la tête hors de l'eau à une partie de la production française. » En clair, il va y avoir des morts, faisons en sorte que ce soit plutôt chez les autres que chez nous, mais sachez, chers adhérents, que si vous êtes mécontents, la porte est grande ouverte, et que les morts de demain, ça pourrait être vous. Le régime de la menace, encore et toujours.

Au marché du porc breton, la coopérative signifie[8] qu'il n'est plus son horizon puisque c'est aujourd'hui le marché international qui l'intéresse[9]. Quant à la restructuration de la filière, on se demande à combien de cadavres elle devra s'arrêter. Entre 2000 et 2013, ce sont deux tiers des exploitations qui ont disparu[10]. La quasi-totalité de la production – 99 % – est réalisée par… 11 500 élevages[11].

La question est désormais la suivante : devons-nous continuer à financer si largement ceux qui ne pensent qu'à devenir toujours plus gros, à dévorer leurs voisins, et à entraîner les paysans dans un système dont ils sortiront forcément perdants ? On notera d'ailleurs que ces parangons du libéralisme s'en remettent tout de même à l'État, comme à l'Europe – pourtant toujours décriée – pour les sortir de l'ornière. Aussi, puisque

8. Courrier du 10 août 2015 adressé à M. Picart Daniel, président du marché du porc breton (MPB), et à M. Joly Jean-Pierre, directeur.

9. « Le prix de référence en Europe aujourd'hui n'est plus le MPB mais le cours allemand [...] », *ibid.*

10. *Agreste Primeur*, n° 300, avril 2013.

11. *Ibid.*

ces producteurs ne cessent de se prévaloir de la libre concurrence, pourquoi continuons-nous à les aider autant ?

Bref, il serait temps que les politiques décident enfin de changer de logiciel. « De plus en plus, on abandonne la paysannerie, et on entre dans l'ère de l'investissement roi, déplore Michel Dupont. Si on continue sur cette voie, on aura des businessmen qui vont mettre de l'argent sur des fermes-usines, qui seront intégrées aux industries de l'agroalimentaire, et qui ne seront intéressés que par le profit. Autant dire que l'on quitte le monde paysan pour entrer dans l'univers boursier[12]. » D'ailleurs, le patron de la ferme des 1 000 vaches, Michel Ramery, ne vient-il pas du BTP ?

Comment espérer que les choses changent et qu'on prenne en compte les petits exploitants agricoles quand, à la tête du syndicat de défense des paysans français, il y a l'individu qui dirige le groupe qui a tout intérêt à ce qu'ils disparaissent plus vite encore ? Syndrome de Stockholm, quand tu nous tiens…

« Pour la FNSEA, les normes à abattre, ce sont celles qui vont assurer l'avenir : la diminution des pesticides, des nitrates[13]… », regrette Laurent Pinatel. D'ailleurs, on n'a pas entendu ce syndicat majoritaire, pourtant toujours prompt à dénoncer les avantages concurrentiels dont jouiraient tous nos voisins sans exception, se faire l'écho de cette note du ministère de l'Agriculture datée du 13 août 2015 qui relevait que l'Allemagne se montrait beaucoup plus stricte que nous sur les exigences environnementales qu'elle imposait à ses élevages industriels (lavage de l'air obligatoire pour les élevages de plus de 2 000 porcs,

12. Entretien du 30 avril 2015.
13. Entretien du 21 février 2015.

conditions plus strictes pour l'enfouissement des effluents, la couverture des fosses...). « Par contre, quand il s'agit de s'élever contre les normes qui poussent à la standardisation, celles qui font crever les petits paysans, alors là, il n'y a plus personne », s'emporte le syndicaliste. Et pour cause, ces normes-là, elles intéressent au plus haut point le patron de ce groupe tentaculaire puisqu'elles sont conçues *ad hoc*, pour leur convenir. Avril ne s'y trompe pas qui injecte des centaines de milliers d'euros pour faire du lobbying à Bruxelles et s'assurer que ses revendications seront entendues.

Sauf que ce monde-là, ce n'est pas le monde paysan français. Et certainement pas en tout cas celui de nos rebelles. Mais comment faire alors pour se battre et continuer à exister quand ceux-là mêmes qui sont censés vous défendre font peu de chose, si ce n'est rien, pour vous sauver ?

Car nos artisans de la terre ne demandent pas qu'on cesse cette agriculture productiviste, même s'ils ne s'y reconnaissent pas. Ils veulent juste pouvoir survivre et continuer à porter haut les couleurs de la France ! Mais les lieux de pouvoir sont désormais complètement verrouillés par cette clique convertie à l'agro-industrie.

Comme le résume avec lucidité Jacques Berthomeau, ancien directeur de cabinet des ministres Michel Rocard, Henri Nallet et Louis Mermaz, bref le Monsieur Agriculture des socialistes dans la décennie 80-90 : « Si la FNSEA tient tous les agriculteurs aujourd'hui, ce n'est pas parce que ces derniers adhèrent massivement à ce que défend ce syndicat, c'est parce que ce syndicat détient tous les outils de pouvoir : de la MSA (Mutuelle sociale agricole), en passant par les Safer (les sociétés d'aménagement foncier et d'établissement rural), les coopératives, le Crédit agricole et bien entendu... les chambres d'agriculture. Ne pas passer par eux est quasiment impossible[14] », regrette ce grand connaisseur du dossier.

D'ailleurs, ce syndicat a été accusé d'aller même parfois jusqu'à retenir des cotisations sur l'argent des agriculteurs pour financer des organisations issues de la FNSEA sans même prévenir au préalable les paysans. La Confédération paysanne s'est ainsi portée partie civile dans ce qu'elle appelle le procès des cotisations forcées de Toulouse. Le syndicat alternatif dénonçait la manière dont trois associations spécialisées de la FNSEA, l'AGPM (Association générale des producteurs de maïs), l'AGPB (Association générale des producteurs de blé) et la FOP (Fédération française des producteurs d'oléagineux et de protéagineux), levaient des fonds. « Deux coopératives retenaient des sommes d'argent sur les paiements des apports des paysans pour financer la FNSEA[15]. » Bref, selon les détracteurs du système, à partir du moment où vous apparteniez à ces coopératives, vous contribuiez d'office à l'une des sections spécialisées du syndicat majoritaire même si vous ne souhaitiez pas le faire. D'après ce syndicat minoritaire, 6 millions d'euros tombaient ainsi chaque année dans les caisses de la FNSEA. Pour autant, la plainte qui visait notamment Xavier Beulin est tombée à l'eau[16], et tout le monde a été blanchi, les magistrats estimant que ces sections spécialisées de la FNSEA pouvaient

14. Entretien du 18 juin 2015.

15. Communiqué de presse du 13 mai 2015.

16. Suite à la plainte de la Confédération paysanne, cinq dirigeants de coopératives et de syndicats, dont Xavier Beulin, avaient été poursuivis en novembre 2012. En janvier 2013, le tribunal de Toulouse les avait relaxés, mais le ministère public avait choisi de faire appel. Les magistrats ont confirmé la relaxe le 12 mai 2015.

ne pas connaître le caractère forcé des cotisations. En clair, elles engrangeaient l'argent des paysans mais ne savaient pas comment elles l'avaient perçu.

Ou le règne de l'opacité absolue. Mais s'il n'y avait que cela...

21

La gabegie des chambres d'agriculture

« Les chambres départementales d'agriculture et les chambres régionales constituent, avec [leur] assemblée permanente, un réseau dense d'établissements publics dont la mission initiale était de représenter les intérêts agricoles auprès des pouvoirs publics. Au fil des ans, ces établissements ont acquis la possibilité, dont elles usent largement, de constituer des services, départementaux ou régionaux, de soutien au développement agricole et de subventionner des institutions et entreprises collectives du secteur. Financées par une taxe additionnelle à la taxe foncière sur les terrains non bâtis (pour un montant global de 265 millions d'euros), les chambres départementales reçoivent également des subventions publiques (186 millions d'euros) et la rémunération des services rendus aux agriculteurs (188 millions d'euros). Au total, leurs dépenses s'élèvent à 600 millions d'euros par an. »

Voilà comment les sages de la Cour des comptes définissent le rôle de ces piliers du monde agricole. Ont-ils autant de pouvoir qu'il y paraît ? Un agriculteur, nouvellement élu, se souvient ainsi avec émotion de sa première réunion de l'assemblée permanente des chambres d'agriculture. Et l'homme de tomber de sa chaise en découvrant d'abord le faste des lieux. « Alors qu'on est là à pleurer pour deux sous pour les éleveurs, qu'on nous explique sans cesse qu'il n'y a pas de moyens, je me retrouve dans des locaux sublimes avenue George-V, dans le VIIIe arrondissement de Paris. J'avais tellement honte ! »

Bien entendu, ces chambres sont presque toutes – à quelques rares exceptions près – aux mains de la FNSEA. C'est d'ailleurs ce qu'explique longuement le rapport Perruchot, du nom du député Nouveau Centre rapporteur de la commission d'enquête, un document qui, comme le soulignait *Le Point*[1], « a été enterré en novembre 2011 sans autre forme de procès » parce qu'il gênait les intérêts de beaucoup. Il faut dire qu'il n'y allait pas par quatre chemins, avançant que « la FNSEA et le Centre national des jeunes agriculteurs exercent une influence sans partage sur le réseau[2] ». Et parlant, sans langue de bois, d'une « confusion des genres assez troublante[3] ».

Le rapporteur décrit ainsi par le menu ce qu'il nomme pudiquement « de possibles subventions déguisées » dont jouirait le syndicat majoritaire. Il rappelle les travaux réalisés dix ans plus tôt sous l'égide d'un réseau d'information et de documentation financé par le ministère des Affaires étrangères, qui soulignaient déjà l'opacité du système, regrettant notamment un « droit de regard de la collectivité sur leurs actions trop faible[4] » alors qu'une « part importante des moyens

1. Patrick Bonazza, Mélanie Delattre, « Argent des syndicats : l'intégralité du rapport Perruchot », 16 février 2012.
2. Rapport Perruchot, p. 95.
3. *Ibid.*
4. Denis Pesche, « Les chambres d'agriculture en France », *Agridoc*, septembre 2009, p. 3.

financiers est fréquemment détournée dans l'intérêt des représentants du syndicalisme majoritaire[5] ». « Dix ans plus tard, cet état de choses ne semble pas avoir beaucoup évolué[6] », concluait, lucide, le rapport Perruchot.

Le système est décrit avec minutie. Les chambres d'agriculture délèguent à la FNSEA le service juridique, ou les remplacements, ce qui rend le syndicat majoritaire totalement incontournable : si les agriculteurs veulent accéder à ses services, ils doivent adhérer au syndicat.

Autre fait marquant, la plupart du temps, les chambres n'ont pas leurs propres journaux, aussi, lorsqu'elles doivent communiquer, utilisent-elles celui de la FNSEA ! Bien sûr, tous ces menus services rendus par le syndicat aux chambres d'agriculture sont payés par des subventions publiques.

Par ailleurs, pendant les épisodes de crise, comme celle de la récente sécheresse, le syndicat est, une fois encore, incontournable. Puis, partageuse, la centrale délègue ses propres engagements – distribuer l'aide d'urgence – aux plus grosses coopératives, comme elle l'a fait en Ardèche notamment. Au fait, qu'en est-il de la transparence sur les marges de chacun ? Comment dites-vous ? Transparence ?

L'ancien patron de la Confédération paysanne, Philippe Collin, témoigne dans ce rapport d'un épisode surréaliste. « Dans mon département, la chambre d'agriculture avait négocié avec des sociétés d'autoroutes des commissions pour rétribuer les compétences et les moyens – des lieux de dépôts temporaires par exemple – qu'elle avait apportés pour des travaux. Mais elle a ensuite partagé le montant de ces rétributions

5. *Ibid.*
6. Rapport Perruchot, p. 95.

– le partage était très légalement inscrit au budget de la chambre – avec la FDSEA, au motif que celle-ci avait contribué à faire en sorte, auprès des paysans, que le projet se déroule normalement ! Ces éléments de fluidité sociale posent question : une chambre d'agriculture est un établissement public[7] ! » En clair, quand la chambre d'agriculture passe des contrats avec les sociétés d'autoroutes, la FNSEA touche sa commission, directement ou *via* ses fédérations départementales.

Mais quand on s'aime, on se fait parfois de petits cadeaux, c'est la vie, non ? Il peut par exemple être particulièrement malvenu que les chambres fassent payer à leurs amis syndicalistes les loyers que ces apparatchiks leur doivent. Ainsi la Cour des comptes rappelait-elle en 2007 que « pendant de nombreuses années, les responsables de la chambre d'agriculture de Corse du Sud n'ont pas recouvré les loyers dus par les organismes syndicaux et professionnels qu'ils hébergent dans les locaux de l'établissement. En 2001, la chambre a purement et simplement annulé 187 818 euros de recettes qui lui étaient dus par deux syndicats agricoles, auxquels appartenaient ses dirigeants, et par des organismes professionnels dont certains étaient dirigés par des membres de la chambre. [...] De nouveaux baux ont été signés avec les mêmes locataires, sans consulter le service des domaines sur le montant des loyers exigibles. Certains de ces baux stipulent des loyers parfois inférieurs de 90 % aux loyers consentis quinze ans plus tôt aux mêmes organismes. Au 20 juin 2005, les loyers à recouvrer s'élevaient à 455 636 euros[8]. »

---

7. Philippe Collin, porte-parole de la Confédération paysanne, au cours de son audition du 27 octobre 2011, p. 95 du rapport Perruchot.

8. Rapport annuel de la Cour des comptes, « Les chambres d'agriculture en Corse », 2007, p. 102.

Quelques menus avantages en nature pour le syndicat majoritaire et ses nombreux amis, donc ? C'est tout au moins ce que semble conclure le rapport Perruchot qui affirme que « les chambres d'agriculture apportent donc bel et bien un concours matériel substantiel aux FDSEA, sans que ces subventions déguisées ne se trouvent valorisées dans les comptes. Il en résulte une certaine rupture de l'égalité de traitement entre les organisations syndicales d'exploitants agricoles, les autres ne bénéficiant visiblement pas des mêmes avantages du fait de leur situation minoritaire[9] ».

Autant dire que, pour faire une autre politique que celle dictée par la FNSEA, c'est quasi mission impossible.

Du côté du ministère, on se veut rassurant. « On a travaillé sur la représentativité, on a renforcé la place des femmes… » Voilà qui va tout changer !

9. Rapport Perruchot, p. 97.

22

Chambre à part

Tour d'Urkulu. On quitte Saint-Michel pour emprunter une route escarpée jalonnée de montagnes d'un vert presque surnaturel. Où que l'on pose son regard, on aperçoit des vaches et des brebis accrochées à flanc de coteau. On se prend à les admirer de tenir si vaillamment sur leurs pattes alors qu'on peine à mettre un pied devant l'autre tant la pente est raide. Brisant le silence, la symphonie des cloches tintinnabulent au rythme du pas des bêtes.

Il marche vite, bien plus vite que moi. Ces montagnes, il les connaît par cœur. « Si les animaux devaient se retirer, ce paysage forgé par l'agriculture n'existerait plus. La broussaille gagnerait du terrain. Puis la forêt prendrait le dessus[1] », lâche Mixel Berhocoirigoin dans un souffle. Cet homme qui a dû lutter pour montrer qu'on pouvait faire autrement a le regard sévère dans lequel flotte toujours un voile. Mais son visage s'éclaire dès qu'il est face à ce terroir tant aimé : son pays, le Pays basque !

1. Entretien du 24 septembre 2015, ainsi que les citations suivantes.

Il jette un œil à la Vierge de Biakorri qui veille sur les troupeaux montés pour l'estive, du mois de mai jusqu'à la mi-octobre. « Tu vois ces vaches blondes des Pyrénées ? Elles s'occupent du fourrage grossier. Pour la seconde coupe, ce sont les brebis manex, à tête noire ou à tête rousse, qui prennent la relève. Pour faire du bon lait, elles ont besoin d'une herbe fine. »

À quelques virages de là, le soleil se couche sur le cayolar, cette cabane de pierre au confort rustique où les éleveurs trouvaient l'abri nécessaire. On est fin septembre. « Dans quinze jours, je redescends », lâche un vieux berger à Mixel. Il lui parle en basque, puis se reprend et me salue en français. « Il commence à faire trop froid ici, vous comprenez. »

Mixel sourit. Nous le quittons. Il doit aussi me parler du travail réalisé pour réimplanter la sasi ardi. Une vaillante brebis autrefois présente dans toutes les fermes de cette belle région, et qui vient de gagner, comme un pied de nez à l'agriculture productiviste, un concours de l'innovation pour ses qualités de débroussailleuse ! Peu laitière, c'est sa viande qui est valorisée dans les plus grands restaurants.

« Regarde toutes ces fermes accrochées là où elles peuvent arracher un petit bout de prairie à la montagne, elles sont ici parce qu'elles ne pourraient être nulle part ailleurs », lâche-t-il, soudain ému. « Et les emplois qu'elles génèrent sont viscéralement liés à leur territoire. Ils font vivre nos jeunes, nos services publics, nos écoles et créent de la richesse sur place », s'anime Mixel.

« L'agriculture industrielle, tu peux la mettre n'importe où. De préférence au bord de l'autoroute pour que les élevages soient le plus près possible de l'usine de fabrication des aliments, peste-t-il. Elle est complètement hors-sol, et se moque du lieu où elle s'implante. D'ailleurs les emplois qu'elle crée – pour le peu qu'elle crée, car elle en détruit beaucoup plus qu'elle n'en génère – sont tous délocalisables, soupire-t-il. Cette agriculture-là se moque de son territoire, de son histoire, et suivra la main-d'œuvre la moins chère. » C'est pourtant celle-là que nos décideurs ont choisi d'aider encore et encore. « L'argent public encourage la disparition de l'emploi, regrette l'éleveur. Avec les systèmes d'aides actuels, il est plus intéressant d'investir dans une sur-mécanisation que de faire travailler des hommes. Puis, après, on s'étonne que le chômage explose. » Il secoue la tête, dépité.

C'est fort de ce constat que Mixel se bat depuis vingt ans pour qu'un autre modèle vive. « Notre agriculture, bien loin du schéma dominant, fait corps avec la société. Nous paysans, sommes porteurs de ces élevages, de ces maraîchages, mais nous avons besoin de vous, la société civile », lâche-t-il en me transperçant du regard. « Nous ne voulons pas d'une agriculture qui s'oppose à la société comme ne cesse de le faire le modèle industriel. On est fiers d'être paysans. Fiers de forger nos paysages. De respecter notre eau, de faire vivre notre territoire, s'émeut-il. Et on a besoin de vous pour nous soutenir, parce qu'une fois qu'on aura cassé tout ça, ce sera terminé, on ne pourra plus revenir en arrière. »

Mixel a d'abord cru qu'il pourrait faire évoluer les choses de l'intérieur. Il a même essayé de militer dans la section locale de la FNSEA. Mais force a été de constater que le syndicat majoritaire n'avait aucune envie qu'un autre modèle n'émerge. « Ils passent au moins autant d'énergie à combattre notre agriculture qu'à promouvoir la leur », soupire-t-il. Comment pourrait-il en être autrement quand cela fait des décennies qu'ils bercent les agriculteurs au son d'un très martial : le productivisme ou la mort ! Les exports à bas coût plutôt que le local ! Comment pourraient-ils accepter non seulement qu'un autre modèle existe mais qu'il permette de faire mieux vivre ses paysans, et de respecter ses paysages ?

Il y a une vingtaine d'années, avec ses compagnons de route, Mixel crée la charte fermière Idoki. Au Mus, un jeu de cartes populaire au Pays basque, quand l'un des joueurs crie « Idoki », les autres doivent montrer leur jeu. « Les industriels ne cessent de se prévaloir de la sacro-sainte traçabilité, mais quand on leur parle de transparence, il n'y a plus personne, s'amuse-t-il. Nous, on joue cartes sur table, les portes de nos fermes sont ouvertes. On attend que l'agriculture productiviste en fasse autant. Pour le moment, force est de constater qu'elle s'y refuse. Pourquoi ? Auraient-ils quelque chose à cacher[2] ? » interroge-t-il, goguenard.

Mixel pense qu'il faut aussi rester présent au sein de la chambre d'agriculture. Mais, tenue par le syndicat majoritaire, elle ne veut voir qu'une seule tête. Et ces rebelles ont beau porter tous les dossiers d'appellation d'origine et de qualité, de l'ossau-iraty en passant par le piment d'Espelette, leur marge de manœuvre est étroite. « Tout ce qu'on a voulu développer a été combattu. Mais si on avait les apparatchiks contre nous… les paysans, eux, étaient avec nous ! s'enorgueillit-il. Combien de fois s'est-on entendu dire qu'on rendait de mauvais services aux agriculteurs en défendant les petites exploitations ? Nous étions des gens du passé et surtout pas de l'avenir. »

Sauf qu'à force de tout leur refuser, ils se sont renforcés. Et forts d'avoir arraché la majorité des suffrages pour le Pays basque en 2001, ils exigent qu'une autre politique soit mise en place.

Mais face à eux, le front hostile ne se fissure pas.

2. Entretien du 31 juillet 2015, ainsi que les citations suivantes.

L'État mandate deux inspecteurs généraux, Olivier Beth et Louis-Julien Sourd – des noms qui ne s'inventent pas ! – qui, le 19 mars 2004, rendent leur rapport sur « La prise en compte des spécificités du Pays basque en matière agricole par les instances administratives et consulaires des Pyrénées-Atlantiques ». En termes fort mesurés, nos deux fonctionnaires reconnaissent la spécificité de l'agriculture basque et recommandent de lâcher du lest.

Il n'en fallait pas plus à nos frondeurs pour saisir enfin leur chance. Et puisque la chambre d'agriculture ne voulait toujours pas s'ouvrir à eux, ils allaient ouvrir la leur ! Un an plus tard, c'est chose faite, Euskal Herriko Laborantza Ganbara – chambre d'agriculture en basque – est née.

« Au moment où le développement agricole est de plus en plus privatisé par l'agrobusiness et les banques, il était très important pour nous de remettre sur le devant de la scène la notion d'intérêt général », se souvient Mixel Berhocoirigoin.

Ils lancent donc une association préfigurant la chambre telle qu'ils la souhaiteraient. Comme dans une chambre traditionnelle : des collèges de salariés, d'anciens, d'agriculteurs, mais à Euskal Herriko Laborantza Ganbara, ni les banques ni l'industrie agroalimentaire n'auront droit de cité. Ils préfèrent s'ouvrir aux associations de défense du consommateur et de l'environnement. « Notre agriculture doit se faire dans le respect de l'environnement, et nos produits sont là pour satisfaire le consommateur, explique Mixel, je ne vois pas ce qu'il y a d'étonnant à leur ouvrir nos portes. »

Sauf que le pied de nez au système en place n'a pas plu du tout. Ni à la chambre officielle, bien entendu, ni aux autorités. « Huit jours avant l'inauguration, je reçois un coup de fil de la préfecture chez moi à 22 heures pour me demander mon numéro de fax. La missive est arrivée à 23 heures. » Le préfet Philippe Grégoire, fort courroucé, incitait nos frondeurs à « prendre la pleine mesure des possibles conséquences, y compris judiciaires, de [leur] initiative », et les « met[tait] en garde contre sa persistance ». En clair, soit vous cessez maintenant, soit ce sera la guerre. Mais battre en retraite n'est pas l'horizon de nos fiers Basques. Ils ont donc maintenu leur inauguration comme prévu et ce malgré les nombreuses pressions subies par eux, comme par les maires qui les soutenaient.

Pour avoir refusé la soumission, nos rebelles sont dès lors attaqués sur tous les fronts.

Pénal tout d'abord. Perquisition des locaux, interrogatoire du président de l'époque, Mixel Berhocoirigoin, jusqu'à la citation à comparaître devant le tribunal de grande instance de Bayonne pour avoir « exercé une activité dans des conditions de nature à créer dans l'esprit du public une confusion [...] avec la chambre d'agriculture des Pyrénées-Atlantiques[3] ».

Cinq longues années de procédure durant lesquelles Mixel risque jusqu'à un an de prison et 15 000 euros d'amende. Et même quand ils perdent, les pouvoirs publics ne lâchent rien. À peine Mixel est-il relaxé le 26 mars 2009 par le tribunal de grande instance de Bayonne que le procureur fait appel. Appel qu'il perdra une fois encore – et cette fois définitivement – le 6 mai 2010 devant la chambre des appels correctionnels de Pau.

Mais le front pénal est loin d'être le seul. Si les Basques voulaient si ardemment cette chambre, c'était

3. Mandement de citation, tribunal de grande instance de Bayonne, n° de parquet 05006067, audience correctionnelle du 18 septembre 2008.

notamment pour reprendre la main sur les formations et les conseils délivrés aux agriculteurs afin qu'ils ne soient plus dispensés par des personnes que ces derniers jugeaient trop liées aux secteurs industriels. L'expertise délivrée par ces rebelles est reconnue dans le milieu. Aussi ont-ils été sollicités pour réaliser des diagnostics agroenvironnementaux, sur la qualité de l'eau par exemple. Sauf que la préfecture et la direction régionale de l'agriculture et de la forêt d'Aquitaine de l'époque ont chaque fois bloqué tous les financements européens et étatiques auxquels la chambre basque avait pourtant droit.

Comme Euskal Herriko Laborantza Ganbara n'avait pas le droit au statut de chambre, elle s'est constituée en association. Et comme les autorités lui refusaient quasiment systématiquement les subventions auxquelles elle avait pourtant droit, il a bien fallu qu'elle trouve d'autres modes de financement. Elle fit donc appel à la générosité de donateurs. Mais comme les Basques se sont montrés très solidaires de leur chambre, l'État a souhaité y mettre fin aussi. Comment ? En refusant de considérer que les dons versés à cette contre-chambre avaient le droit au statut fiscal auquel ont droit tous les dons versés à n'importe quelle association de France. Par le fait du prince – de l'administration fiscale en l'occurrence –, les dons versés n'étaient donc pas défiscalisables !

Jusqu'au ministère des Finances qui est monté au créneau dans cette affaire ! Pour la perdre dans les grandes largeurs, la cour administrative d'appel de Bordeaux ayant rejeté son recours et l'ayant condamné à verser 1 500 euros à la chambre basque.

Mais combien de procédures et d'années de lutte pour en arriver à obtenir ce à quoi ils avaient droit ?

Ce n'est pas tout, il y a eu également la guérilla sur les subventions municipales. Chaque fois qu'une commune votait une aide, même symbolique, pour soutenir la contre-chambre, elle se voyait intimer l'ordre de retirer toute délibération concernant ces subventions ! Puis, quand la commune refusait de le faire, l'État la poursuivait devant les tribunaux. C'est ainsi que la commune de Béhorléguy, 72 habitants, s'est retrouvée traînée en justice pour avoir osé voter trois années de suite une subvention de… 45 euros.

Ou quand la force administrative utilise l'arme nucléaire pour écraser un moucheron…

Chaque fois, la chambre basque s'en est sortie parce qu'elle était plus combative et, faut-il le dire, souvent bien plus maligne que les autres.

Nos vaillants frondeurs décident ainsi de créer un Salon de défense d'une agriculture paysanne et pour sa première occurrence, en 2006, demandent au maire de Bayonne de l'époque s'il est prêt à les accueillir. L'homme, ravi, donne son consentement, et part en vacances en Corse. Une conférence de presse annonce la grande nouvelle… Qui n'échappe pas au préfet. Immédiatement, ce dernier fait pression sur l'élu pour qu'il renonce au salon. Un maire fâché avec son préfet, c'est bien entendu compliqué. Par contre, ce veto ne valait que parce qu'il s'agissait de la chambre d'agriculture basque. Et si on créait une autre association, et qu'on appelait par exemple ce salon Lurrama (terre mère), est-ce que ça passerait ? « Tentons l'affaire ! » dit le maire, joueur. Et Lurrama est passé, et depuis, ce salon accueille 30 000 personnes chaque année, enchantées de pouvoir découvrir une agriculture de terroir.

Aujourd'hui, la place d'Euskal Herriko Laborantza Ganbara n'est plus menacée, et les administrations et les autorités sont ravies d'avoir affaire à ces professionnels qu'elles mandatent au moins autant que ceux de la chambre officielle pour qu'ils réalisent des expertises et des diagnostics sur la bonne gestion de l'environnement.

Mais combien d'énergie aura-t-il fallu dépenser en vaines procédures ?

« Il a fallu qu'on mène toutes les batailles de front, souffle Mixel, que l'on montre qu'on était indispensables sur le terrain tout en combattant chaque jour pour gagner cette guérilla judiciaire[4]. »

« Chaque place que nous avons obtenue dans une commission, chaque siège que nous avons gagné juste pour faire avancer notre conception d'une autre agriculture, en accord avec son territoire et la société civile, il a fallu qu'on l'arrache[5]. »

Pendant ce temps, les autres, ceux qui veulent faire perdurer une agriculture intensive, sont, eux, membres de droit de toutes les commissions. Cherchez l'erreur.

---

4. Entretien du 24 septembre 2015.
5. *Ibid.*

23

L'enquête corse

Heureusement, dans le combat que mènent nos résistants de la bonne chère, il n'y a pas – loin de là ! – que des méchants fonctionnaires face à de gentilles brebis. Certains, au contraire, se battent à leurs côtés, jusqu'à risquer leur carrière.

On nous l'a décrite comme une grande et belle femme d'une cinquantaine d'années. Brune, cheveux tirés en arrière, jean branché. Un look décontracté qui n'enlèverait rien à son autorité naturelle. « Quand cette femme-là plante son regard dans le tien, soudain redevenu enfant, tu baisses les yeux », souffle cet éleveur.

Une description nécessaire pour comprendre qu'il fallait la pugnacité de cette enquêtrice d'un grand service administratif français pour que cette affaire puisse éclater au grand jour.

Parce que des pressions, cette femme en aura subi pendant de longs mois. Plus que beaucoup auraient pu en supporter. « Coups de fils anonymes, pneus crevés, menaces, puis, quand ils ont vu que la peur n'avait pas de prise sur elle, ils sont passés aux tentatives de corruption, se remémore ce berger. Elle aurait pu se faire payer une maison flambant neuve, rouler en Porsche Cayenne et voyager à travers le monde. Ils lui ont tout proposé », explique-t-il. Certains semblent ignorer que la probité ne s'achète pas.

Pourtant « cette affaire », qui lui aurait valu selon les dires de tous de si solides inimitiés, pour ne pas dire des haines farouches, et qui lui aurait coûté sa carrière, ne concerne ni la drogue, ni la prostitution, ni même les tripots. Non, il s'agit d'une simple affaire... de fromage. Mais en l'occurence, rien n'a été simple.

Autant de considérations que cette femme semble avoir balayées d'un revers de main. « Quand elle plante ses dents dans une proie, elle ne la lâche plus », s'amuse ce berger, manifestement sous le charme. Aussi, dès qu'elle s'est trouvée en possession d'informations sur une fraude au brocciu, le fromage corse qui revendique son AOC depuis 1998, elle s'est lancée à corps perdu dans cette affaire. Le 30 août 2011 – le procès-verbal est précis –, la voilà donc qui déboule dès potron-minet, flanquée de l'un de ses acolytes, au siège de la fromagerie Ottavi, l'une des plus prestigieuses et des plus importantes de Corse avec la Fromagère – propriété de Lactalis.

Les fonctionnaires se retrouvent en face du patriarche, Charles Ottavi, le gérant qui, loin de se laisser démonter, choisit de jouer les gros bras dans un remake corse du *Parrain.* Il refuse d'abord catégoriquement aux fonctionnaires l'accès à la comptabilité de l'entreprise ainsi qu'aux locaux administratifs, sous prétexte que ni son fils ni sa secrétaire-comptable ne sont là et qu'il ne sait pas faire fonctionner les ordinateurs – « Je ne suis pas du tout informatique ! » confiera-t-il aux gendarmes lors de sa première audition. Devant l'insistance des fonctionnaires, Charles Ottavi finit par appeler son fils, en voyage sur le continent. Plus précisément au Pays basque. « Les deux fonctionnaires étaient hilares, se rappelle un berger. Il paraît qu'ils ont demandé à Ottavi comment il se faisait que leur famille aime à ce point le Pays basque et qu'ils y soient si souvent fourrés. » Manière détournée de lui faire comprendre que personne n'est dupe. Les fromageries corses industrielles sont bel et bien suspectées de s'être livrées à cette manipulation : acheter au Pays basque des tommes qui, par le miracle de l'étiquetage, deviendraient corses.

Le fils finit par décrocher son téléphone et propose aux enquêteurs de revenir le lundi d'après. Nous sommes un mardi matin, ça fait presque une semaine plus tard. Le temps nécessaire pour faire le ménage dans la comptabilité ? Pure malveillance !

Les enquêteurs ne se laissent pas intimider et menacent de faire saisir les ordinateurs par la gendarmerie. Le fils finit par lâcher pour le lendemain matin 8 heures. Le père, Charles Ottavi, est alors accompagné de son expert-comptable, M. Tiberi.

Charles se carapate assez vite, comme le dit pudiquement le procès-verbal de nos fonctionnaires : « Il a préféré s'éloigner de son entreprise afin de ne pas avoir à répondre à nos questions, ou ne pas avoir à nous communiquer les documents indispensables à notre vérification. »

Reste donc l'expert-comptable, M. Tiberi, mais là, patatras, le professionnel n'a pas le mot de passe permettant l'accès au fichier de facturation que seul détiendraient le fils (absent) et la précieuse secrétaire-comptable Marie-Catherine Perinetti, injoignable. Avouons que nos inspecteurs jouent de malchance.

Et comme Charles Ottavi a opportunément disparu (pressé, semble-t-il, non seulement de quitter les lieux mais de les faire quitter à deux fournisseurs basques justement en visite dans son usine ce jour-là, et peu enclins à sympathiser avec des fonctionnaires), impossible d'accéder aux factures.

Ce n'est pas tout. Le registre de fabrication du brocciu, qui ne devrait pas quitter l'atelier, a malencontreusement disparu lui aussi ! La responsable qualité, Mme Béatrice Capocchi, n'en croit pas ses yeux. Elle insiste auprès des enquêteurs sur le fait qu'en temps normal, ce classeur ne quitte jamais la fromagerie car il est renseigné au jour le jour après chaque fabrication. D'ailleurs, elle ne comprend pas sa disparition[1]. « Manifestement, elle apprenait l'absence physique de ce registre en même temps que nous », résument les fonctionnaires dans leur procès verbal. Interrogée par la gendarmerie, elle ne s'explique pas la disparition de ce précieux document. Elle ne comprend pas non plus comment il est, miraculeusement, revenu le lendemain. Elle propose d'ailleurs aux gendarmes, pour élucider ce mystère, de demander « aux gens qui l'ont caché » quel intérêt ils ont eu à se livrer à cette manœuvre.

La question reste donc entière : qui a bien pu faire une chose pareille ? Vers 16 heures, alors que nos fiers enquêteurs sont sur le point de partir après huit heures de contrôle ubuesque, « un employé affecté à la fabrication a pénétré dans le bureau en tendant à la technicienne un papier sur lequel étaient inscrites les fabrications du jour en lui spécifiant que le classeur des fabrications de brocciu/brousse avait été emporté par Marie-Cath la veille vers 18 heures ». Comment ? La fameuse Marie-Catherine Perinetti ? Celle qui détient aussi les codes secrets pour pénétrer dans la facturation ? Celle qui n'est jamais là et reste totalement injoignable ?

1. Dans le procès verbal d'audition de Mme Béatrice Capocchi, cette dernière émet un bémol et se refuse à parler de registre brocciu mais de classeur de fabrication fromage.

Interrogée par les gendarmes, Mme Perinetti s'insurge contre cette infamie. « Elle ne sait pas qui est ce monsieur dont parlent les inspecteurs dans ce rapport, et elle ne sait pas pourquoi il a dit cela. Elle n'est pas venue le 30 août, et n'a pas pris le classeur »… Qui a donc disparu tout seul.

Mieux, Ghisonaccia pourrait même rivaliser avec Lourdes tant les miracles y font fréquents. « Lorsqu'il nous sera remis en main propre par le directeur, M. Antoine Ottavi, dans nos locaux le 5 septembre 2011 (soit cinq jours plus tard), nous avons remarqué que ce classeur jaune intitulé "Fromagerie Ottavi-fiche de fabrication du brocciu" semble avoir été recopié – et reprend avec une grande régularité toutes les fabrications journalières de la campagne laitière, d'une même écriture, d'un même stylo, de la même couleur, sans tache ni rature, mais avec des oublis et de grossières erreurs dans les totaux ou dans la rédaction des fiches. »

Pour un cahier qui ne quitte jamais la laiterie, avouons que c'est étrange, mais il semblerait que les Ottavi, très attachés à la propreté et à la lisibilité de leurs registres, fassent parfois recopier ces derniers. Il n'y a guère que les fonctionnaires de la République pour voir le mal partout.

Au final, 4 176 références de produits non identifiés, représentant plus de 21 % des volumes : en clair, la traçabilité que nos services vétérinaires ne cessent de mettre en avant et de réclamer aux fermiers n'est pas assurée.

Comment fait-on la tomme de chèvre chez Ottavi ? En mélangeant joyeusement les laits de brebis et de chèvre, pardi ! Sur 32 872 kilos de tomme de chèvre, vendus 20 centimes en moyenne de plus que la tomme brebis-chèvre, ça fait un gain de 6 574 euros, ni vu ni connu[2]. Bon, ce n'est pas bien lourd au regard du chiffre d'affaires, mais ça permet de dire qu'on fait de la tomme de chèvre toute l'année, même quand on n'a plus de lait de chèvre ou si peu !

Et ce magnifique U Fium'Orbu, fromage à pâte molle provenant de cette belle région qui tient son nom du fleuve Fium'Orbu ? Avec une jolie étiquette spécifiant « Fabriqué en Corse » et ornée d'une chèvre insulaire ? 3 356 kilos ont été faits avec des laits hexagonaux ou sardes. Bien entendu, le fiston nie mordicus. Jamais au grand jamais il ne ferait de pareilles choses. Puis, glisse aux gendarmes : « Vu la police de caractères avec laquelle cette mention est écrite, cela n'est pas déterminant dans la vente du produit. » On se demande bien, dans ces cas-là, pourquoi tous les industriels arborent crânement la mention « Fabriqué en Corse » !

Cerise sur le gâteau, nos pieds nickelés se retrouvent aussi au cœur d'une usurpation d'appellation sur le brocciu, la fonctionnaire ayant prouvé que l'entreprise recyclait gaillardement du lait sarde ou hexagonal pour faire du faux fromage d'appellation.

La fraude était suspectée de porter sur… 9 234 kilos de fromage, tout de même !

Par ailleurs, les stocks étaient entreposés en vrac sans aucun étiquetage, en violation de toutes les règles de traçabilité. L'inventaire était inexistant et les registres peu fiables. Peut-on dire, dès lors, qu'un tel désordre aurait pu permettre de dissimuler d'éventuelles fraudes ?

---

2. D'ailleurs Antoine Ottavi ne se démonte pas, expliquant que le lait de brebis est plus cher que le lait de chèvre et qu'il n'avait donc aucun intérêt à le faire… Pourquoi l'a-t-il fait, alors ?

24

Le bal des tartuffes

Quand une aussi vaillante fonctionnaire parvient à lever un pareil lièvre, qu'elle a le courage de s'opposer à l'un des plus gros industriels de la région, qui est en outre le patron de l'interprofession, on imagine que sa hiérarchie l'assure de son soutien. Eh bien non. Bien au contraire. Après avoir mené une perquisition si éprouvante, elle a dû faire face aux pressions de son administration, bientôt relayées par celles des politiques. On est alors sous la présidence de Nicolas Sarkozy et la cellule élyséenne a à cœur de se charger personnellement des affaires corses.

Naïvement, l'enquêtrice se serait ouverte à son directeur de sa volonté de poursuivre cet industriel au vu des nombreuses anomalies qu'elle a relevées sur place. La réponse de son patron ne se serait pas fait attendre : « Vous avez des billes ? » lui aurait-il demandé d'un ton très sec. « Elle lui a répondu, je m'en souviens comme si c'était hier : "Ce ne sont pas des billes que j'ai, mais des boules de pétanque !" » se remémore l'un de ses proches collaborateurs. Devant sa détermination, le directeur aurait essayé la compassion, « il voulait lui faire comprendre qu'elle risquait de faire sauter le préfet de l'époque », s'amuse ce même fonctionnaire. « Sauf qu'elle s'en fichait complètement. Alors il l'a menacée de la virer. » Ce à quoi elle lui aurait répondu : « Mettez un bus devant l'administration si vous pensez vous débarrasser de moi, car je ne partirai pas seule ! »

« Elle était très isolée pour mener son enquête », se souvient ce berger. Heureusement, rien n'arrête cette femme pugnace. Elle continue sans relâche à éplucher les factures et les comptes de l'entreprise. Et s'aperçoit qu'ils lui ont fourni une comptabilité incomplète. « Ça l'a littéralement habitée pendant plus de deux ans. Elle passait sa vie au bureau, elle bossait tous les soirs jusqu'à minuit », se souvient l'un de ses collègues.

« Un beau matin, notre patron nous annonce qu'Ottavi va venir pour une transaction, et que tout ceci devrait s'arranger sans que ça n'aille jusqu'au procès », peste l'enquêteur qui n'avait jamais vu une pareille aberration.

On est entre soi, et Antoine Ottavi est un notable. On lui propose donc une transaction à… 7 500 euros[1] ! Soit 0,15 % du chiffre d'affaires de l'entreprise[2] ! L'administration sait faire preuve d'une immense mansuétude envers les grands de ce monde.

« C'était bien mal la connaître que de penser qu'elle allait se laisser faire, s'amuse ce berger. Elle est allée trouver directement le procureur de la République, Yves Paillard, qui, bienheureusement, n'était pas du tout enclin à enterrer l'affaire. » L'homme fait tomber à l'eau la transaction. L'affaire ira jusqu'au procès.

« Cela faisait sept ans que cette inspectrice avait cette entreprise dans le collimateur. En 2004 déjà, elle les

1. Audition de François Tiberi, expert-comptable.
2. Qui était donc de 5 millions d'euros en 2011 au moment de la fraude.

avait coincés avec 33 tonnes de tommes basques rentrées sur l'île pour être vendues comme corses. Et ce sous le regard bienveillant des services vétérinaires[3] », se remémore Jean-Dominique Musso.

Ivre de rage face à cette concurrence déloyale faite aux bergers insulaires, et alors qu'il était encore le patron de l'interprofession, il avait interpellé le préfet sur cette affaire. Mais l'homme s'était bien gardé de répondre, tout comme son préfet adjoint à la sécurité, tous deux malencontreusement empêchés. C'est le secrétaire général de la préfecture Éric Spitz qui s'y était collé et s'était fendu d'une lettre. Dans ce courrier daté du 27 décembre 2004, le secrétaire général bottait en touche, reconnaissant tout de même que la marchandise était passée au travers des mailles du filet mais ajoutant aussitôt que cela n'était pas bien grave puisque « la non-conformité en matière d'étiquetage de ces produits ne remet[tait] nullement en cause leur sécurité sanitaire ». Allant même jusqu'à dire que « la direction des services vétérinaires du département a[vait] agi dans cette affaire avec rigueur et impartialité ».

Continuez, chers touristes, à manger du fromage basque en pensant manger du corse, continuons à organiser la concurrence déloyale vis-à-vis des bergers insulaires.

Et les membres de l'Institut national de l'origine et de la qualité, les gendarmes du terroir, ont-ils défendu avec force leur collègue fonctionnaire ?

Comme souvent, la base, autant dire les chargés de mission, n'a pas failli. Jean-Philippe Richardis s'est ainsi montré atterré, épinglant ainsi dans son procès-verbal d'audition « une entreprise qu'il faut relancer plusieurs fois pour obtenir les documents nécessaires relatifs à la

3. Entretien du 4 février 2015.

production de brocciu », et parlant, à propos de la disparition du registre de fabrication, « d'un manquement majeur aux règles de production ». « Sans le registre, il est impossible d'établir l'origine des laits utilisés pour la fabrication de brocciu », ajoutant : « ce qui me fait peur, c'est l'absence de système de traçabilité et donc le risque sanitaire », allant même jusqu'à se dire « affligé ». « Le non-respect [de la contrainte obligatoire de tenir un registre] entraîne une suspension d'habilitation. » Bref, en tant que chargé de mission, il ne pouvait pas se porter partie civile et devait en référer au service juridique de l'INAO, mais il était à peu près certain qu'Ottavi se verrait retirer par la hiérarchie de cette institution son habilitation à faire du fromage de terroir.

C'était faire preuve de beaucoup de candeur. Le service juridique mandaté par les gradés a fait appel à un avocat local, maître Ange-Laurent Bindi, qui d'ailleurs avoue lui-même « ne pas savoir exactement comment il est devenu l'avocat de l'INAO[4] ». L'homme ne connaît d'ailleurs pas grand-chose aux problématiques agricoles. Il est notamment persuadé que la Corse dispose de trop de lait… Englué dans les préséances locales, il a vécu ce procès avec inquiétude, considérant Antoine Ottavi comme un notable, et la fromagerie comme « un fleuron » de l'île de Beauté. « Les gens m'arrêtaient dans la rue et me disaient : "Ah non ! Pas Ottavi" ! » Fort marri d'avoir à s'opposer à une personnalité de cette envergure, l'avocat de l'INAO est d'ailleurs allé voir Antoine Ottavi durant son procès pour l'assurer de tout son soutien. « Tenez bon, me suis-je permis de lui dire, il vous faut passer le cap ! » On croit rêver.

Me recevant dans un des bistrots tenus par un groupe d'amis ombrageux, et regardant sans cesse de droite et

4. Entretien du 21 janvier 2015.

de gauche en parlant tout bas de peur d'être repéré, Bindi sous-entend que l'affaire serait beaucoup plus colossale encore.

Quant à l'Institut de l'origine et de la qualité, après des conclusions[5] très violentes invoquant « une fraude de grande ampleur », parlant de « réponse évasive et menaçante » aux enquêteurs, et de « faits largement établis et ne souffrant aucune discussion », épinglant une « facturation fantaisiste » ou, plus grave encore, un problème de traçabilité risquant d'engendrer un « risque sanitaire important »... à votre avis, qu'a réclamé l'INAO au vu de toutes ces allégations si graves ?

Une somme colossale proportionnelle aux 5 millions de chiffre d'affaires de l'entreprise à l'époque[6] ?

Non. Pourquoi ? L'INAO a réclamé 1 578,90 euros de dédommagement, obtenu ainsi :

– 4 603 kilos de fromage vendus sous l'AOC brocciu frais alors qu'ils ne pouvaient prétendre à l'AOC ;
– 4 631 kilos de fromage vendus sous l'AOC brocciu passu alors qu'ils ne pouvaient répondre à l'AOC ;
– 1 292 kilos de brocciu passu vendus au-delà du potentiel ;
soit : 10 526 × 0,15 = 1 578,90 euros.

Auxquels s'ajoutent deux fois 1 500 euros de sommes forfaitaires au titre de la mauvaise tenue des registres et de l'article 475.1 du Code de procédure pénale.

La belle affaire ! L'INAO ne demandait même pas la suspension (même temporaire) de l'habilitation de cette entreprise à faire des fromages de terroir. Visiblement un peu gêné, l'avocat ajoute : « Je m'étais insurgé auprès de l'INAO national. 1 578 euros, c'est ridicule ! Tout le monde est tenté de frauder à ce prix-là, c'est

5. 24 juin 2013.
6. Il est de plus de 6 millions d'euros aujourd'hui...

un encouragement[7]. » Et ce dernier de se vanter d'avoir obtenu l'autorisation de la part de cet institut de réclamer 50 000 euros de dommages et intérêts pour atteinte aux signes d'identité et de qualité – 50 000 euros dont nous n'avons hélas pas trouvé trace dans les conclusions de l'avocat.

On peut cependant reconnaître à l'INAO le mérite de s'être porté partie civile dans le procès, ce que n'a pas fait le syndicat de défense de ce fameux fromage présidé par Mathieu Finidori[8], militant nationaliste recyclé dans l'élevage et, heureux hasard, très proche d'Ottavi à qui il apporte son lait. L'homme s'est donc rangé derrière celui qui le finance, et qui est également trésorier du syndicat de défense de l'appellation.

Quand on s'en étonne auprès d'Antoine Ottavi, il a cette réponse désarmante : « C'est une décision qui a été prise en conseil d'administration de l'AOC brocciu dont je suis effectivement trésorier[9]. On ne fait pas des choses comme ça chez nous, poursuit-il. On ne règle pas nos affaires avec un procès. » Si on n'aime pas les procès, on sait en tout cas comment les faire traîner. C'est ainsi que l'avocat de ce dernier a multiplié les questions prioritaires de constitutionnalité. La plus savoureuse étant celle concernant le fait qu'un règlement européen du 29 avril 2004 « fait obligation aux États membres de mettre en place des techniques de contrôle appropriées et documentées », et que bien entendu, la filière lait, et en particulier

7. Entretien du 21 janvier 2015.

8. Contacté à plusieurs reprises par téléphone, M. Finidori n'a jamais pu dégager de temps pour me rencontrer. Et alors qu'il devait être présent lors de mon entretien avec Antoine Ottavi, il n'a pas pu se libérer.

9. Entretien du 19 janvier 2015.

l'AOC brocciu, était totalement désorganisée. Au fait, à cause de qui ? Qui déjà a fait exploser l'interprofession pour pouvoir massivement importer du lait à vil prix et estampiller ses produits du très vendeur « Produit en Corse » ?

Les questions prioritaires de constitutionnalité ont achevé d'affirmer la détermination du président du tribunal, Patrick Sendral, déjà agacé par ces intérêts croisés. Ce dernier a déclaré la fromagerie Ottavi coupable de tromperie par personne morale sur la nature, la qualité, l'origine ou la quantité d'une marchandise ; usurpation d'appellation d'origine, assortie d'une amende de 60 000 euros.

Et pour le reste ? Le fiumorbu, qui est fait avec du lait du continent mais étiqueté fabriqué en Corse ? Comme il n'y a pas de définition réglementaire ni d'appellation, la fraude existe mais elle ne peut pas donner lieu à une contravention.

C'est toujours mieux que les 7 500 euros que la hiérarchie administrative avait prévus pour ce contrefacteur, mais ce n'est tout de même pas lourd. Ottavi ne s'y est pas trompé d'ailleurs, qui a renoncé à faire appel. « Je l'ai fait dans un souci d'apaisement de toute la profession[10] », explique-t-il, la main sur le cœur.

Au fait, à votre avis, après sa condamnation, l'homme s'est-il représenté à la présidence de l'interprofession ? Et Finidori à celle du syndicat AOC ?

Bien sûr ! Et ils ont d'ailleurs tous deux été réélus. Petit détail croustillant : c'était au tour des fermiers de présenter un candidat à la tête de l'interprofession. Mais ces derniers, réunis dans l'association U Casgile – association créée de toutes pièces quelques années plus tôt par l'administration française –, ont préféré

10. Entretien du 19 janvier 2015.

laisser leur place à Antoine Ottavi qui a donc été réélu avec un score digne d'une république d'opérette.

Quels étaient ces vers de La Fontaine déjà ?

Selon que vous serez puissant ou misérable
Les jugements de cour vous rendront blanc ou noir[11].

11. Jean de La Fontaine, « Les Animaux malades de la peste ».

25

La clique fait main basse sur le terroir

Dans ce monde agricole en pleine tourmente, l'INAO occupe une place (très) particulière. L'institut tente-t-il de gérer au mieux les affaires sensibles ou détourne-t-il les yeux ? Il semble qu'à ne vouloir froisser personne et surtout pas les puissants, il ait le plus grand mal à définir une ligne et à s'y tenir.

Les appellations ont certes toujours dû faire le grand écart entre les intérêts des petits artisans et ceux des grands industriels. Et se sont souvent retrouvées tiraillées entre des intérêts privés de commerçants qui voulaient vendre leur produit plus cher – et surtout le protéger des copies –, et une belle idée de sauvegarde de nos savoir-faire et de nos terroirs. Un compromis finalement plutôt judicieux entre le business et l'histoire. Car, ne nous y trompons pas, sans appellation d'origine, il n'y aurait plus de lait cru aujourd'hui. Et combien resterait-il d'alpagistes ? De bergers pratiquant l'estive ? Notre patrimoine culinaire aurait été intégralement englouti dans de grandes marques régionales au goût aseptisé.

Donc, les appellations ont du bon.

D'ailleurs, Jacques Berthomeau, fin connaisseur du milieu, désigne l'INAO comme un objet juridique non identifié, un étrange cocktail d'autogestion professionnelle et de gestion publique[1] qui selon lui permettait, au moins à l'origine, de « dresser une muraille immatérielle » pour mieux s'opposer « à l'uniformisation du monde » conduite à marche forcée par les Anglo-Saxons.

« Une grande part de la réussite incontestable de l'AOC tenait à ce mariage heureux du droit privé et du droit public. Les professionnels français pilotaient une multitude de [...] conduites intérieures, gentiment désuètes, indémodables, inimitables. » Oui mais voilà, ça, c'était avant. Et notamment avant l'ouverture dans les années 80 de ce noble institut, d'abord et surtout pensé pour le vin[2], aux autres productions agricoles. Jusque-là, l'INAO était surtout un club très fermé de gentlemen des vins fins. Un « machin » sans grand pouvoir. À mi-chemin entre le Rotary Club et le Club House tenu par une poignée de Bordelais qui avaient conscience cependant de l'importance du terroir et des cépages. Les autres appellations, et notamment fromagères, étaient sous tutelle de la Répression des fraudes qui en ce temps-là dépendait encore du ministère de l'Agriculture, et non des Finances. Oui mais voilà, construction européenne oblige, il fallait protéger nos appellations qui déplaisaient tant aux Anglo-Saxons. Le ministre de l'Agriculture de l'époque, Henri Nallet, se dit à raison que si on voulait les sauver, il fallait présenter un front uni. Plus

1. 19 février 2015, « L'INAO, objet juridique non identifié... », blog de Jacques Berthomeau.

2. Le vin représente encore à lui seul plus de 300 appellations d'origine et il pèse 16 milliards quand les fromages n'en comptent que 200.

question d'avoir des appellations dans tous les sens. Un seul institut devait les regrouper.

Le comité laitier est alors créé, non sans réticence des viticulteurs qui voient ces éleveurs d'un œil bien méprisant. Il n'empêche, la fusion se fait. Et dans le même temps, les appellations gagnent leurs galons européens. L'INAO devient donc un véritable lieu de pouvoir. Et cet institut, qui jusque-là n'avait pas intéressé les cadors de l'agriculture – notamment ceux de la FNSEA –, commence à faire l'objet de toutes les convoitises. Ces derniers se mettent d'ailleurs à y faire de l'entrisme. Sauf que ces gens-là sont faits sur le moule de l'agriculture productiviste. Et débarquent à l'INAO bardés des certitudes qui les ont toujours animés. C'est ce que Jacques Berthomeau appelle « la prise de pouvoir des nouveaux venus » qui, selon lui, auraient embarqué les professionnels dans une aventure médiocre. « Par une forme prononcée de suffisance, d'inconséquence, [les professionnels] se sont engouffrés dans des cars pour voyages organisés » et ont « précipité les appellations dans une conception normative de la nourriture » qui les a fait basculer dans ce qu'il appelle le « grand Meccano de l'agroalimentaire » et « leur ont fait rater le rendez-vous de l'authenticité liée au respect de l'environnement ».

Bien entendu, tous ne sont pas faits sur le même moule. On pense notamment à André Valadier, l'homme qui a redonné vie à l'Aubrac avec sa coopérative laitière. Ou encore au président de l'INAO, Jean-Charles Arnaud, lui aussi grand défenseur du lait cru et de nos terroirs de France. Il est d'ailleurs amusant de constater que ce sont ces hommes-là, venus du fromage et non du vin, qui s'efforcent non sans mal de préserver l'INAO de ses tentations normatives.

Pour Laurence Bérard, anthropologue au CNRS, la transposition européenne de nos appellations, si elle était nécessaire et protectrice, a aussi précipité nos appellations d'origine dans le grand bain de l'agroalimentaire. Ces productions de terroir ont dû se plier lors de la loi d'orientation agricole du 5 janvier 2006[3] au système de certification, de normes sanitaires et de contrôle qualité propre à l'industrie auquel elles avaient échappé jusque-là. Bref, à partir de cette date, il a fallu que les appellations deviennent conformes à une norme, or la conformité n'est garante ni du goût ni du terroir. La chercheuse[4] déplore d'ailleurs que ces « instances dirigeantes semblent aujourd'hui accaparées par l'organisation des contrôles, au détriment de leurs autres missions ». Et regrette que les professionnels, dépossédés de leur cœur de métier, infantilisés par des contrôles incessants, ne se voient plus reconnaître leur capacité à fabriquer les produits de terroir qu'ils font pourtant depuis la nuit des temps. L'anthropologue de s'interroger : « Que reste-t-il de la culture de l'INAO ? »

Reste la question cruciale : qui commande ?

L'institut est sous tutelle de l'Agriculture, et son financement permet de comprendre son degré d'autonomie vis-à-vis du ministère dont il dépend puisque celui-ci lui apporte 70 %[5] de ses dotations, le reste étant fourni par les redevances des professionnels. En clair,

---

3. Promulguée dans la mouvance du nouveau règlement CEE n° 510/2006.

4. Article « Contrôler la typicité par les tiers : l'AOP volaille de Bresse » pour parution in Laure Bonnaud, Nathalie Joly (dir.), *L'alimentation sous contrôle. Tracer, auditer, conseiller*, Dijon, Educagri éditions ; Versailles, QUAE, 2012, chap. IX, p. 155-168.

5. Rapport d'information déposé en application de l'article 145 du règlement par la commission des affaires économiques sur les signes d'identification de la qualité et de l'origine, et présenté par Mme Marie-Lou Marcel et M. Dino Cinieri, enregistré à la présidence de l'Assemblée nationale le 21 janvier 2015, p. 12.

l'INAO se retrouve pris en étau entre le ministre et les apparatchiks habituels qui, comme toujours, sont présents dans les différents comités et pèsent pour 30 % de son financement.

Celui qui donne les grandes directions de cet organisme parapublic, c'est le président de l'INAO. Et c'est là que l'affaire devient cocasse. Qui a-t-on choisi pour devenir le président qui allait travailler à l'ouverture de cet institut aux autres produits de terroir ? Un certain Jean Pinchon. Un nom qui ne dira rien aux nouvelles générations, mais un personnage – aujourd'hui décédé – très lié à l'agrobusiness. L'homme se présentait lui-même dans ses Mémoires[6] comme s'étant « toujours battu pour l'agriculture productiviste ». De fait, il fut le conseiller[7] de René Blondelle, président de la FNSEA, puis directeur de cabinet d'Edgar Faure, alors ministre de l'Agriculture (toujours cette même porosité entre les ministres et le syndicat majoritaire). Mieux, il fut aussi directeur de la Sopexa, cette curieuse entité chargée de promouvoir nos produits agroalimentaires et nos vins à l'étranger, et dont la composition du conseil d'administration laisse présager vers quels (gros) acteurs porte son cœur (FNSEA, Avril et tous les gros de l'agro) ; Sopexa qui est d'ailleurs aujourd'hui présidée par Jean-René Buisson, ancien président de l'ANIA (l'Association des industries agroalimentaires), autant dire l'organe de lobbying des industriels.

Il fut également président de Société des Caves et œuvra à sa vente au groupe Besnier (qui deviendra Lactalis). Mais tout cela n'est rien, absolument rien à côté des vingt-neuf années où il assuma le rôle d'admi-

6. Jean Pinchon, *Mémoires d'un paysan, 1925-2009*, L'Harmattan, 2010.

7. Entre 1949 et 1953.

nistrateur[8] et des vingt et une années où il fut directeur[9] de la société anonyme Louis Dreyfus. Le nom de cette compagnie ne vous dit rien ? C'est pourtant l'un des plus gros traders en matières premières avec le géant américain Cargill, le brésilien Bunge et l'américain ADM. Ce sont elles que l'on nomme en frissonnant « ABCD », un acronyme qui « règne sur les flux mondiaux des produits alimentaires[10] ».

En 2013, « plus de 77 millions de tonnes de matières premières seront passées entre les mains de LDC (Louis Dreyfus Commodities), soit 7 millions de plus en un an[11] », pour un chiffre d'affaires de 63,6 milliards de dollars. En 2012, le groupe avait fait 1,1 milliard de bénéfices net[12]. « Et LDC n'entend[rait] pas s'arrêter là. "Nous avons multiplié notre chiffre d'affaires par quatre depuis 2006, mais nous voulons encore doubler de taille d'ici à la fin 2018", indiqu[ait] le CEO du groupe, Ciro Echesortu[13]. »

C'est donc à cet homme-là, venant de l'agriculture productiviste, ayant œuvré pendant près de trente ans au trading international des matières premières, que l'on a proposé en 1983 de devenir président de l'INAO[14]. Poste qu'il occupera jusqu'en 1998. La symbolique parle d'elle-même.

---

8. 1973-2002.

9. 1970-1991.

10. Muryel Jacque, « Louis Dreyfus Commodities baisse d'un tiers », *Les Échos*, 27 mars 2014.

11. *Ibid.*

12. Louis Dreyfus revendique 9 % des échanges mondiaux de produits agricoles, http://lexpansion.lexpress.fr/entreprises/louis-dreyfus-le-geant-francais-qui-revendique-9-des-echanges-mondiaux-de-produits-agricoles_1427730.html

13. Muryel Jacque, art. cit.

14. Pour être plus précis encore, président du comité vins et eaux-de-vie de 1983 à 1993 et président du comité permanent dès sa création de 1991 à 1998.

Au fait, comment s'est passée sa nomination ? « C'est le fait du prince », s'étrangle Jacques Berthomeau. « Pour le Président [de l'INAO], c'est une tradition non écrite, le ministre [de l'Agriculture] nomme qui il veut sans avoir à motiver sa décision. Bien sûr, nous sommes sous la Ve République et l'Élysée tout comme Matignon peuvent y mettre leur grain de sel[15]. » Et ce dernier de narrer par le menu cette nomination par Michel Rocard. Ou plutôt de laisser Jean Pinchon la raconter lui-même. « En 1983, je suis devenu président de l'INAO dans des circonstances, comme cela est souvent le cas, un peu cocasses. Jusqu'à une époque tardive, j'ignorais pratiquement tout des AOC, et je restais même un peu méfiant à l'égard d'une procédure qui avait été mise en place "sous Vichy" [...]. Au printemps 1983, Michel Rocard – que je connais grâce à son directeur de cabinet Jean-Paul Huchon – m'appelle et me prie de venir le rencontrer au ministère de l'Agriculture. [...] Michel Rocard, brillant et expéditif, en vient au fait dès le début de la conversation : "Écoutez, cher monsieur Pinchon, j'ai un service à vous demander : je souhaite que vous deveniez le président de l'INAO, [...] l'INAO va évoluer. Vous êtes donc mon candidat." La conversation se poursuit et je crois comprendre qu'une petite divergence existe entre le nouveau ministre de l'Agriculture et le président de la République : François Mitterrand, dans un premier temps, voulait que soit nommé, à la tête de l'INAO, le directeur d'une cave coopérative de côtes-du-rhône, socialiste naturellement, et qu'il connaît bien parce qu'il savoure fréquemment avec lui, quand il se rend dans le Midi, de délicieuses omelettes aux truffes... Or Michel Rocard a fait observer au président que nommer un socialiste à la tête de

15. 16 février 2015, « Comment nomme-t-on le président de l'INAO ? », blog de Jacques Berthomeau.

l'INAO n'est peut-être pas très opportun, car, parmi les 80 000 viticulteurs français, il n'y a pas, à proprement parler, une majorité de socialistes. Le ministre a donc proposé mon nom au président de la République et celui-ci a répondu : "Ah, Jean Pinchon, l'ancien directeur de cabinet d'Edgar Faure ? S'il est d'accord, ça me va." Michel Rocard conclut : "Vous voyez bien : vous ne pouvez pas refuser ; tout le monde est d'accord, et je n'ai pas envie de reparler de cette affaire avec le Président !" »

Donc, l'affaire a été rondement menée entre soi, comme toujours, et quand Jean Pinchon a évoqué son appartenance à la société Louis Dreyfus, cela n'a absolument pas gêné Michel Rocard[16].

Au fait, qui lui a succédé ? André Valadier, l'homme qui s'est battu contre vents et marées pour redonner vie à son territoire : « Ce qu'on a réussi à faire a été obtenu en prenant des risques, et notamment celui d'aller à contre-courant, aime-t-il à dire, mais le futur nous a montré que nous n'étions pas à contresens[17]. » Intransigeant, il se bat contre les « faussaires » qui cherchent à faire du « terroir de code postal ». Magnifique ! Enfin la personne dont on rêvait à la tête de cet institut. Et combien de temps a-t-il occupé cette fonction ? Un an. Le temps d'assurer l'intérim avant que les apparatchiks ne reprennent le dessus.

Par qui a-t-il été remplacé ? Par Michel Prugue[18] qui, contrairement à André Valadier, fut réélu en 2007, et

16. Jean Pinchon, *Mémoires d'un paysan*, *op. cit.*, cité par Jacques Berthomeau dans http://www.berthomeau.com/2015/02/l-inao-objet-juridique-non-identifie-vu-par-jean-pinchon-en-1983-puis-par-le-taulier-en-2007-la-messe-est-dite-le-vin-dans-le-grand

17. Entretien du 11 juin 2015.

18. J'ai sollicité par trois fois (les 7, 10 et 11 septembre 2015) un entretien avec Michel Prugue qui n'a pas donné suite.

en 2012. Et qui est Michel Prugue ? Le président de Maïsadour, l'une des plus grosses coopératives agricoles qui compte près de 160 sites industriels (silos, abattoirs, sites de fabrication d'aliments pour animaux, usines, semences...), une diversification dans la jardinerie (Gamm Vert), les légumes (Bonduelle), le foie gras, le saumon fumé avec Delpeyrat, Sarrade, Comtesse du Barry, Delmas... Et qui fait chaque année environ 1,5 milliard d'euros de chiffre d'affaires. Installée dans le Sud-Ouest, elle a des implantations un peu partout dans le monde (Ukraine, Espagne, Allemagne, Maroc...).

Une toute toute petite coopérative donc, qui n'a à cœur que la préservation des intérêts de nos appellations d'origine !

Coup de tonnerre en 2013. Alors qu'il venait d'être réélu un an plus tôt pour un mandat de cinq années, Michel Prugue quitte son poste. Jean-Charles Arnaud, affineur de comté à Poligny dans le Jura et P-DG de l'entreprise Arnaud-Juraflore, lui succède. Espérons que la nomination de ce grand défenseur du lait cru à la tête de l'INAO, cet homme qui s'est battu bec et ongles pour que le camembert reste authentique, signe enfin l'ère du renouveau...

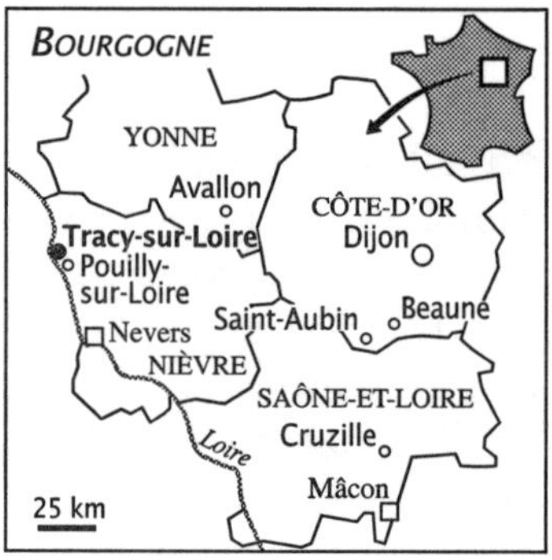

26

Le pouilly fliqué

Si, pour le fromage, on peut espérer que l'influence positive du président de l'INAO puisse – vaille que vaille – tenter de contrecarrer les projets aseptiseurs des géants de l'agrobusiness, pour le vin, ce nectar qui a façonné notre histoire, il semble, hélas, que l'affaire soit entendue.

Alexandre Bain en a fait l'amère expérience. Lui, un vigneron engagé qui porte pourtant haut les couleurs de son appellation d'origine contrôlée. Il faut le voir travailler sans relâche avec ses chevaux Viaduc et Phénomène au service de son magnifique terroir de pouilly-fumé sis à un jet de pierre de Sancerre, dans la vallée de la Loire.

L'homme se définit d'abord comme un paysan. Comme son grand-père. Celui dont il rêvait de reprendre la ferme. Un petit coin de paradis pour l'enfant qu'il était, qui aimait traîner avec les vaches et regardait avec gourmandise sa grand-mère faire les fromages. « Ils menaient une vie modeste, mais ils étaient heureux et fiers de ce qu'ils produisaient[1] », se

1. Entretien du 13 avril 2015, ainsi que les citations suivantes.

remémore-t-il, soudain ému. C'est finalement sa tante qui a repris l'exploitation familiale, mais l'idée de se dévouer corps et âme à l'agriculture n'a pas cessé pour autant de l'habiter. Et ce, malgré les réticences de son père maçon devenu entrepreneur local, qui considérait cette vocation avec inquiétude. « Il avait peur que je devienne un crève-la-faim et que je travaille sang et eau pour pas un rond », sourit Alexandre qui, devenu père lui aussi, comprend mieux l'angoisse de son géniteur. C'est pourtant son père, ce père inquiet de l'avenir de son fils, qui lui a donné le goût du vin, puis trouvé ses premières vignes. Il avait eu vent des difficultés d'un viticulteur de la région. Ses vignes avaient gelé deux années de suite. Et le Crédit agricole avait décidé de couper les vannes. Le père s'est dit qu'il ferait d'une pierre deux coups : maintenir cet homme la tête hors de l'eau jusqu'à sa retraite, et investir dans une terre qui servirait peut-être un jour à son fils.

Alexandre poursuit sa formation, fait ses armes sur un domaine de menetou-salon. Puis, en 2007, il apprend qu'un vigneron est au bord du dépôt de bilan. Il décide alors de postuler auprès de la société d'aménagement foncier et d'établissement rural, la Safer, qui est censée veiller à la meilleure distribution des terres agricoles. Il fait valoir auprès de cette institution son désir de reprendre les terres. « Je me suis battu comme un lion contre trente-trois autres viticulteurs qui avaient tous déjà entre 20 et 30 hectares de vignes. » Le jeune homme a déjà les idées claires sur ce qu'il veut faire : cultiver proprement, sans pesticides, et travailler avec des chevaux. Son dossier fait un peu tache au milieu des autres, si conventionnels. « Sur les 1 260 hectares de pouilly-fumé, le nombre de vignerons bio se compte – péniblement – sur les doigts d'une main », ironise le vigneron. Pourtant, et contre toute attente, c'est sur sa candidature que se porte la préférence de l'exploitant qui passe la main. Et il le fait savoir à la Safer. Bien entendu, cela n'a pas été du goût des autres propriétaires qui auraient préféré que ces terres restent dans l'escarcelle des viticulteurs du cru, ou de leurs enfants. Mais, une fois n'est pas coutume, la Safer a rempli son rôle, et tenu bon. « Je peux lui dire merci, au directeur de cette institution », sourit Alexandre qui lui sait gré d'avoir su résister aux pressions locales venant pourtant des plus hautes instances du syndicat viticole de Pouilly.

Le voilà installé. Il travaille comme un acharné, pas de week-end, pas de vacances pour ce passionné toujours en quête de connaissances nouvelles sur la nature. Il se balade toujours avec un couteau dans la poche. Et en même temps qu'il s'adresse à vous, il ramasse de la mâche sauvage, un poireau des vignes, un peu d'ail, et vous explique l'importance de telle ou telle plante. Puis se réjouit de la présence de certains insectes dont il sait qu'ils sont les prédateurs naturels de tels ou tels autres. Alexandre est un homme heureux. Il a réussi à faire revivre la biodiversité de ses sols, et s'en enorgueillit.

La nature n'est pas en avance cette année-là, ce qui n'empêche pas les exploitations voisines de multiplier les traitements. En prévention. « En prévention de quoi ? s'agace Alexandre. Il n'y a pas une feuille de sortie ! On se demande vraiment ce qui peut bien leur passer par la tête ! »

Lui creuse autour de ses pieds de vigne. Les racines plongent dans la profondeur des sols, comme celles de toutes les plantes qui n'ont pas été arrosées d'engrais. Les autres poussent à l'horizontale. « Elles savent qu'elles n'ont pas besoin de creuser puisque la nourriture leur est fournie artificiellement », résume, lucide, le vigneron. « Par contre, je ne vois pas en quoi ces vignes hors sol peuvent exprimer un terroir puisque leurs racines restent en surface… »

Et c'est pourtant Alexandre, avec ses vignes non traitées chimiquement, ses vignes qui expriment leur terroir, qui est enquiquiné en permanence par l'organisme de contrôle mandaté par l'Institut national de l'origine et de la qualité. Tout se passe dans un climat d'une rare tension qui va crescendo pour ceux qui refusent de rentrer dans le moule. Les premiers prélèvements de vin pour savoir s'il est – ou non – digne de se prévaloir de la fameuse appellation d'origine sont effectués par le syndicat. Puis, une fois que celui-ci a acté que son vin est indigne de l'appellation pouilly-fumé, les autres contrôles sont effectués par l'organisme de contrôle composé d'une partie administrative, elle-même chapeautée par les vignerons du coin. On a réussi à créer un comité de procureurs amenés à avoir un droit de vie ou de mort sur leurs collègues.

Car tous ces organismes mandatés par l'INAO fonctionnent de la même manière. Prétendument indépendants des potentats locaux de la viticulture, ils sont en fait tenus par eux. « Lors de la dernière réforme de l'INAO, et en pensant bien faire, on a créé une nouvelle usine à gaz[2] ! » se désespère Dominique Techer, vigneron, lui, à Pomerol. « Afin d'éviter que les vignerons ne soient juges et parties et ne se cooptent entre eux, on a rajouté un échelon administratif, qui coûte de l'argent… Pour qu'au final ce soit la même oligarchie vigneronne qui tienne les rênes. Tu peux prendre n'importe quel conseil d'administration de n'importe quel organisme de contrôle : les frères Dalton sont toujours là. Ce sont les mêmes féodaux qui tiennent tout : du syndicat, en passant par l'interprofession, ou l'organisme de contrôle. »

En clair, on a inventé un système magnifique où entre « cotisations volontaires obligatoires » – l'oxymore en lui-même vaut le détour – et autres cotisations pour

2. Entretien du 1er juin 2015.

obtenir l'appellation d'origine, le vigneron paie des instances qui grâce à cet argent vont pouvoir le martyriser à loisir. La présidente du syndicat viticole de pouilly-fumé, Katia Mauroy, conteste cette analyse : « Certes le syndicat finance l'organisme de contrôle ; l'an passé par exemple, l'organisme avait besoin d'une voiture neuve et nous la lui avons payée. Pour autant, nous n'intervenons en rien dans les décisions prises par cet organisme de contrôle à l'encontre de certains vignerons. Et nous ne leur demandons absolument pas de nous rendre de comptes[3]... » En clair, le syndicat a droit de vie ou de mort économique sur les contrôleurs qui, pour autant, restent tout à fait libres de leurs décisions.

« Le résultat, c'est qu'aujourd'hui, tout le monde a peur. Une élite autoproclamée de professionnels tient les rouages du pouvoir et si tu ouvres ta gueule, ils peuvent te trucider. C'est d'ailleurs pour ça que beaucoup s'écrasent, reconnaît Dominique Techer. Parce que s'ils veulent trouver quelque chose, dans tes vignes, ou dans tes chais, ils le trouveront, ils trouvent toujours[4] », résume-t-il, lapidaire. Il sait de quoi il parle, lui qui est cerné par des châteaux de milliardaires sur ce plateau de Pomerol où les terres valent 2 millions d'euros l'hectare. De véritables prédateurs financiers qui verraient d'un bon œil que cet empêcheur de faire du business en rond dégage promptement.

Contrôles pour obtenir l'agrément, contrôles sur les vignes, contrôles une fois que les bouteilles sont sorties du chai. Un large éventail de flicage est offert aux détracteurs de ces vignerons authentiques. Et autant d'occasions de les coincer.

L'inspection commence dans les vignes. « Nous avons l'insigne privilège d'avoir des brigades qui viennent

---

3. Entretien du 30 juin 2015.
4. Entretien du 1er juin.

mesurer la hauteur de notre herbe[5] ! » ironise Julien Guillot, vigneron à Cruzille. Son père se remémore, d'ailleurs avec amusement, avoir fichu dehors la fameuse brigade herbacée, il y a quelques années. « Mais ces contrôles ne sont jamais innocents », relate un vigneron bio installé dans le Médoc. L'homme se souvient que pour avoir osé parler haut et fort des pratiques du syndicat, il s'est retrouvé sanctionné pour un motif absurde. Son crime ? Avoir du mildiou dans ses vignes une année où tout le monde en avait ! « C'est juste un moyen de vous faire comprendre que la prochaine fois, vous y réfléchirez à deux fois avant d'ouvrir votre gueule », résume ce vigneron, encore sous le choc.

« Ils veulent vous faire entrer dans un moule, c'est certain », renchérit Alexandre Bain qui se remémore avec un recul presque amusé son premier contrôle. « C'était au tout début de mon installation, j'avais laissé l'herbe pousser dans quelques parcelles afin d'obtenir une vie, des insectes, et pour offrir à mes vignes une couverture pour les protéger ! Personnellement, je n'aime pas dormir nu, je ne vois pas pourquoi je l'imposerais à mes vignes[6] », s'amuse-t-il. L'homme est un fin observateur de la nature, et un grand défenseur du fameux bon sens paysan. Il sait qu'il doit se débarrasser de l'herbe quand la vigne est en pleine croissance. « Mais une fois qu'elle a fini de grandir, en lui laissant de l'herbe à ses pieds, qui vient l'empêcher de continuer à grimper, on lui envoie le message suivant : “Occupe-toi de tes grappes !” » Et d'expliquer qu'entre les légumineuses qu'il plante fin août et bine au printemps, pour qu'elles aient eu le temps de relarguer dans la terre l'azote qu'elles ont capté dans l'air, puis l'herbe qu'il laisse pousser quand

5. Entretien du 2 juillet 2012.
6. Entretien du 13 avril 2015.

la vigne a atteint sa taille parfaite, il obtient une richesse de sol dont il est très heureux.

Oui, mais voilà. Ça, c'est sans compter sur le « dispositif de valorisation de l'AOC pouilly » édicté par le syndicat (de pouilly) et l'organisme d'inspection des vins du Centre. « Un traité du bien-cultiver et du bien-vinifier qui, si on le suit à la lettre, nous guide pas à pas dans le droit chemin de la viticulture productiviste dévoreuse d'engrais et de pesticides », s'émeut Alexandre Bain. Texte redoutable donc qui stipule que l'herbe – dénommée « végétation concurrentielle » dans ce règlement d'anthologie – ne doit pas dépasser la moitié de la hauteur du palissage. Las, lors du contrôle de cette fameuse brigade, qui arrive tels des cow-boys dans vos vignes, un mètre ruban à la main, l'herbe d'Alexandre faisait un centimètre et demi de trop. Inacceptable ! Outrage suprême ! Les parcelles allaient donc être déclassées et perdre leur prestigieuse appellation pouilly-fumé. Pour un centimètre et demi de trop ? Oui.

En clair, le vin ne serait plus du pouilly-fumé parce que l'herbe au pied des vignes est trop haute. Par contre, ceux qui désherbent, utilisant ainsi des produits dangereux pour la nature et la santé des vignerons comme des futurs buveurs de vin, n'ont aucun problème. En résumé : l'herbe empêche de faire du bon pouilly-fumé. Les pesticides, non. Un raisonnement à la logique pour le moins surprenante. La présidente du syndicat viticole de pouilly-fumé, Katia Mauroy, défend mordicus le bien-fondé de cette règle tatillonne : « Au moment des vendanges, des brins d'herbe pourraient se retrouver dans les raisins ramassés avec la machine si nous n'interdisions pas la végétation concurrentielle[7] », assène-t-elle. Sauf qu'Alexandre Bain vendange toujours à la main. « De

7. Entretien du 30 juin 2015.

toute façon, le règlement aurait obligé ces vignerons à vendanger à la main », s'agace Mme la présidente. Mais puisqu'on vous dit que ces vignerons défenseurs du terroir vendangent toujours à la main... « D'accord », clôt la présidente courroucée.

Du côté de l'INAO, même inflexibilité, bien qu'il semble que l'existence de cette fameuse brigade n'ait été mise au jour qu'à l'occasion de ma visite. « Je ne sais pas à quoi correspond cette disposition », avance Jean-Luc Dairien, directeur de l'INAO, « mais je n'ai pas de raison de mettre en doute son intérêt[8]. » Bref, à l'INAO, on est comme ça, toujours solidaire du syndicat. Et M. le directeur de ce noble institut de dérouler sans un sourire ni une once de second degré le processus de mise en place de cette fameuse brigade : « Si le cahier des charges a prévu que la hauteur de l'herbe était un paramètre constitutif de l'identité d'une indication géographique, c'est que ça a été proposé par des professionnels, validé par une commission d'enquête d'autres professionnels qui ont vérifié l'intérêt du dispositif. Puis ça a été voté par un comité national fait de professionnels qui l'ont accepté. Et entériné par nos équipes constituées d'un certain nombre d'experts et de techniciens. Enfin, cela a été validé par le ministre de l'Agriculture et ses services qui ont agréé et signé l'arrêté correspondant. Pour finir, entériné par les autorités communautaires. »

Fichtre ! Ça fait beaucoup de professionnels pour s'occuper de la hauteur de l'herbe !

En attendant, Alexandre risque tout de même de perdre son appellation. Et la perdre, pour un jeune vigneron, c'est une mise à mort économique.

Il vient tout juste de s'installer quand cette sanction le menace. Il est déjà étranglé par ses rem-

8. Entretien du 14 septembre 2015.

boursements quand la brigade de coupeurs d'herbe en quatre lui annonce qu'ils vont déclasser les parcelles pour ce motif absurde. Pas le choix. Il faut donc obtempérer, au risque sinon de mettre la clé sous la porte. Le viticulteur broie son herbe – à contrecœur – pour être dans les clous. La brigade explique qu'elle repassera pour vérifier. Lors de la seconde visite, ils considèrent que quatre ou cinq touffes d'herbe sont insuffisamment taillées. Puisque le coupable présumé ne fait décidément aucun effort, ils vont déclasser ses parcelles. Nouvelles menaces, nouvelles pressions. L'intéressé s'excuse et s'entend dire qu'ils vont repasser une troisième fois. Sauf que chaque fois qu'ils passent, il doit payer le défraiement pour leurs déplacements, et le prix des contrôles. Son sang ne fait qu'un tour, il les fout dehors avec perte et fracas…

Il faut pourtant trouver une solution pour l'année suivante parce que Alexandre ne compte pas abandonner ses pratiques. Il n'en démord pas, son vin est meilleur depuis que ses vignes se portent mieux. Et elles se portent mieux parce que les sols sont sains.

Sauf que les instances sont inflexibles concernant l'épineuse question. Il a une idée. Il va trouver le laboratoire agronomique local, et leur propose de réaliser des expérimentations à ciel ouvert sur ses parcelles. Heureusement, le projet intéresse le responsable en place. Et ses terres sont classées zone d'expérimentation, ce qui, du moins il l'espère, devrait les préserver pour les années à venir des mètres à ruban de la brigade de l'herbe[9].

9. Une protection insuffisante puisque, par courrier du 31 juillet 2015, Mme la présidente Katia Mauroy a fait savoir à Alexandre Bain que son herbe était toujours trop haute… et qu'il convenait qu'il intervienne dans ses parcelles avant le 19 août.

On s'attendrait à ce que les syndicats et autres organismes de contrôle décernent des médailles à ces vignerons qui cultivent sans engrais et sans pesticides. Que nenni, on ne cesse de leur mettre des bâtons dans les roues. Et il faut qu'ils fassent preuve de trésors d'ingéniosité pour avoir l'heur de cultiver proprement ! Un comble.

« Par contre, ceux qui utilisent massivement des herbicides qui vont se retrouver dans nos nappes phréatiques, et dont la dépollution coûte chaque année des fortunes aux contribuables et usagers de l'eau, ceux-là, personne ne va les emmerder[10] », s'agace Alexandre.

« Je ne leur demande pas de faire ce que je fais, ni de me suivre dans les expérimentations que je mène pour que renaisse le vivant, pour traiter le moins possible, la seule chose que je leur demande, c'est de me foutre la paix ! Laissez-moi travailler tranquille ! » s'enflamme le vigneron.

Il s'interrompt, et commence à échanger aimablement avec un homme qui désherbe à côté de chez lui. C'est ça aussi, la vie de village. L'homme lui demande des nouvelles de ses enfants, de son épouse. Puis se ferme d'un coup, et file sur son tracteur. Sans un au revoir.

« Ce n'est qu'un simple employé, m'explique-t-il, il veut bien me parler quand son patron – un membre éminent du syndicat – n'est pas là. Mais dès qu'il revient, il se détourne et fait comme s'il ne me connaissait pas. Je comprends, il n'a pas le choix », l'excuse Alexandre.

« Comment veux-tu que j'aie des amis ici ? À part une poignée de vignerons qui ont les mêmes vues que moi, personne ne me parle… »

10. Entretien du 13 avril 2015, ainsi que les citations suivantes.

À la pression permanente s'ajoute le poids de l'isolement. Ou comment ostraciser celui dont on ne veut plus sur ses terres.

D'ailleurs, la victoire – éphémère ! – sur la brigade du mètre cache de plus rudes combats encore.

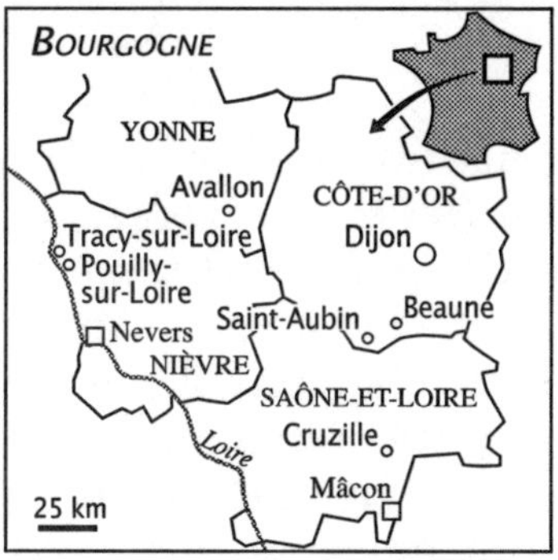

27

La guerre des chais aura bien lieu !

Car notre vigneron est bien loin d'être au bout de ses peines. Si ses pratiques de culture font de lui le vilain petit canard de l'appellation, alors même qu'on s'attendrait à ce que les instances professionnelles en fassent un exemple, ce n'est rien, en effet, à côté de ses méthodes de vinification ! Alexandre a en effet un énorme tort aux yeux des oligarques du vin : il n'utilise pas de produits œnologiques, à part un peu de soufre sur certaines de ses cuvées. Un crime de lèse-majesté pour les « experts » qui ont désormais fait main basse sur cette profession et qui font leur beurre en vendant des myriades de produits aux vignerons. À les entendre, le vin a toujours besoin d'un petit coup de pouce supplémentaire. Sinon, on court au drame, vous allez perdre votre vendange ! Des œnologues qui détiennent souvent un laboratoire et facturent ainsi opportunément aux vignerons les analyses qu'ils pratiquent sur leurs vins, analyses au cours desquelles ils débusquent quasi immanquablement des défauts. Or, justement, ça tombe bien, ces œnologues vendent – aussi – les produits miracles qui vont permettre de corriger ces fameux défauts. « Les vignerons ne gagnent plus un kopeck, mais les chimistes, eux, se portent à merveille[1] ! » ironise le viticulteur Dominique Techer. « On leur vend toujours de nouveaux produits, à commencer par les levures, autant dire ce que nous avons naturellement sur nos vignes et dans nos chais et qui signe le terroir de nos vins ! » s'emporte le vigneron. « Puis ça parle technique, co-inoculation, levures qui font papa, maman, et le petit frère ! »

L'homme est connu pour être un farouche opposant à ces pratiques mercantiles. Il avait d'ailleurs affolé le Landerneau bordelais en publiant un texte sobrement intitulé « Hallucinations à Pomerol » qui avait fait grand bruit et qui avait été traduit jusqu'en Allemagne. Il y relatait la prise de parole de l'œnologue préposé par le syndicat pour apporter aux vignerons, forcément incultes, la bonne parole sur ce qu'il faudrait faire sous peine de s'exposer aux plus grands dangers. « Après nous avoir fait frémir de crainte, l'œnologue nous invite à pénétrer dans le monde merveilleux de l'œnologie conquérante, où la maîtrise sur la nature est totale et où l'incertitude est traquée jusque dans les moindres recoins[2]. » Ainsi, l'homme de science, droit dans ses bottes, met d'abord en garde les vignerons contre les risques d'une « fermentation sauvage » – comprendre réalisée avec des levures naturelles et non industrielles, vendues dans leurs officines. Puis Dominique Techer se délecte du « copeautage » (glisser de petits morceaux de bois dans les cuves pour aromatiser le vin d'un goût très prisé en évitant d'acheter d'onéreux tonneaux en chêne), des enzymes, puis, de la fameuse pratique de la co-inoculation qui, selon le vigneron, « évoque plus un hôpital qu'une vigne ensoleillée sur le plateau de Pomerol ».

1. Entretien du 6 août 2015.
2. Dominique Techer, « Hallucinations à Pomerol ».

Et ce dernier de s'étonner que les bons de commande pour ces produits n'aient pas été distribués dans la salle… « Il faudrait tout de même leur dire que les hommes ont réussi à faire du vin pendant quelques dizaines de siècles sans tout cet arsenal ! »

Ce serait presque amusant si la norme aujourd'hui, ce n'était devenu ces vins-là. Ce sont eux qui donnent le *la* du bon goût. Or pour le fabriquer de toutes pièces, ces viticulteurs New Age, flanqués de leurs œnologues, disposent d'une véritable panoplie du petit chimiste. Le *Codex œnologique international* réalisé par l'Organisation internationale de la vigne et du vin, recensant tous les produits autorisés pour faire du vin, fait 732 pages dans son édition 2015.

Antonin Iommi-Amunategui s'était ainsi fait l'écho dans l'une de ses chroniques au vitriol tenues sur son blog *No wine is innocent*[3] du fait que dans les vins conventionnels on pouvait retrouver jusqu'à 47 additifs différents ! L'infographie, réalisée par l'association À la rencontre des vins naturels[4], présentait une bouteille de vin chaussée d'un entonnoir dans lequel était déversée la kyrielle des additifs autorisés. De quoi vous dégoûter à tout jamais de boire une goutte de ce nectar divin ! D'autant plus qu'appellation par appellation, la réglementation régissant le vin est totalement muette sur les additifs que les œnologues peuvent glisser dans nos flacons. Incroyable privilège dont jouit la boisson des dieux, puisque, contrairement à n'importe quel produit manufacturé, le vin n'a aucune obligation d'afficher sa composition exacte. En clair, vous ne saurez jamais

---

3. http://blogs.rue89.nouvelobs.com/no-wine-is-innocent/2013/01/31/jusqua-47-produits-chimiques-dans-une-bouteille-de-vin-229473

4. http://www.alarencontredesvinsnaturels.fr/public/poster/intrants_autorise_dans_le_vin.jpg

rien de la liste longue comme un jour sans pain de produits qui auront été glissés à votre insu dans votre verre. Et ce, que ce vin soit un grand cru ou non, en appellation d'origine ou non.

D'ailleurs, l'INAO ne semble pas s'offusquer de l'utilisation massive de ces produits. C'est même tout le contraire, il y voit modernité et adaptation au marché. On se demande pourquoi l'institut garant de l'origine se doit de devenir le fer de lance de la standardisation du goût. Il faut croire que quelque chose nous a échappé.

Quant à l'Institut français de la vigne et du vin, il pousse l'amabilité jusqu'à fournir en ligne les fiches pour la bonne utilisation de tous ces produits chimiques : de la levure starter à la levure à cinétique lente, en passant par la spéciale sauvignon, la spéciale merlot, j'en passe et des meilleures... Toutes appelées *killers* puisque leur rôle est de se débarrasser de la terrible levure indigène pourtant révélatrice du terroir – mais par laquelle, selon les œnologues, les plus grands dangers pourraient survenir – pour la remplacer par de l'industrielle, forcément saine, elle.

Bien entendu, elles sont *killers* vis-à-vis des levures contenues naturellement sur les raisins et dans les chais, mais résistantes aux autres levures du même type pour ne pas s'entretuer. Bref, comme le résume avec beaucoup d'humour (et un peu d'humeur) Dominique Techer, « ils ont trouvé le moyen de vendre du sable dans le Sahara en nous fourguant ce que nous avions déjà sur nos vignes et dans nos chais et qui faisait la richesse de nos terroirs, tout ça dans un seul but : se faire des couilles en or, en standardisant les vins[5] ».

Le problème, c'est que, pour l'Institut national de l'origine et de la qualité – le gendarme du bon goût

5. Entretien du 22 avril 2015.

et de l'authenticité donc –, seuls ces vins standardisés ont droit de cité dans les appellations d'origine. Par contre, nos vignerons « nature » qui font du vin comme on l'a toujours fait, du moins jusqu'à il y a une quarantaine d'années, se retrouvent systématiquement blacklistés et boutés hors de leur appellation alors même qu'ils sont les plus grands défenseurs de leur terroir. Un comble.

Pour se débarrasser d'eux, l'INAO et ses sbires, les fameux organismes de contrôle, ont trouvé toute une série d'excellents prétextes. Si les vignerons ont pu échapper au couperet de la brigade de la hauteur de l'herbe, ils tomberont immanquablement au champ d'honneur de la dégustation réalisée pour savoir si ces vins vinifiés le plus simplement du monde méritent ou non de se revendiquer de leur appellation.

Car, la plupart du temps, l'INAO, avec l'appui de la clique habituelle qui dirige les syndicats, les interprofessions et les organismes de contrôle, considère que ces vins élaborés sans traitements insecticides ni herbicides, sur des sols sains auxquels ils ont redonné vie à force d'un travail acharné, ne méritent pas de représenter leur terroir.

Pourquoi ? Parce qu'ils n'ont pas le même goût que les vins standard formatés à coups de produits œnologiques !

Comment se passent ces fameuses dégustations ? Jusqu'à récemment, elles étaient faites entre vignerons du coin, qui se retrouvaient autour d'une table et décidaient ensemble qui avait le droit de vivre ou de mourir sans que ces conflits d'intérêts potentiels ne gênent le moins du monde l'INAO[6]. Bref, les membres

6. Dans l'article 3 du décret n° 2001-1163 du 7 décembre 2001 relatif aux examens analytiques et organoleptiques des vins à appellation d'origine contrôlée, il est écrit noir sur blanc que

du syndicat s'arrangeaient la cravate pour les dégustations, et l'INAO couvrait ces pratiques d'un voile pseudo-réglementaire. Une dégustation qui nous avait, en outre, été imposée par nos voisins allemands qui, eux, ont toujours été plus friands que nous de formalisme.

Bon, mais ça, c'était avant. Depuis, il y a eu une réforme, menée d'ailleurs par un visionnaire, René Renou, qui ne comprenait pas justement que les appellations chantres de la qualité et de l'origine soient devenues un couperet pour les bons, alors qu'elles laissaient prospérer les vins technologiques et sans âme à mille lieues, donc, des appellations. Las, le grand homme est mort brusquement en ayant seulement le temps de poser les principes de sa réforme. Comme toujours, c'est la machine qui a repris le dessus. Et tout ce qui avait été imaginé par René Renou pour qu'enfin les contrôles retrouvent un peu de hauteur est parti aux oubliettes. Une usine à gaz supplémentaire a vu le jour, sur laquelle la clique a repris la main. Dès 2007, autant dire au lendemain de la réforme, le vigneron Patrick Baudouin épinglait déjà les problèmes à venir dans un texte visionnaire, « Hold-up aux AOC ». « Force est de constater que jusqu'à présent, ce qui se met en place est avant tout un nouveau cadre juridique, potentiellement destiné à casser en droit l'hégémonie de la gestion “syndicale”. Dans les faits, [...] la mise en place des organismes de gestion

« l'examen organoleptique est effectué par une commission de dégustateurs choisis sur une liste arrêtée par le directeur de l'INAO, sur proposition des syndicats de défense des appellations ». Un article qui reprend à peu près l'article 2 du décret n° 74-871 du 19 octobre 1974 qui stipulait que « cet examen [organoleptique] était organisé sous la responsabilité de l'Institut national des vins et eaux-de-vie, par le syndicat viticole ou le groupement de syndicats viticoles de l'appellation ».

est avant tout un copié-collé syndical. [...] et la majorité productrice des vins de volume est toujours aux manettes des AOC. »

Les organismes de contrôle sont donc toujours aux mains des quelques grands princes qui dirigent le vignoble de France depuis les années 60-70. C'est à cette date que Patrick Baudouin identifie le tournant où « la viticulture majoritaire de volume a pris le pouvoir dans les structures des AOC, depuis les syndicats jusqu'à l'INAO, alors même que ces structures avaient été créées par l'État pour défendre la viticulture minoritaire de terroir. L'État, par intérêt économique immédiat, sensible au clientélisme, par électoralisme, a encouragé cette prise de pouvoir[7] ».

Les dégustations couperets ont donc perduré. Pire. Elles se sont auréolées de pseudo-scientificité. Car pour éviter que ne soit trop visible le fait que des vignerons jugent d'autres vignerons, la nouvelle mouture de la réglementation a favorisé l'appel à des amateurs. Techniciens, œnologues, courtiers, sommeliers et consommateurs avertis sont donc désormais bienvenus. Riche idée ! Oui, mais voilà, c'était la porte ouverte à se retrouver – enfin – avec une pluralité de jugements qui auraient pu – sait-on jamais – favoriser les vins non ripolinés par l'œnologie moderne. Impensable donc. La parade a été vite trouvée. Pour que tous pensent pareil et s'alignent comme un seul homme lors du jugement, il suffisait de les former ! Et de rendre cette formation obligatoire.

Mais qu'apprend-on dans ces formations ? Claire Laval[8], propriétaire du Château Gombaude-Guillot à Pomerol, a voulu en avoir le cœur net. Et s'y est ins-

7. Patrick Baudouin, « Hold-up aux AOC, proposition de bilan de la stratégie éthique de J. Capus », 2007.

8. Et épouse de Dominique Techer...

crite pour comprendre leur fonctionnement. Trop d'amis à elle, très souvent en bio, se retrouvaient éliminés lors de la dégustation. Elle se rend donc à Quali-Bordeaux pour se former durant dix (longues) séances de deux heures. Là, elle comprend enfin. Pas une question sur l'harmonie générale des vins, tout est axé sur leurs défauts. « Il y a un problème, trouvez le défaut ! se remémore-t-elle. Les exercices sont extrêmement rythmés. On vous passe un flacon, il faut le sentir et trouver ce qui cloche le plus vite possible[9]. » Et cette viticultrice de décrire un système pernicieux de quasi-embrigadement où le réflexe du bon élève – ou du collabo sadique, c'est selon – se met en place. « On est presque vexé de ne pas avoir identifié le défaut en premier. On cherche à toute force à en trouver un, relate-t-elle, atterrée. Du coup, les dégustateurs trouvent toujours quelque chose à redire. »

« Plus ça va, plus le défaut est minime, à peine détectable, mais il faut le trouver quand même, poursuit-elle. Du coup, on le traque, on le débusque, et tant pis si ce défaut à peine perceptible se trouve dans le meilleur vin… »

En clair, ces dégustations n'ont fait qu'une chose : valider ce que Patrick Baudouin appelle la « culture hors-sol de la vigne[10] ». Car ce sont ces vins technologiques qui, aujourd'hui, ont le droit de se revendiquer des appellations d'origine.

Quant à nos vins réalisés par les défenseurs du terroir, ils sont immanquablement estampillés défectueux. Et rejetés de leur appellation.

À Pouilly comme ailleurs, on s'est laissé tenter par cette dérive normative. « Le syndicat va convoquer le

9. Entretien du 17 juillet 2012.
10. Patrick Baudouin, art. cit.

jury de dégustation, composé de vignerons, d'usagers du produit et de techniciens, les trois collèges sont nécessaires bien que nous peinions à trouver des usagers du produit [comprendre des consommateurs][11] », reconnaît la présidente du syndicat viticole de pouilly-fumé. En clair, les consommateurs sont – malencontreusement – absents de ces instances... Sait-on jamais, ils pourraient aimer des vins défectueux ! Et Katia Mauroy de convenir que ces spécialistes ès défauts sont le plus souvent « des techniciens et des viticulteurs de l'appellation ». Bien entendu, tous ont « un bagage dégustatif[12] ». Et pour être bien certain qu'ils soient exactement dans la ligne du parti, « les dégustateurs suivent une séance début décembre liée aux caractéristiques du millésime, poursuit Madame la présidente, formation réalisée par un œnologue agréé au cours de laquelle on leur apprend à reconnaître les défauts de l'année. Ils y sont particulièrement sensibilisés ».

Bien entendu, à force de traquer le défaut, à Pouilly aussi, on le trouve.

Comment pourrait-il en être autrement dans un système qui, sous couvert de défendre le terroir, a choisi de défendre les vins technologiques ? Pour les viticulteurs qui tiennent les rênes du pouvoir, reconnaître ces vins au goût naturel – certains les qualifient d'« artistes » –, c'est au fond admettre qu'il est possible de faire de grands vins de terroir sans produits phytosanitaires et sans la myriade de potions magiques. Impensable. Trop d'intérêts sont en jeu.

Il est plus facile d'écarter ceux qui font bien, et qui sont généralement minoritaires. On leur reproche d'ailleurs souvent de refuser la vie collective.

11. Entretien du 30 juin 2015.
12. *Ibid.*

Les intérêts économiques ont bien entendu toujours existé. Ce qui est plus étonnant, c'est qu'un organisme d'État créé pour préserver le terroir fasse à ce point leur jeu…

Au fait, qu'en pense le président du comité national des vins et eaux-de-vie de l'INAO, autant dire le chef des appellations viticoles ? Enfin, qu'en pensait-il lors de l'entretien qu'il m'a accordé le 14 novembre 2013 ? « L'AOC n'est pas un droit, c'est d'abord un devoir. Et le premier de ces devoirs, c'est le respect des contrôles de production. Si on n'est pas content, si on ne s'éclate pas dans ce cadre, personne ne vous oblige à rester. Si certains veulent s'éclater en dehors des AOC, grand bien leur fasse ! »

Le problème, c'est qu'ils aimeraient bien « s'éclater » au sein des appellations, mais cela, le cadre actuel ne le leur permet pas.

28

On achève bien les vignerons

La salle a été préparée comme un tribunal. Ils sont déjà tous là quand il y pénètre. Il prend place derrière sa petite table, sagement, comme un enfant qui s'apprête à être puni. Devant lui, se dresse l'élite des vignerons des plus prestigieuses appellations bourguignonnes ainsi que les apparatchiks de l'organisme de contrôle. Ils le scrutent comme le feraient des procureurs, sans indulgence. Lui est venu seul pour leur faire face. Ce vigneron-négociant qui s'est installé il y a quelques années seulement sur des appellations moins connues de Bourgogne le fait d'ailleurs courageusement. Il défend son cas. Les autres le traitent avec mépris. « Du vin comment vous dites ? Nature ? » se délectent-ils à lui faire répéter en se donnant des coups de coude de connivence. « Nous, on les trouve juste mauvais. » Éclat de rire gargantuesque dans la salle. Notre viticulteur ne se laisse pas déstabiliser pour autant. Imperturbable, il continue son argumentation. Explique que si le goût des appellations est devenu homogène et standardisé, celui de ses vins ne l'est pas. Pourquoi le serait-il ? « Les années sont-elles toujours ensoleillées ? Ne connaissez-vous ni grêle, ni orages, ni sécheresses ? Ni grands ni mauvais millésimes ? s'étonne-t-il. Moi si, parce que mes raisins suivent les aléas de la nature. »

Silence agacé des procureurs. Ils lui demandent de se retirer pour statuer. Que doit-il faire, attendre dans le couloir ? Non. Il sera bientôt tenu au courant de la suite. Qu'il s'en aille maintenant. L'homme subit déjà une procédure renforcée. Comprendre : il est enquiquiné en permanence avec des prélèvements incessants de ses bouteilles par l'organisme de contrôle, des lettres recommandées menaçantes, des descentes des Douanes ou de la Répression des fraudes. Les fonctionnaires, penauds, débarquent d'ailleurs chez lui en lui expliquant qu'ils sont là sur dénonciation.

Sa faute, comme celle d'Alexandre Bain à Pouilly, comme celle de Dominique Derain à Saint-Aubin, comme celle de tous ces grands vignerons partout en France, c'est de vouloir faire du vin au plus près de la nature. Un crime de lèse-majesté qu'ils devront payer puisqu'ils apportent la preuve que les appellations d'origine se sont rangées du côté des vins standardisés, utilisant non seulement des pesticides mais des produits œnologiques pour la vinification.

Dans son *Manifeste pour le vin naturel*, le blogueur rebelle Antonin Iommi-Amunategui parle de « l'opacité officielle du vin industriel[1] » dans lequel il range, hélas, une majorité de vins sous appellation d'origine. Pour lui, si les vins produits naturellement dérangent autant aujourd'hui, c'est que ces vins, « en s'interdisant 99 % […] des additifs et procédés œnologiques autorisés par ailleurs[2] », en faisant « des vins avec du raisin bio et à peu près rien d'autre, jouent la carte de la transparence », pointent en creux que les autres

1. P. 19.
2. P. 9.

en manquent cruellement. Un lobbyiste, Olivier-Paul Morandini, a d'ailleurs décidé de frapper fort en lançant la « transparencyorganicwine », pour obliger les députés européens à adopter un amendement pour savoir (enfin !) ce que nous buvons !

La révolte couve dans les campagnes. De plus en plus de vignerons choisissent de quitter des appellations qu'ils considèrent comme ayant basculé du côté de Dark Vador ! C'est d'ailleurs la voie qu'a choisie Olivier Cousin. Cela faisait pourtant trente-cinq ans qu'il se dédiait corps et âme à la viticulture. Il a tout appris auprès de son grand-père, et ses terres n'ont jamais subi les dérives productivistes des Trente Glorieuses. « Dans le bail qu'il m'avait fait, il était stipulé que je devais cultiver "en bon père de famille[3]". »

« J'avais soixante ans d'écart avec lui. Et je me disais, en regardant faire ses voisins : Si le progrès c'est de détruire en même pas vingt ans le savoir-faire accumulé depuis la nuit des temps, alors je ne serai jamais un homme de progrès ! »

Un jour, un employé de son grand-père est venu le trouver, et lui a dit : « Olivier, toi t'es jeune, tu peux les faire, toi, les traitements avec des têtes de mort ? Je voudrais pouvoir profiter un peu de ma retraite. » Ça a été un déclic. Il s'est dit oui, après tout c'est vrai, pourquoi utiliserait-il des produits avec des têtes de mort ? Il avait choisi de faire vigneron, pas un métier à risque.

Il faut croire que l'on n'est jamais prophète en son pays. Ce refus des pesticides, de l'œnologie moderne, le fait de travailler ses terres avec des chevaux... Tout cela le singularisait un peu trop.

Un jour, il en a eu ras-le-bol d'être regardé de travers et d'être jugé par des viticulteurs qui n'avaient

3. Entretien du 27 août 2014.

aucune estime pour son travail. Il décide de quitter l'appellation. Il ne se reconnaissait pas dans ce cahier des charges trop laxiste à son goût. « On n'est plus du tout dans l'artisanat, on est dans la production de masse. Je suis un artiste, je ne veux pas cautionner ça. » Et de pester non seulement contre les pesticides mais contre l'œnologie moderne qui s'est répandue comme la peste dans les chais : « Cela fait une vingtaine d'années que ça dure. Les dix premières années, il n'y avait pas grand-chose, maintenant c'est devenu délirant : levures, enzymes, sorbate, et c'est cette façon de faire qui a le droit de se revendiquer du terroir[4]. »

Il décide donc que son anjou sera vendu en vin de table. Oui mais voilà, on ne quitte pas impunément l'appellation. Le terme « anjou », Olivier, vigneron sur ses terres depuis trente-cinq ans, n'y a plus droit désormais. Un comble. Il peste contre cette confiscation d'un bien commun, le tout cautionné par l'institut qui est censé représenter les terroirs.

Il a alors voulu les taquiner en mettant AOC pour Anjou Olivier Cousin sur les cartons contenant ses bouteilles. Un joli pied de nez. Qui a été instantanément verbalisé. Et pour 2 802 bouteilles qui avaient osé se prévaloir du terme Anjou, une terre dont elles sont issues, et d'avoir osé parler de « l'éthique de son domaine » – alors qu'il n'avait plus droit à ce terme non plus –, il risquait 37 500 euros d'amende et deux ans de prison. Le voilà accusé de « pratique commerciale trompeuse » et de « présentation de produit faisant croire qu'il bénéficie d'une appellation d'origine contrôlée ». Il est passé en procès. Le tribunal correctionnel d'Angers a rendu, le 4 juin 2014, un jugement équilibré ménageant tout à la fois la chèvre

4. Entretien du 3 juillet 2012.

(ou plutôt les chèvres : INAO et interprofession) en évitant qu'ils ne perdent totalement la face, et le chou (Olivier). Le vigneron était condamné mais dispensé de peine. Les attendus du procès sont d'ailleurs mesurés et drôles : « Olivier Cousin a déclaré, non sans humour, que l'appellation "AOC" signifiait pour lui "Anjou Olivier Cousin". » Le tribunal reconnaît que le vigneron s'est efforcé de « renseigner le consommateur sur les caractéristiques de son vin sans essayer de le tromper ». Il se montre donc clément avec l'accusé et alloue à l'interprofession et à l'INAO... un euro « en réparation de leur préjudice d'image » !

Insuffisant pour le parquet qui a fait appel du jugement. L'INAO et la Fédération viticole d'Anjou se sont (une nouvelle fois) portés parties civiles. La justice n'a semble-t-il pas été convaincue de la gravité du crime, car le verdict a été confirmé par la cour d'appel d'Angers le 22 septembre 2015. « La question du sens des poursuites contre ce vigneron se pose vraiment », tacle Éric Morain, son avocat. Car au départ de cette procédure, « il y a une dénonciation de la Fédération des vins d'Anjou composée de ceux qui dégustent et valident par exemple du mauvais rosé vendu 2,30 euros en grande distribution ». « Qui trompe le consommateur ? interroge l'avocat. Ce procès nous a permis de le savoir. On espère qu'il y en aura d'autres dans d'autres régions. »

« Tu vois bien qu'il n'y a rien à faire avec ces gens-là[5], s'émeut Alexandre Bain. Même quand tu quittes l'appellation, ils trouvent le moyen de t'enquiquiner. » Lui a décidé de se battre en restant à l'intérieur. « Je ne veux pas leur abandonner l'héritage de nos ancêtres. Et qu'eux seuls puissent se prévaloir du terroir, pendant

5. Entretien du 1er septembre 2015.

que nous devrions partir la tête basse et leur abandonner tout ce que nous protégeons et qu'ils détruisent. » Il veut résister. Sauf que depuis qu'il est installé sur ces terres de pouilly-fumé, l'organisme de contrôle n'a de cesse de vouloir qu'il la quitte. Ses vins ont toujours quelque chose qui ne va pas ! « De toute façon, les seules fois où on a le droit de se prévaloir de l'appellation, c'est quand on se débrouille pour leur présenter des vins industriels en leur faisant croire que ce sont les nôtres », s'agace un vigneron d'une autre appellation. « Et encore, parfois, ils sont tellement remontés contre nous que même quand on leur présente des vins industriels, qu'ils ont déjà validés sur le domaine concerné, quand ils viennent les goûter chez nous, les mêmes vins donc, ils leur trouvent un goût… »

Autant dire que la seule échappatoire pour que ces vignerons, qui ne traitent jamais et qui vinifient le plus simplement du monde, puissent rester dans l'appellation, c'est de frauder les contrôles. Absurde.

Pour avoir fait goûter ses propres vins, la sanction n'a pas tardé. « C'est simple, mes vins sont passés la première année, et en 2011, sinon, toutes les autres années, j'ai eu des tracasseries, en 2008, 2009, 2010, 2012… » Épuisant. Parce que l'affaire ne se règle pas en une fois. C'est une visite, puis une deuxième… Puis vous êtes mis sous contrôle renforcé. Dès que vous voulez vendre une bouteille de vos propres vins, il faut sagement lever le doigt et attendre qu'on vous en donne l'autorisation. Un cauchemar. Tout cela assorti de courriers comminatoires dans lesquels on n'a de cesse de vous rappeler vos obligations et ce à quoi vous vous exposez.

« Je suis assez flatté », ironise Alexandre Bain qui, malgré les batailles, n'a pas perdu son sens de l'humour, « ils en font venir du beau monde quand ils viennent contrôler chez moi ! Ils débarquent au minimum à quatre ! Toute la jet-set du syndicat et de l'organisme de contrôle... Tout ça pour un simple paysan qui fait 50 000 bouteilles par an[6] ! »

Malgré son sourire, le rebelle se lasse parfois. Toujours dans la crainte d'un contrôle, d'un courrier ou d'une visite qui peut, à tout moment, le rayer des listes.

D'ailleurs des bruits courent. On lui a fait savoir que certains voudraient qu'il tombe plus rapidement encore. Le syndicat aurait demandé par courrier à l'INAO de Tours de faire appel à la Répression des fraudes et aux Douanes afin qu'ils débarquent dans sa cave.

Bluff ou pas, la menace est là.

Quitte à prendre des risques, Alexandre a décidé de ne plus avoir peur. Sa cuvée Spring 2012, qui n'a pas obtenu l'agrément, il a décidé de la vendre sous l'appellation pouilly-fumé. Et de le faire savoir. « Pourquoi je n'aurais pas le droit de me revendiquer de mon terroir alors que je le respecte, que je n'utilise ni désherbant, ni engrais, ni insecticide, que je ne mets pas toutes ces saloperies de produits œnologiques dans mes cuves ? Moi je devrais sortir de l'appellation, pendant que des sagouins s'en revendiquent[7] ? » s'émeut-il.

La réponse de l'INAO ne s'est pas fait attendre. Rédigée par Jean-Michel Passal, adjoint au délégué territorial, elle souligne que « selon différents articles de journaux publiés, vous auriez fait le choix de commercialiser le volume d'AOC pouilly-fumé 2012 bloqué à la suite de la décision de l'INAO du 12 juin 2014[8] ». Et l'organisme de le menacer d'un « retrait d'habilitation », en clair, d'une expulsion de l'appellation... Au moins temporaire. « Sauf que s'ils me la retirent, ils ne sont pas près de me la rendre », analyse Alexandre

6. *Ibid.*
7. Entretien du 13 avril 2015.
8. Courrier du 15 juin 2015, Jean-Michel Passal, INAO Tours.

avec lucidité. « Et que s'ils ne me la rendent pas, je suis mort[9]. » Jean-Michel Passal n'a pas souhaité répondre à nos questions et nous a conseillé « pour tout sujet d'ordre réglementaire [de les] transmettre au directeur de l'INAO, Jean-Luc Dairien, qui répondra aux règles se rattachant à l'habilitation et aux contrôles des opérateurs dans le cadre de la production sous siqo [le jargon pour dire signe d'identification, de qualité et d'origine][10] ».

Jean-Luc Dairien s'est ainsi acquitté d'une explication du système de retrait et ne s'est en effet pas montré très rassurant sur la possibilité de récupérer son habilitation une fois celle-ci retirée. Quand on lui demande si cette dernière peut être définitive, il répond : « Tous les cas de figure existent. Cela dépend de la gravité ou du décalage qu'il y a face au cahier des charges[11]. » Puis, plus explicite encore : « Cela dépend si c'est la première fois, la deuxième, la troisième, auquel cas on finit par se dire que c'est volontaire. » Et punir sévèrement le contrevenant qui décidément ne veut pas se plier à la règle.

« Personne n'oblige un viticulteur, un producteur de lait, un fabricant de fromage, à faire un fromage, un vin ou un produit quel qu'il soit en appellation d'origine, il l'a choisi en connaissant les règles du jeu puisqu'elles ont été fixées par lui et ses pairs ou les pères de ses pairs, avance Jean-Luc Dairien. Sinon on fait autre chose. »

Au syndicat de pouilly-fumé, on est sur la même ligne que l'INAO. Et la présidente, Katia Mauroy, de répondre sans se démonter : « L'opérateur [comprendre le vigneron] remplit un engagement et accepte de se soumettre

9. Entretien du 17 juin 2015.
10. Mail du 6 juillet 2015.
11. Entretien du 14 septembre 2015.

à des contrôles, d'en assumer les frais et de respecter le cahier des charges de l'appellation », égrène-t-elle, inflexible. « Personne n'est pris en traître, et si cet état de fait ne convient pas au viticulteur, libre à lui d'aller faire du vin autre que du vin d'appellation », tacle-t-elle, ajoutant d'un air de défi : « En lui souhaitant d'être suffisamment costaud financièrement[12]. »

Christian Paly, président du comité national des vins et eaux-de-vie de l'INAO, ne disait pas autre chose quand il acceptait encore de répondre aux journalistes : « S'il y a des garde-fous, c'est qu'il existe des fous. Si on n'est pas content du fonctionnement des AOC, personne ne vous oblige à y rester[13]. »

Et c'est bien là qu'est l'enjeu : aujourd'hui, ce sont ces gens-là, incarnation de la norme, qui sont majoritaires et tiennent les rênes des appellations de terroir. Les vignerons attachés aux traditions sont perçus comme des empêcheurs de cultiver en rond, minoritaires, donc n'ayant pas voix au chapitre.

Le 15 septembre 2015, alors qu'Alexandre se préparait pour ses vendanges, s'affairant en tous sens pour réussir ce qui doit être le point d'orgue de son année, la sentence de l'INAO est tombée, comme un couperet. Par lettre recommandée, Jean-Michel Passal lui a signifié sa « décision définitive de retrait d'habilitation ». Le vigneron qui cultive au plus près de sa terre est donc bouté hors les murs, avec obligation, sous peine d'être poursuivi pour tromperie du consommateur, de ne plus faire allusion à son terroir.

Une décision qui est plus qu'un désordre ou une injustice : un scandale qu'Alexandre est décidé à contester par tous les moyens juridiques à sa disposition.

12. Entretien du 30 juin 2015.
13. Entretien du 14 novembre 2013.

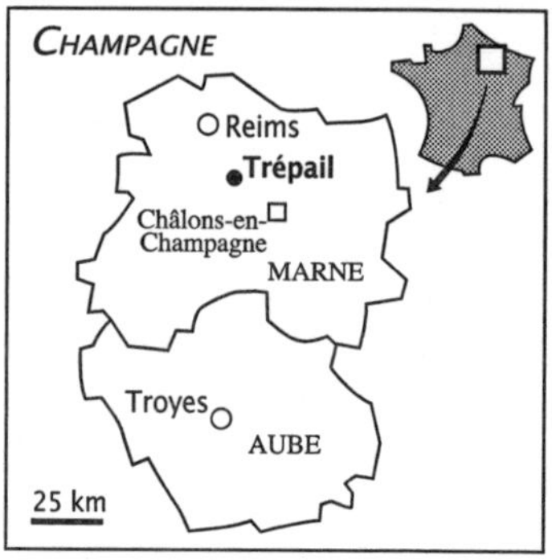

29

L'estocade finale : le contrôle aval de la qualité

Glissons-nous un instant dans la peau de nos fiers vignerons respectueux de la nature et des méthodes ancestrales de vinification. Les plus chanceux d'entre eux auront réussi à réchapper du contrôle tatillon de la brigade de la hauteur de l'herbe. Puis seront passés entre les gouttes de l'agrément qui leur permet (ou non) de se prévaloir de l'appellation. D'autres, au contraire, auront subi tous ces contrôles de plein fouet, et enduré lettres recommandées comminatoires, convocations devant commissions *ad hoc,* et autres déclassements qui les auront mis dans des situations économiques très difficiles.

C'est déjà lourd à supporter. Pourtant, ce n'est pas tout. Une fois passées toutes ces étapes qui sont autant de sauts d'obstacles, il reste encore une ultime épreuve à subir.

On pensait, benoîtement, que le client était apte à savoir ce qu'il achetait. Mais nous avions tort. Les membres des nombreuses commissions savent mieux que nous ce qui est bon pour nous.

Et, dans leur toute-puissance, elles sauront remettre tous les récalcitrants dans le droit chemin.

Un cauchemar ? Oui.

Cet après-midi-là, il a quitté son prestigieux cabinet des beaux quartiers de Paris pour prendre la petite voiture de sa femme et rouler à vive allure jusqu'à Trépail, dans la Marne, en Champagne. Éric Morain est souvent sur les routes depuis qu'il est devenu l'avocat des vignerons qui ont décidé de se battre et de ne plus attendre en souriant que le couperet tombe.

En quelques années à leurs côtés, il en aura arpenté des routes de campagne, sous la pluie, dans la neige, ou au contraire en plein cagnard estival.

C'est l'automne, le froid commence à pincer et la vigne a revêtu une couleur chatoyante. Il s'y arrête un instant, admire le paysage, puis, muni de sa sacoche en cuir vert foncé, part soutenir un autre vigneron.

David Léclapart est un homme heureux, toujours souriant, toujours détendu, fan de yoga et de méditation. Petit-fils et fils de vignerons, il a repris les terres de son père mort prématurément. David est persuadé que ce sont les pesticides qui lui ont coûté la vie. C'est d'ailleurs le choc de son décès qui l'a décidé à convertir le domaine en bio. Il en avait assez de ces traitements phytosanitaires. Il a étudié dans les livres, suivi des cours, expérimenté, s'est parfois trompé. Il se souvient de cette première récolte perdue et des yeux effarés de sa mère devant des attaques fatales de mildiou qu'il avait décidé de combattre sans produit chimique. « J'ai tâtonné, et d'année en année, je me suis perfectionné, j'ai progressé, aussi bien dans la vigne que dans la cave[1] », constate David, toujours serein. Cet homme-là adore son métier, qu'il fait avec passion. Une

1. Entretien du 9 octobre 2014.

passion qu'il a su faire partager puisque ses champagnes sont sur les plus grandes tables. Au Noma, au Celler de Can Roca respectivement « Meilleur restaurant du monde » du classement – certes décrié mais ausculté avec fébrilité chaque année – du magazine *Restaurant* 2010, 2011, 2012, 2014 pour le premier, et 2013, 2015 pour le second.

Devant une telle réussite, on suppose que le vigneron reçoit les félicitations de l'interprofession locale ? Non. Au contraire. David, comme tous ceux qui travaillent au plus près de la nature, est harcelé à longueur de temps. Ils arrivent le plus souvent – mais pas toujours – à décrocher leur appellation champagne, ce qui est crucial dans cette région, car ceux qui ne la décrochent pas voient leurs vins partir en vinaigrerie ou en distillerie. Il n'existe pas de vin de France, donc de solution de repli pour les vignerons champenois. Autant dire que vu le prix d'achat ou de location des terres, se retrouver avec une vendange qui part en distillerie, c'est la mise à mort assurée.

Pour autant, quand on a réussi à passer cet obstacle-là, il en reste encore un : la commission de contrôle aval de la qualité, c'est son nom.

Cette commission inonde chaque année les plus grands vignerons de Champagne de lettres qui les touchent en plein cœur puisque leur formulation, éminemment pernicieuse, insiste en général sur les défauts rédhibitoires de leur vin, leur insuffisance qualitative, et conclut toujours par cette même phrase : « Nous comptons sur votre attachement à la qualité qui justifie la notoriété et le prestige des vins à appellation d'origine contrôlée champagne pour y remédier ! »

Autant dire que ces hommes qui portent si haut les couleurs de cette région dans le monde entier sont priés de revoir leur copie car, selon les autorités compétentes qui les chapeautent, ils feraient honte à la Champagne. « Les courriers sont rudes, il s'agit tout de même de leur mettre une petite pression[2] », reconnaît Dominique Moncomble, directeur technique du Comité Champagne.

Nous sommes en 2014. David Léclapart en est, pour cette seule année, à son quatrième courrier. Les deux premiers émanent de la fameuse commission dirigée par Carole Duval-Leroy[3], de la maison Duval-Leroy et Sylvère Massin[4]. Mais à partir du troisième courrier, c'est l'interprofession qui reprend la main, en l'occurrence le directeur général de l'époque, Jean-Luc Barbier, qui se fend de deux autres courriers, le dernier daté du 23 juillet 2014. Il se veut tour à tour paternaliste – « Nous prenons note de votre refus d'exprimer votre position sur l'origine de l'insuffisance qualitative rédhibitoire qui a été constatée lors des deux dégustations distinctes effectuées sur l'un de vos vins

2. Entretien du 14 octobre 2015.

3. Sollicitée par mail le 3 septembre 2015 à propos du fonctionnement et de la composition de la commission aval de la qualité qu'elle préside, Mme Duval-Leroy m'a répondu, par retour de mail daté du 15 septembre 2015, « qu'il s'agissait d'un sujet qui concern[ait] la Champagne tout entière » (alors même que mon questionnement ne concernait que le fonctionnement de cette commission). Et que ce faisant, et « afin que [je] puiss[e] approfondir ces questions, [elle] déléguait en toute confiance au Comité Champagne le soin de répondre à [mes] interrogations et [me] remercie pour l'intérêt que [j'accorde] à ce sujet important ».

4. Sollicité lui aussi par mail le 3 septembre 2015, M. Sylvère Massin m'a répondu par mail le 16 septembre 2015 : « La commission suivi aval de la qualité fait partie des activités de l'interprofession et je vous remercie de bien vouloir vous adresser directement au CIVC qui répondra volontiers à vos questions », autant dire, comme son auguste consœur : courage, fuyons !

et de communiquer les mesures que vous envisagez de prendre pour y remédier. Nous regrettons un tel comportement » – puis menaçant – « Un nouveau prélèvement et une ou, le cas échéant, deux nouvelles dégustations de l'un de vos vins seront effectués prochainement. »

Bien entendu, les nouvelles dégustations ont été aussi désastreuses que les précédentes et David a donc été sommé de se justifier le 9 octobre 2014 devant les maîtres de la Champagne que sont Dominique Moncomble, directeur technique et environnement du Comité Champagne (CIVC), et Jean-Luc Barbier, directeur général de l'interprofession de l'époque.

Si les courriers somment les vignerons de rentrer dans le droit chemin, agitent des menaces, ils n'expliquent jamais clairement les risques que les viticulteurs encourent.

Il en est de même pour ce conseil de discipline auquel David sait qu'il doit se plier mais dont il ignore tout. Le mystère plane sur l'étendue du pouvoir de ces représentants « incontestables » de l'autorité viticole. Jusqu'où peuvent-ils aller ? D'ailleurs, quand David cherche à le savoir, on se garde bien de le lui dire. On lui fait juste comprendre qu'il risque gros.

Inquiet, le vigneron décide de faire appel à Éric Morain. Grand bien lui en a pris, car il faut au moins être juriste pour s'y retrouver dans les textes abscons de l'interprofession. Textes d'ailleurs qu'il faut batailler pour obtenir.

Pour mieux cerner cette énième commission, cette fameuse commission aval de la qualité, et comprendre l'étendue de son pouvoir, plongeons-nous dans les méandres des textes rédigés par l'interprofession locale. Pour y débusquer le Saint-Graal : la décision n° 181, rédigée à Épernay le 20 juillet 2012 par les présidents du Comité interprofessionnel du vin de Champagne (de l'époque), Pascal Férat et Ghislain de Montgolfier, prise avec l'approbation du commissaire du gouvernement Michel Guillot qui, enfin, nous dévoile un pan du système.

Il faut déjà au préalable avoir ingurgité une fastidieuse énumération de textes législatifs sur lesquels repose la création de ladite commission agissant sous l'égide de l'interprofession, elle-même créée par la loi du 12 avril 1941, en pleine période « glorieuse » donc !

On y apprend que « des dégustateurs experts » sont « désignés par le bureau exécutif ». Qu'est-ce que cette fameuse instance ? Il s'agit, selon Charles Goemaere, le directeur juridique du Comité Champagne, du « conseil d'administration de l'interprofession, nommé par le ministre de l'Agriculture sur proposition des syndicats[5] ». Ce bureau va donc nommer des dégustateurs[6]. Pour s'assurer de « leur compétence et de leur expérience[7] », ces derniers devront suivre au préalable une formation *ad hoc.* Nos vignerons seront donc jugés par des gens d'expérience – formés pour l'occasion ! –, qui seront nommés, comme toujours, par la même clique qui détient les codes du bon goût.

Mais la décision portant création de ce comité devient vraiment intéressante à partir de son article 7 jusqu'à son article 10. Y sont décrits alors précisément

5. Entretien du 14 octobre 2015.

6. Dans l'entretien qu'il m'a accordé le 14 octobre 2015, Dominique Moncomble m'a assuré que des vignerons ayant reçu ces courriers avaient émis leur souhait de participer à ces dégustations et que leurs requêtes suivaient leur cours…

7. Article 3.

les rouages capables de broyer les rebelles à partir du moment où les dégustateurs attitrés auront débusqué ce qu'ils nomment une « anomalie qualitative ». D'abord les courriers (article 7), puis la mise sous surveillance (article 8) engendrant un audit complet des pratiques du vigneron. Si ces brimades s'avéraient insuffisantes, la commission s'octroie le droit face à des « anomalies qualitatives persistantes » (article 9) de saisir « la commission permanente qui délibère sur les mesures les plus appropriées à prendre pour mettre fin à cette situation ». Pourquoi ? Comment ? Qui compose la commission permanente ? Le texte ne le dit pas, mais on sent que l'heure est grave.

Enfin, l'article 10, sobrement intitulé « Sanctions », explique qu'« en cas d'inobservation d'une disposition à caractère obligatoire de la présente décision, le professionnel contrevenant est passible de l'une des sanctions prévues à l'article 11 de la loi du 12 avril 1941 susvisées ».

Loi qu'il faudra retrouver puisque les sanctions y font certes référence mais qu'elle n'est pas citée dans le corps du texte. On cherche alors le fameux article 11 de la loi du 12 avril 1941 modifié par loi n° 2006-11 du 5 janvier 2006, art. 53 (V) – *JORF*, 6 janvier 2006 – pour savoir ce qu'encourent nos vignerons.

Et là on apprend que « tout manquement est passible d'un avertissement ou d'une sanction pécuniaire, dont le montant, proportionné à sa gravité et à l'avantage éventuel qui en a été tiré, ne peut excéder le tiers de la valeur des raisins, moûts ou vins en cause ou, à défaut, la somme de 80 000 euros ».

Il aura donc fallu trouver cette décision portant création de cette commission *ad hoc*, puis débusquer la loi à laquelle elle fait référence – loi adoptée sous le régime de Vichy, soit dit en passant –, pour enfin comprendre ce que risquait David Léclapart ce jour-là.

L'arme nucléaire pouvait donc s'abattre à tout moment sur ce viticulteur qui produit chaque année 15 000 bouteilles seulement.

30

Le conseil de discipline

Le jour J arrive enfin. Nous sommes le 9 octobre 2014. L'angoisse est à son comble. David Léclapart attend anxieusement la visite du directeur général de l'interprofession et du directeur technique.

Soucieux de son avenir, il a demandé à son avocat, Éric Morain, ainsi qu'au président des vignerons bio de Champagne, Vincent Laval (lui-même accompagné d'un autre viticulteur), d'être présents à ses côtés.

« Ne jamais rester seul face aux parodies de justice, les bourreaux hésitent toujours un peu plus à faire tomber la lame quand ils exécutent en public[1] », ironise l'avocat Éric Morain.

Jean-Luc Barbier et Dominique Moncomble paraissent surpris de ce « petit comité d'accueil ». Bouche pincée, poignée de main ferme, ils s'assoient autour de la table, fort mécontents, semble-t-il. Jean-Luc Barbier tient un épais dossier dans ses mains, sans doute toutes les lettres de manquement et autres analyses qu'ils ont fait subir aux vins de David. Mais quand l'avocat se présente, le grand directeur général

1. Entretien du 9 octobre 2014.

de la prestigieuse appellation champagne dissimule, comme le ferait un enfant, le dossier à l'arrière de son siège. Éric Morain s'en amuse : « C'est un tribunal factice, avec tous les oripeaux de la justice. Sauf que lorsqu'ils ont affaire à un professionnel, ils abandonnent cette comédie dont ils savent qu'elle n'a aucune valeur juridique. On est dans de l'intimidation pure et dure[2]. »

Sur la table, David a disposé de petits verres Duralex, dans lesquels chacun peut se servir d'un peu d'eau de source Montcalm. Il n'a pas souhaité servir son champagne. « Selon vous, il ferait honte à mon appellation à cause de défauts rédhibitoires, je n'allais pas pousser la provocation jusqu'à vous en offrir[3]. »

Les seigneurs baissent soudain la tête comme de petits garçons pris les doigts dans le pot de confiture.

« Voyez, nous sommes venus en amis, sans même un stylo ni le moindre papier », ose le directeur général Jean-Luc Barbier, tout en se tortillant sur sa chaise.

Le directeur technique, Dominique Moncomble, se décide à prendre la parole. « Je m'aperçois que vous avez une mauvaise perception du suivi aval de la qualité, il va falloir que je vous l'explique afin de diminuer certains fantasmes. » Il prend un air d'homme responsable, un peu méprisant, pour s'adresser à ces viticulteurs décidément bien trop suspicieux.

S'ensuit un long – très long – exposé sur les mérites de ce fameux suivi de la qualité que le monde entier nous envierait. « Depuis que l'on fait quelques visites dans le vignoble, on tombe, systématiquement, sur des vignerons qui nous disent : "Le système est vachement bien fait." » Puis, s'adressant directement à David Léclapart sur un ton condescendant : « Tu dois prendre

2. Entretien du 25 mars 2015.
3. Entretien du 9 octobre 2014.

comme un service appréciable ce qu'on fait pour toi aujourd'hui et cette mise sous surveillance que tu devras subir pendant les deux années qui viennent. » « Et ceux qui n'accepteraient pas d'être surveillés ? interroge l'avocat. » « Il n'y en a pas ! » lâche dans un souffle le directeur général, soudain tranchant. « Personne ne peut refuser. »

David en profite pour ressortir tous les courriers qu'il a reçus l'enjoignant à revoir ses méthodes de vinification et le menaçant de sanctions.

Et là, surprise, le directeur technique, autant dire le ponte de la Champagne, lui répond en lui tapant sur l'épaule : « Mais ne tiens pas compte de ça ; ce n'est pas parce qu'il y a quelques dégustateurs qui ont trouvé un petit défaut... Bon, il est marqué "défaut rédhibitoire"... Et alors ! Bien sûr qu'il n'y aura pas de sanction contre toi et que tu ne risques rien. » Puis il se tourne vers le directeur général pour obtenir son assentiment. « Mais non, pas de problème », répond l'autre. L'avocat leur met sous les yeux l'article 11 de la loi du 12 avril 1941 qui stipule que David risque jusqu'à 80 000 euros d'amende. Les deux compères prennent un air très étonné et font mine de découvrir cet article. « Mais non, enfin, fais-nous confiance, il n'y aura pas de sanction ! »

« Mais alors, interroge Vincent Laval, président des vignerons bio de Champagne, pourquoi sommes-nous réunis ici aujourd'hui ? Pourquoi David est-il convoqué à ce conseil de discipline ? Pourquoi a-t-il reçu cette kyrielle de courriers menaçants ? Et enfin, pourquoi vous, les deux grands patrons, en charge de l'appellation champagne qui sort plus de 300 millions de bouteilles chaque année, vous êtes-vous déplacés chez un vigneron qui vend 15 000 bouteilles par an ? »

Silence gêné des deux cadors. « On aime bien venir à la rencontre de nos vignerons », osent-ils.

Puis ils proposent comme ça, incidemment, à ces fortes têtes de réfléchir à sortir de l'appellation d'origine champagne pour s'éviter ces menus désagréments dans le futur... En clair, si vous ne voulez plus être embêtés, déguerpissez.

« Hors de question, vitupère Vincent Laval, nous sommes fiers d'être champenois, nous respectons notre terroir mieux que quiconque, nous ne vous abandonnerons jamais notre héritage. »

« C'était juste une idée », siffle Dominique Moncomble qui se lève et salue chaleureusement David et toute l'assemblée. « On rediscutera de tout cela ensemble », puis, d'un ton gentiment paternaliste, leur intime de « cesser de [se] prendre pour des martyrs ». « Les prélèvements sont vraiment faits au hasard, alors sortez de votre tête toute idée de ciblage, de complot, d'un quelconque désir de notre part de vouloir vous faire fuir de l'appellation, ça ne tient pas la route. »

À en croire ces deux grands notables, les vignerons authentiques, dont Dominique Moncomble assure qu'ils « font de très bons vins et qu'ils ont pignon sur rue[4] », se sont fait des idées, voilà tout. Tout finit donc bien dans le meilleur des mondes.

Sauf qu'une heure après, les mêmes grands seigneurs qui s'étaient montrés si conciliants en face de l'avocat ont téléphoné à David Léclapart qu'ils pensaient à nouveau seul. Et là, la pression a recommencé. Il allait payer cher sa petite comédie d'aujourd'hui, il n'avait pas intérêt à médiatiser son affaire. Il était temps qu'il rentre dans le rang, et qu'il arrête de faire du foin. Sinon, des surprises l'attendaient !

---

4. Entretien du 14 octobre 2015.

Et pendant que ces seigneurs déploient leur énergie à faire rendre gorge aux petits vignerons, les grandes maisons de Champagne continuent, elles, leurs achats de terres à l'étranger, en Russie, aux États-Unis et en Angleterre, pour faire un ersatz de champagne…

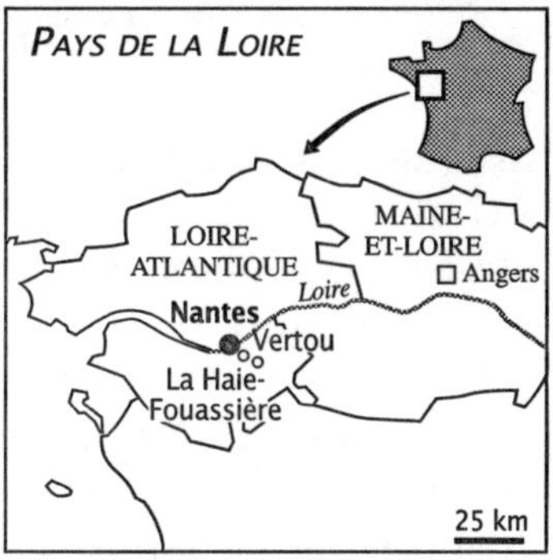

31

Astérix en pays nantais

« Il faut retrouver une adéquation entre le produit et son marché. [...] Une appellation, ce n'est pas un musée, une œuvre qu'on expose et qu'on reproduit en copie ! »

À votre avis, qui tient ce genre de discours ? Le grand patron d'une multinationale ? Le secrétaire d'État américain en charge des négociations du traité transatlantique qui veut faire sauter notre système de protection du terroir ?

Non.

L'homme qui prend soin d'expliquer dans un grand quotidien national[1] que le « muscadet est une vieille appellation », qu'il est donc urgent de mettre au goût du jour, ou plutôt à celui du marché, n'est autre que Jean-Luc Dairien, le directeur de l'Institut national de l'origine et de la qualité en personne. Autant dire celui qui est censé être le gardien du temple.

« Il est mûr pour aller travailler chez Danone ou chez Nestlé, celui-là », tempête un vigneron en lisant l'inter-

1. *Le Parisien*, 15 mars 2015, entretien réalisé par Bérangère Lepetit.

view que le directeur de l'INAO a donnée au *Parisien*. « Il devrait être le garant de la tradition. Comment peut-il prononcer de telles phrases et se soucier si peu de sa mission ! »

C'est que sa mission, Jean-Luc Dairien n'en a pas tout à fait la même image que celle que s'en font les vignerons de muscadet. Droit dans ses bottes, il évoque l'appellation comme une « histoire avant tout de professionnels » répondant à des « objectifs économiques[2] ». Bref, il faut aller à la pêche aux nouveaux clients, et changer son fusil d'épaule. Mais ce prêche n'est-il pas un peu étrange dans la bouche du directeur de l'institut garant de la tradition et du lien au terroir ? Non ! On est finalement assez cool à l'INAO : « Si les producteurs veulent évoluer, il faut seulement qu'ils expliquent que la typicité évolue », avance doctement le directeur. Comme dans l'agroalimentaire en fait ? Oui. « Que vous soyez dans une industrie ou dans une indication géographique, le fonctionnement du dispositif est le même. » D'ailleurs, ce qui est « vrai pour un produit industriel, ou un service, l'est aussi pour un produit de terroir ». Et tant pis pour l'image d'Épinal.

Autant dire que les défenseurs du terroir devront trouver ailleurs qu'à l'INAO un soutien. Un coup dur pour ces artisans si farouchement attachés à leur appellation détenue depuis 1937 et si fiers de leur cépage unique, le melon de Bourgogne. Enfin, le melon de B depuis qu'un fonctionnaire trop zélé s'est ému de la possible confusion entre le cépage éponyme et la région viticole. « J'ai beau faire partie du comité national de cet institut depuis 1998, soupire Gérard Vinet, viticulteur à La Haie-Fouassière, je ne comprends pas toujours leurs décisions[3]. »

2. Entretien du 14 septembre 2015.
3. Entretien du 3 avril 2015.

Melon de B ou de Bourgogne, ces vignerons sont infiniment attachés à leur cépage. Aussi leur surprise a-t-elle été grande quand, un matin de février 2015, en ouvrant la gazette locale, ils ont appris que la recette du muscadet allait être modifiée. « Le syndicat de défense de l'appellation se proposait d'y adjoindre un autre cépage, le colombard, censé être plus aromatique. Et ce, sans même avoir eu la courtoisie de prévenir les vignerons du coin[4] », s'émeut le viticulteur Thierry Martin.

Mais au fait, à quoi devait-on cette ferveur nouvelle pour un cépage qui n'avait pas droit de cité jusque-là ? Le parachutage était en fait, selon la majorité des vignerons, téléguidé par les deux gros mastodontes du négoce qui, sur cette appellation, pèsent plus de 65 % des volumes et qui avaient envie de faire sur ce beau terroir du vin aromatisé qu'ils espéraient avoir plus de facilités à placer auprès de la grande distribution.

« Qu'ils fassent du vin de marque ! Mais qu'ils ne viennent pas dénaturer notre appellation ! Les négociants ne voulaient pas de l'appellation en 1937, et maintenant, ils veulent la flinguer de l'intérieur en modifiant notre cahier des charges pour faire des vins sans identité ! s'exclame ce viticulteur. Comment l'INAO peut-il rentrer dans ces magouilles ? »

Jo Landron, qui porte haut les couleurs du muscadet depuis des années, n'en démord pas : « Cela fait trente ans qu'il existe des vins de marque aromatisés, et ces gens maîtrisent entièrement leur marché. Pourquoi diable nous pousser à les copier[5] ? »

Mais ces Astérix-là sont bien décidés à ne pas se laisser écraser ni à abandonner leur héritage.

4. Entretien du 3 avril 2015.
5. *Ibid.*

Jérémie Huchet, Jo Landron, Rémi Branger et une poignée de vignerons décident de faire le tour de tous les domaines de leur appellation pour expliquer cette réforme et faire signer une pétition pour s'y opposer. « En trois jours, on a récolté 150 signatures[6] », se remémore Jérémie Huchet avec fierté. Puis ils ont organisé des réunions pour expliquer sans relâche et mobiliser les troupes. « Tous les amoureux du muscadet étaient là, se souvient Jérémie. On s'est retrouvés autour de la table, on voulait tous faire vivre notre appellation. On s'est dit qu'il était beau, le muscadet composé de ces hommes et ces femmes viscéralement attachés à leur terroir. »

Le syndicat leur a bien dit qu'ils ne représentaient rien. Et qu'ils n'avaient pas leur mot à dire. « Alors qu'on comptait parmi nous plus d'un tiers des vignerons et la moitié du vignoble en surface[7] », s'enflamme Jérémie Huchet.

C'est d'ailleurs pour cela qu'ils ont réagi aussi vite. Ces grands réformateurs ont aussitôt enterré le colombard ! Non sans avoir pris un air docte pour leur expliquer quelle erreur fatale ces fortes têtes commettaient. Après avoir reconnu « un léger défaut de communication[8] », Gérard Vinet[9], le président de l'interprofession InterLoire, mais aussi membre du comité national de l'INAO, explique qu'il est urgent de se moderniser, suivant l'adage selon lui imparable que « quand un chou est gelé, l'autre n'est pas loin ». En clair, précipitez-vous sur le colombard, ou sinon, vous coulerez tous ensemble. Puis, voyant que l'argument de la modernité

6. Entretien du 19 mars 2015.

7. Entretien du 3 avril 2015.

8. *Ibid.*

9. Pour ceux qui ont lu *VinoBusiness*, mon ouvrage sur les méandres du Bordelais, Gérard Vinet faisait partie de la fameuse commission indépendante du classement de Saint-Émilion.

nécessaire ne semblait pas porter, il change immédiatement son fusil d'épaule. Et ce cépage qu'il vous a vendu de longues minutes durant comme la modernité même, devient, au détour d'une phrase, un cépage de tradition. Il croit même se souvenir que « son grand-père en avait vu dans le coin ».

Il esquisse un sourire, et conclut par un savant inventaire dont les politiques ont le secret. « J'ai toujours pensé que les choses ne changeraient pas, et je me suis trompé. Je pensais que quand on avait un chai c'était pour la vie, j'ai vite déchanté. J'ai pensé que le muscadet se vendrait toujours bien, et on a eu des périodes difficiles. Il faut savoir s'adapter, notre faiblesse serait de ne pas le faire. »

La question n'est pas de refuser la modernité, mais de comprendre pourquoi, chez ces apparatchiks, s'adapter est toujours synonyme de nivellement par le bas ?

D'autant que cette appellation a fait preuve justement de beaucoup de courage, en se retroussant les manches, il y a vingt-cinq ans maintenant, en cherchant notamment à faire naître des crus communaux, autant dire de grands crus au sein de l'appellation. Les vignerons s'attellent à la tâche en 1990. Il faudra attendre onze ans pour que l'INAO reconnaisse l'intérêt de leur travail et accepte de se pencher dessus. Onze ans pour reconnaître la qualité, et quelques semaines seulement pour la défaire quand le négoce le demande. Ce n'est pas fini. Car la quête du terroir est un travail de longue haleine. Il a fallu analyser les sols, délimiter les parcelles, comprendre, tout simplement. Heureusement, à partir de 2002, les viticulteurs ont reçu l'aide d'un ingénieur agricole passionné en la personne de Romain Mayet, un Savoyard tombé en amour pour les vignes du muscadet. Il faut l'entendre en parler, et rêver d'ailleurs de devenir vigneron ici pour comprendre son attachement à ces terres.

Ce travail collectif a payé, puisque, en juillet 2011, l'INAO a reconnu trois crus communaux, que sont clisson, gorges et le pallet, et s'apprête à en accepter quatre autres pour 2016 : le goulaine, le monnières-saint-fiacre, le château-thébaud ou encore le mouzillon-tillères. Après ce sera le tour de la haie-fouassière et de vallet.

« Il faut prendre le temps, explique Romain Mayet, car l'AOC n'est pas une marque, les démarches sont longues, il faut rester humble, et repartir de l'humain et du terroir[10]. »

« Je suis tellement heureux que ce jeune ingénieur qui nous accompagne tienne ce discours », m'explique ce viticulteur impliqué depuis le début dans ces démarches de qualité. « Ce que j'aimerais, c'est que le comité vin de l'INAO le tienne aussi. » Puis de se désoler : « La seule chose que m'aient demandée les membres de la commission d'enquête pour décider de nous accorder ou non le droit de travailler sur les quatre appellations communales suivantes, c'était de savoir si les trois premiers crus "marchaient" économiquement. Il fallait que je leur fournisse une preuve sonnante et trébuchante de notre réussite. »

Il secoue la tête d'un air navré. « Je leur ai répondu qu'on était en train de construire l'avenir, l'installation de nos enfants et de nos petits-enfants. J'avais l'impression qu'on ne parlait pas la même langue. Comment ces gens-là peuvent-ils manquer à ce point d'ambition ? »

10. Entretien du 3 avril 2015.

32

La traîtrise des notables

Récapitulons. Brigade des coupeurs d'herbe, escouade des dégustateurs amont et aval, quand la charmante équipe des contrôleurs mandatés par l'INAO se lance à vos trousses, elle ne semble animée que par un seul but : ne plus voir qu'une seule tête, que rien ne dépasse, et que le vin soit homogène, standard et, surtout, reproductible à l'envi. Autant de préoccupations qui sont loin, bien loin de la protection des terroirs et de l'authenticité censée être la mission d'origine de l'institut.

Les modernes obsessions de cette noble institution concernant le vin ressemblent d'ailleurs à s'y méprendre au mantra de l'industrie agroalimentaire.

C'est d'ailleurs ce que beaucoup de vignerons lui reprochent.

L'INAO semble avoir pris un tournant fatal dans les années 70. Le succès économique des appellations aurait, en quelque sorte, entraîné leur perte. Tout le monde voulait y entrer et faire « pisser la vigne ». Une augmentation des rendements rendue possible grâce à l'agriculture productiviste. Engrais, pesticides, herbicides, soit les trois temps de la danse macabre des produits phytosanitaires. Sur 3 % de surface agricole utile, la viticulture en utilise 20 %. Ça tombe bien, on ne cherche pas les résidus de pesticides dans le vin, puisque sur ce nectar il n'y a pas de limite maximale de résidus. Ce n'est pas tout.

Les viticulteurs se servent de plus en plus d'une nouvelle arme fatale, les produits œnologiques, pour camoufler la piètre qualité de certains de leurs vins. Là encore, le vin jouit d'une incroyable exception puisque le viticulteur peu scrupuleux n'aura aucune obligation de signifier la présence de ces poudres de perlimpinpin sur l'étiquette. Autant dire que ce que l'on impose à n'importe quelle boîte de cassoulet, on ne l'exige pas du vin. Forcément, avec de pareilles recettes, la réussite des AOC viticoles a fait long feu. Les rendements sont heureusement revenus récemment à davantage de raison. Mais les produits sont toujours là, valorisés même !

Dans un récent documentaire, *Vins français, la gueule de bois*[1], Donatien Lemaître a ainsi sollicité le directeur de l'INAO pour qu'il donne son avis sur ces produits œnologiques. Le journaliste était venu lui rendre visite dans son bureau avec un chariot de ménagère chargé de la vingtaine de produits les plus fréquemment utilisés dans les vins français. Le directeur est resté impavide. Se drapant dans ce qu'il voulait être une posture scientifique, Jean-Luc Dairien s'est moqué de ce qu'il considérait être la vision passéiste de tous ces vignerons qui refusent ces produits, « ou alors, on décide que les vins d'appellation d'origine sont des vins de musée, je ne suis pas sûr que vous trouveriez agréables les vins qu'on buvait à l'époque de Louis XIV ». En clair, les anciens étaient

1. *Spécial Investigation*, Canal+, produit par Capa, écrit et réalisé par Donatien Lemaître, diffusé le 23 mars 2015.

des abrutis, heureusement l'œnologie moderne a débarqué dans les chais, pour faire des breuvages homogènes et standardisés...

L'ennemi numéro 1 du comité des vins aujourd'hui, c'est le défenseur de l'histoire. Et si l'institut s'attaque aux vignerons du muscadet en essayant de leur faire accepter aux forceps un cépage qui n'a rien à voir avec leur terroir pour plaire au sacro-saint marché, dans le même temps, il enquiquine le vigneron alsacien Jean-Michel Deiss avec son cépage chasselas auquel il est si attaché.

« Ils auraient voulu que je mette un genou à terre. Ils m'ont dit : "On veut bien que tu fasses ce que tu veux, mais le chasselas quand même, le chasselas, c'est pas possible Jean-Michel." Je leur ai répondu ceci : "Dans l'alphabet il y a la lettre Z, elle ne sert presque à rien. Le chasselas rose, c'est pareil, ça ne sert presque à rien, mais sans lui, mon terroir zozote. Et ça, je ne peux m'y résoudre. Priver les gens de l'alphabet est un projet totalitaire[2]. » Et de décrire ces vins maquillés dont « on ne peut même pas esquisser la silhouette, pas même un accroche-cœur, une ride d'expression. C'est le néant absolu du vin ».

« Cette uniformisation du goût, ce n'est pas triste, c'est un comportement social, analyse le Bourguignon Dominique Derain. C'est la trouille qui mène le monde, alors pour se rassurer, on standardise[3] ! »

Mais est-ce vraiment le rôle de l'INAO de faire le jeu, à marche forcée, de la standardisation du goût, pour de prétendues raisons économiques ?

Patrick Baudouin s'emporte contre cette course au modernisme : « Toute nouveauté, toute modification d'ordre industriel ne constitue pas forcément un

2. Entretien du 16 juin 2015.
3. Entretien du 21 mai 2013.

progrès [...]. Il n'y a qu'un seul progrès : celui qui est constaté par une amélioration dans la qualité des vins[4]. » Et d'avancer que « les moyens techniques ont permis de transformer les terroirs à vins fins en usines à raisins, en “terres à choux”, ou plutôt ont consacré l'éloignement, voire la rupture, d'une bonne partie du vignoble d'avec le terroir, la culture de la vigne AOC tendant... au hors-sol. »

Jean-Michel Deiss dit la même chose : il ne refuse pas une viticulture industrielle dont il souligne l'intérêt, mais dont il ne voit pas pourquoi elle jouirait de l'appellation d'origine. Il regrette d'ailleurs que l'intégralité du vignoble ou presque soit désormais sous cette bannière de qualité, ce qui ne permet plus de faire le distinguo entre le vin industriel et le vin de terroir.

Les chiffres lui donnent raison, puisque aujourd'hui deux tiers des exploitations sont dans la production de vins d'appellation sur 62 % des surfaces vitivinicoles[5].

En Gironde, on frôle les 100 %. Ainsi, sur une superficie de 115,4 milliers d'hectares, 113,7 milliers sont en appellation... Si on prend toute l'Aquitaine, seuls 6,1 milliers d'hectares ne sont pas en AOC sur les 137,9 milliers d'hectares du vignoble. Bien entendu, quand tout est en AOC, les prix ne décollent pas. Et les vignerons tirent la langue.

Dans leur rapport[6], les députés Marie-Lou Marcel et Dino Cinieri s'appuient sur une étude de l'UFC-Que

---

4. Patrick Baudouin, « Hold-up aux AOC », 2007.

5. Chiffres AOP viticoles, novembre 2014, données et bilans. Les chiffres de la filière vitivinicole 2003/2013, France-Agrimer.

6. Enregistré à la présidence de l'Assemblée nationale le 21 janvier 2015 par la commission des affaires économiques sur les signes d'identification de la qualité et de l'origine, et présenté par Mme Marie-Lou Marcel et M. Dino Cinieri.

Choisir[7] qui remonte à 2007 et qui mettait déjà en garde les acteurs de la filière contre la profusion d'AOC, expliquant notamment que c'était à la demande de la grande distribution que la profession avait ouvert les vannes pour des appellations d'entrée de gamme à fort rendement. L'association de consommateurs regrettait ainsi que l'AOC ait perdu de sa valeur et de sa spécificité en se pliant aux demandes des grandes surfaces pourtant en totale contradiction avec l'esprit même des appellations d'origine. Et de rappeler qu'à la question « Est-ce que l'AOC garantit une qualité gustative minimale ? », 40 % des professionnels interrogés ont indiqué que c'était rarement ou jamais le cas. Et qu'à la question « Est-ce qu'une AOC garantit la typicité d'un terroir ? », 67 % de ces mêmes professionnels ont répondu que ce n'était que rarement ou jamais le cas[8].

Bref, les AOC ont voulu se vendre en grandes surfaces, et ce faisant, ont partiellement perdu leur âme, noyées qu'elles sont dans des rayons qui comptent 500 ou 600 références de vin dont la qualité n'est pas toujours au rendez-vous. Et qui, donc, se vendent mal.

« Si on continue comme ça, il ne restera qu'une viticulture industrielle qui pourra – c'est un comble ! – se revendiquer des appellations et du respect du terroir, et une viticulture haut de gamme. Entre les deux, il n'y aura plus rien[9] », s'inquiète Jean-Michel Deiss qui craint non seulement pour ces terroirs auxquels il est si viscéralement attaché mais surtout pour ces hommes, ces paysans qui ont fait le vignoble de France et qui font

7. Voir http://www.quechoisir.org/alimentation/produit-alimentaire/boisson/communique-reforme-des-aoc-viticoles-le-tiers-de-la-production-doit-sortir-de-l-appellation-!

8. *Ibid.*, p. 45.

9. Entretien du 16 juin 2015.

vivre nos campagnes. « On dirait que le territoire n'intéresse plus nos politiques. Qu'ils se contrefichent que l'on fasse des kilomètres sans voir âme qui vive, sans une boulangerie, sans humanité tout simplement. »

Car pour ces hommes-là, les AOC sont plus qu'un projet viticole. C'est un projet de vivre-ensemble, un présent pour tous, et un avenir pour nos enfants.

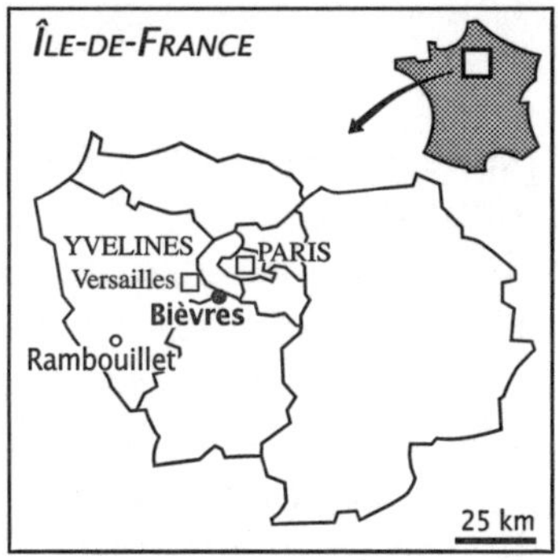

33

Triste cantoche…

Mais, hélas, il n'y a pas que les éleveurs laitiers et les vignerons qui paient un lourd tribut à la défense de leur territoire…

Bièvres, le plateau de Saclay, sud-ouest de l'Île-de-France, à un jet de pierre de Paris. Charles de Monville est un homme dynamique d'une petite quarantaine d'années qui a décidé voilà huit ans maintenant de quitter son poste rémunérateur de cadre de l'entreprise Nature & découvertes pour se lancer dans l'élevage de poulets bio. Un rêve de gosse pour ce Rouennais d'origine qui se souvient avec émotion des cours de ferme où il allait cherchait les œufs avec son vélo le mercredi après-midi. « Deux soirs par semaine, on achetait du lait tiède qui sortait du pis de la vache au fermier du coin. On n'a jamais été malades[1] », assure-t-il. Mais s'installer quand on n'est pas issu d'une famille d'agriculteurs, ce n'est pas simple.

Il lui a fallu se former. Puis trouver des terres. Il a frappé à toutes les portes : la Safer (Société d'aménagement foncier et d'établissement rural), différents

1. Entretien du 20 mars 2015.

parcs nationaux, les chambres d'agriculture... Le plus mauvais accueil, c'est là qu'il l'a reçu d'ailleurs. « Les chambres ne croient pas du tout au bio. Du coup, quand vous vous revendiquez de ce système d'élevage et de culture, ils ne font rien pour vous tendre la main », se souvient-il sans aucune rancune. Ce n'est pas le genre d'homme à se laisser impressionner. Il va de l'avant. D'ailleurs, il ne s'est pas laissé influencer par ses amis qui lui conseillaient de prendre sa carte à la section départementale de la FNSEA pour mettre un peu d'huile dans les rouages. Il croit en son projet, et surtout dans les hommes.

C'est un personnage du sérail qui lui a tendu la main. Un agriculteur qui voulait lui donner sa chance. Il lui a cédé 4 hectares. Une aubaine sur ces terres si convoitées. Charles avait enfin de quoi installer ses poulets cou nu à pattes jaunes pour la chair, et ses poules de marans, une race ancienne qui pond de jolis œufs couleur chocolat. Il adore faire partager sa passion aux jeunes élèves de la région qu'il prend le temps de recevoir régulièrement pour leur « mettre les pieds dans la gadoue et qu'ils comprennent que les poulets de chair ne poussent pas dans des barquettes en polystyrène, ni les œufs dans des boîtes en plastique[2] ». Quant à l'homme qui lui a cédé ses terres, il a été conquis par sa façon de travailler. Pour lui, ça a été le déclic pour changer ses pratiques. Il a fait passer 30 hectares de céréales en bio pour que Charles puisse nourrir ses bêtes localement. Aujourd'hui, c'est 90 hectares qu'il a convertis. Il a monté un moulin, un fournil, et fait son pain à la ferme. L'éleveur a ainsi participé à la création d'un cercle vertueux autour de son installation.

Il faut dire que ce passionné convertirait n'importe qui. Le maire divers droite de l'époque lui a lancé

2. Entretien du 13 octobre 2014.

comme une boutade : « Je valide votre permis de construire si et seulement si les enfants de la commune peuvent manger du poulet de chez vous une fois par mois[3]. » Charles pensait que ce n'était que des paroles en l'air. « Sauf qu'un an après, alors que je commençais à produire mes poulets, la gérante de la cantine m'a appelé. "M. le maire reste partant, comment peut-on s'organiser ?" m'a-t-elle lancé[4]. » Le prix, un peu élevé, ne pose pas de problème. La mairie est prête à payer pour que ses enfants mangent sainement. Charles leur envoie un planning pour leur livrer 50 poulets. À cette époque, il travaille avec l'abattoir de Rambouillet. Tout se passe bien, mais l'abattoir est dans le collimateur des services sanitaires. « Ils nous avaient à l'œil car le forage qui permettait notre alimentation en eau n'était pas déclaré comme potable. Nous avions fait toutes les analyses, et l'eau ne posait pas de problème. Mais les services sanitaires réclamaient une usine de filtration. C'étaient des investissements colossaux[5] », se remémore Jean-Baptiste Galloo, l'éleveur qui était en charge de cet abattoir.

Malgré ces coûts importants, Jean-Baptiste était prêt à effectuer les travaux et attendait patiemment les résultats de sa demande de subvention. « Sauf que ça traînait un peu et qu'entre-temps, ils nous ont envoyé les cow-boys, peste l'éleveur. Ils ont fouillé une journée durant, et ils ont fini par trouver quelque chose sur un outil de stérilisation : la température oscillait un peu. On le savait, donc on chauffait toujours un peu plus avec cet appareil-là[6]. » Les services sanitaires n'ont rien voulu entendre, alors même que les éleveurs ont

3. Entretien du 20 mars 2015.
4. Entretien du 13 octobre 2014.
5. Entretien du 23 mars 2015.
6. Entretien du 13 octobre 2014.

fourni des analyses sur tous les bocaux de conserve traités par l'appareil en question et qu'aucun ne présentait une anomalie quelconque. L'administration a préféré fermer l'abattoir. « Ils nous ont traités comme de dangereux empoisonneurs, s'attriste Jean-Baptiste Galloo encore sous le choc. Tous les petits éleveurs de la région qui faisaient chez nous leurs découpes, leurs conserves, leurs saucisses, se sont retrouvés sur le carreau. » Pas Charles qui, heureusement, mû par son désir d'indépendance, venait juste de terminer sa tuerie à la ferme, autant dire son abattoir maison qui lui permet de traiter 150 poulets par semaine.

Sauf que voilà, qui dit tuerie ne dit pas tout à fait abattoir. Là encore, c'est une dérogation. Or la cantine de sa commune, elle, est aux normes CE (pour Communauté européenne). Comme l'abattoir de Rambouillet est désormais fermé, et que sa propre tuerie n'est qu'en dérogation, Charles ne peut donc pas livrer les poulets à la cantine ! Et les enfants ne peuvent donc pas se régaler des poulets bio pourtant élevés à un jet de pierre de leur école...

Au fait, pourquoi cette cantine est-elle aux normes CE ?

« Il y a une rue ou deux à traverser entre la cuisine et le réfectoire », ironise Charles. Et pour ces quelques mètres, il a fallu déployer toute une machinerie administrative. En clair, on a imposé à cette petite cuisine centrale les mêmes normes que celles exigées pour les grosses machineries type Sodexo qui, elles, distribuent de la nourriture aux quatre coins de France.

Par contre, Charles peut livrer l'université d'Orsay et la cantine de Villiers-le-Bâcle qui, elles, ont l'heur de ne pas avoir cet agrément. En clair, vive les cantines à l'ancienne, elles peuvent manger du bon, alors que dans les high-tech, on n'a plus le droit de manger qu'aseptisé.

« Et heureusement qu'il ne souhaite pas livrer sa viande à Paris ! » persifle Jean-Baptiste Galloo. Le système de dérogation vous empêche de livrer à plus de 80 kilomètres de la ferme. Ça tombe bien, les élevages de Jean-Baptiste et de Charles sont situés respectivement à 45 et 20 kilomètres de Paris. « Certes... Mais je suis dans le 78, persifle Jean-Baptiste. Il y a donc un département, le 92, entre Paris et moi. » Or, selon la spécification technique n° B1-18-07 du 4 mai 2007 applicable aux viandes et aux abats de volailles, de lapins ou de cailles, en carcasses ou piécées[7], les dérogataires n'ont le droit de vendre leurs produits que dans leur département ou les départements limitrophes.

Donc, quand on est dans le 78 ou dans le 91, interdiction de vendre sa viande à Paris.

Au secours, Kafka est revenu !

---

7. Spécification approuvée par la décision n° 2007-17 du 4 mai 2007 du comité exécutif de l'OEAP-GEMRCN ou Groupe d'étude des marchés de restauration collective et de nutrition.

34

L'agrément ou la vie : les dédales de l'administration

Charles a décidé de se lancer un nouveau défi : obtenir le Saint-Graal ! Il lui faut déjà un an et demi pour réunir les pièces nécessaires. Car pour prétendre au titre d'abattoir agréé, il est obligé de fournir un dossier épais comme un bottin. L'agriculteur doit y décrire par le menu le moindre geste réalisé au moment de l'abattage et du nettoyage. De la façon de se laver les mains à celle d'accrocher les couteaux, ou encore de poser la pelle pour ramasser les plumes... « Tu vois ça », me dit-il en me montrant une chemise contenant plus de 200 pages dactylographiées, « ce sont les éléments que j'ai dû avancer pour obtenir l'agrément[1]. »

Bien entendu, Charles s'astreint à constituer ce dossier en même temps qu'il continue à élever ses poules et à vendre ses œufs... « Je crois qu'ils ne se rendent pas bien compte que j'ai d'autres choses à faire à la ferme que de remplir ces tonnes de paperasse, peste l'éleveur. C'est sûr, chez les industriels, ils ont du personnel, mais moi je n'en ai pas les moyens. »

1. Entretien du 13 octobre 2014.

C'est donc le week-end, ou dès qu'il a un moment de libre, qu'il essaie de noter tous ses faits et gestes pour obtenir ce nouvel éden. Heureusement, il reçoit l'aide de la Maison de l'élevage et notamment d'une jeune femme ingénieur agronome qui passe le plus clair de son temps à aider les éleveurs dans ces démarches contraignantes plutôt que de les soutenir sur tant d'autres problématiques qui pourraient leur être plus utiles. Il a déjà englouti 8 000 euros dans cette quête digne d'un héros moderne[2]. « On demande les mêmes normes à un abattoir qui fait 90 volailles à l'heure qu'à celui qui en fait 9 000[3] », s'emporte Charles.

Le 20 décembre 2013, le dossier est fin prêt. Deux mois plus tard, les inspecteurs viennent à la ferme. Et indiquent à Charles qu'il doit corriger des manquements pour pouvoir accéder à son précieux sésame. Mais quelles fautes graves a-t-il donc commises ?

Des manquements mineurs comme l'absence d'éclairage dans la chambre froide, ou la présence de trop nombreuses paires de bottes inutilisées dans le vestiaire. Mais il y aurait aussi des manquements dits majeurs comme l'absence de chariot à roulettes homologué pour transporter les poules dans leurs caisses ! Ou l'urgente nécessité d'inverser la place des deux ventilateurs pour éviter la buée, ou encore l'absence de notice au-dessus du matériel d'électronarcose – que l'on utilise pour étourdir l'animal avant l'abattage. « Sauf que la personne qui s'occupe de cela chez moi et qui vient une demi-journée par semaine est roumaine, elle ne lit donc pas le français. Autant vous dire qu'un mode d'emploi sur l'utilisation de

2. 80 % ont été pris en charge par des aides de l'État.
3. Entretien du 13 octobre 2014.

l'électronarcose ne lui sera d'aucune utilité[4] », s'emporte Charles. Qu'à cela ne tienne, l'éleveur n'a qu'à mettre un ampèremètre pour que cette personne puisse contrôler comme il se doit ce qu'elle fait. « On ne fait plus confiance à l'humain, s'agace l'éleveur. Quand une bête est bien anesthésiée, elle s'endort dans ta main, le muscle se relâche. Et si tu abuses de l'électronarcose, la bête meurt, et quand tu l'égorges, le sang ne coule plus. »

Pendant qu'on y est, il faudrait aussi que Charles paie une formation à la personne préposée à l'électronarcose pour le bien-être animal : 1 200 euros. « Comme la formation est obligatoire, si je ne forme que la personne qui s'en charge aujourd'hui, et qu'un jour elle tombe malade, je ne pourrai pas la faire remplacer », explique Charles qui a donc prudemment décidé de faire venir le formateur sur son abattoir pour former toutes les personnes susceptibles un jour d'occuper ce poste.

L'éleveur reçoit un premier rapport négatif de la direction départementale de la protection des populations (DDPP) en mars. Il tente de résoudre les multiples questions soulevées par les services vétérinaires. Puis les recontacte pour un nouveau rendez-vous. Les inspecteurs reviennent quelques mois plus tard. Las, ils soulignent de nouveaux manquements. Il n'y avait notamment qu'un seul couteau stérilisé alors qu'il en aurait fallu un second au cas où… et quelques autres broutilles.

Rapport négatif encore. Le harcèlement ne faiblit pas. Nous sommes en juin. Les inspecteurs reviennent une troisième fois au mois d'octobre. Cette fois-ci, il y avait certes deux couteaux, mais pas de lieu où ranger le second (manquement B 04 : « Le sacrificateur

4. Entretien du 20 mars 2015.

dispose de deux couteaux de saignée, mais absence d'un dispositif du couteau après stérilisation »). Et pas de crochet pour la pelle qui sert à ramasser les plumes (B 02 : « Absence de support mural ou d'un autre moyen adapté pour l'accrochage de la pelle servant pour le ramassage des plumes ») ! Pire que cela, une B 04 B 05 (ou non-conformité moyenne) : « Au niveau de la chaîne d'abattage, mauvaise fixation de certains écrous des crochets de suspension des volailles susceptibles de la chute des carcasses au sol. »

« C'est toujours comme ça[5] », s'amuse Gilles Le Falher, lui aussi éleveur de volailles en plein air, mais à Séné, dans le Morbihan. « Pour nous, ça a été la même histoire. Tant et si bien qu'à la fin j'ai interrogé la jeune inspectrice : "On a beau faire tout ce que vous nous demandez, quand vous revenez deux ou trois mois après, vous trouvez autre chose." Elle m'a répondu du tac au tac : "Je ne peux pas sortir d'un établissement sans trouver des points négatifs" », persifle l'éleveur. « L'effet pervers de ce truc-là, c'est que quand tu l'as compris, tu n'arrives plus vraiment à prendre ce qu'ils te conseillent de faire au sérieux. Et tu as tendance à faire traîner… En te disant, si je résous tout maintenant, ils trouveront encore autre chose », résume l'éleveur, lucide, qui reconnaît pourtant l'utilité, parfois, de ces inspections et le bon sens de certaines remarques faites par les services vétérinaires.

« Le truc, c'est que certains éleveurs sont poussés à bout par ces contrôles tatillons », résume Gilles Le Falher. Et ce fut le cas de Charles. Après ce dernier contrôle, il était à deux doigts de jeter l'éponge. Un an et demi pour préparer son dossier, plus un an d'allées

5. Entretien du 28 avril 2015.

et venues avec les services vétérinaires sur des points de détail. « J'aimerais qu'on enquiquine autant les gros importateurs de poulets brésiliens plongés dans la saumure », s'emporte Charles, pourtant d'un naturel très calme. « S'il y avait le même acharnement sur toutes ces m… que sur nous[6]… »

Voilà donc un homme posé par excellence, qui prend son clavier et se fend d'un mail où il explique aux services sanitaires qu'il ne pense pas faire un investissement supplémentaire sur son abattoir, ni répondre à un manquement nouveau. Et si, en l'état, il n'obtient pas son agrément, il jettera l'éponge. Contre toute attente, Charles le reçoit par retour de courrier ! « Si j'avais su qu'il suffisait de leur dire merde pour l'avoir, je l'aurais fait plus tôt[7] », ironise l'éleveur.

Le voilà enfin titulaire du précieux sésame lui permettant de nourrir les enfants de la cantine de son village. Le maire a changé, mais la volonté de la commune est restée la même et à compter du 26 novembre 2015, les gamins ont pu se régaler de ses poulets ! Il en aura fallu du temps, mais le jeu en valait la chandelle, il en est certain.

Pour autant, l'éleveur n'est pas au bout de ses misères. Pour fixer les dates limites de consommation, Charles a dû envoyer 5 sachets de poulet, 5 de cuisses, 5 de blancs, 5 d'ailes, 5 de foies, 5 de gésiers, pour savoir comment ces morceaux se comportaient en vieillissant. Une dizaine de poulets donc. Et pour être sûr de ne pas avoir à tout recommencer si par malheur les laboratoires trouvaient quelque chose, Charles a mis des dates limites de six jours sur ses blancs sous vide alors qu'ils pourraient facilement tenir le double.

6. Entretien du 20 mars 2015.
7. *Ibid.*

« Je ne veux pas d'emmerdes, sinon il faudrait que je fournisse à nouveau dix poulets, que je repaie les analyses[8]... » Mais les petits fermiers ne sont pas les seuls à apposer des dates limites proches. Tous le font. « Les industriels sont dans la même logique que nous ; ils mettent la date sur laquelle ils sont certains de passer. On a créé un truc qui aujourd'hui ne fonctionne plus. »

On comprend mieux pourquoi on jette en France 20 kilos de nourriture, dont 7 encore emballés, et les plans anti-gaspi n'y changeront rien.

« Il nous faut changer les mentalités[9] », s'émeut Jean-Baptiste Galloo. L'homme est en train de mettre en place un cercle vertueux avec le directeur d'une grande surface du coin. Il nourrit ses poules de plein air et ses porcs élevés sur paille avec les restes de laitages, de légumes et de biscuits du magasin. « Et je peux te dire que j'ai largement de quoi nourrir ma centaine de poules et mes soixante cochons avec ce qu'ils jettent. On pourrait mettre en place toute une économie du recyclage, où nous, paysans, vivrions bien au lieu d'être étranglés, et vous, consommateurs, mangeriez sainement ! »

Et si, au lieu d'empiler les normes qui décourageraient les plus vaillants, nos élites soutenaient cette économie de bon sens ?

« Encore faudrait-il qu'on le fasse suffisamment rapidement pour qu'il reste encore quelques éleveurs de volailles[10] », s'émeut Charles. À ce moment ses yeux se chargent de colère, puis, me montrant un épais classeur violet, il tonne : « Ça ? C'est cinq ans d'analyses sanitaires pour mon tout petit élevage.

8. *Ibid.*
9. Entretien du 17 mai 2015.
10. Entretien du 13 octobre 2014.

On les fait travailler les labos ! » Et qu'est-ce qu'on leur fait donc analyser ? Les fientes des poules et des poulets.

Parce que, après la bataille de l'agrément et des dates de péremption, intervient une épreuve plus terrible encore…

35

La terrible épreuve des pédichiffonnettes

Pédichiffonnettes, un nom qui sonnerait comme un gag si ces satanées « chaussettes d'analyses » de fientes n'étaient pas devenues le pire cauchemar des éleveurs de poules et de poulets en plein air. « Toutes les 15 semaines jusqu'à 55 semaines d'âge pour les poules pondeuses, puis toutes les 5 semaines jusqu'à leur réforme[1] » et toutes les 8 semaines pour les poulets de chair, nos vaillants paysans se doivent de les chausser et d'aller piétiner dans les abris de leurs bêtes en croisant les doigts pour ne pas y trouver de salmonelles.

Cette nouvelle réglementation leur est tombée sur la tête par arrêté du 26 février 2008, puis du 22 décembre 2009, rassemblés dans les notes de service DGAL (Direction générale de l'alimentation) du 27 janvier 2010 et du 11 février 2010. Le tout a été confirmé par le règlement CE n° 517/2011, revu le 24 avril 2013.

En fait, ces nouvelles contraintes découlent directement d'analyses régulièrement menées par l'agence sanitaire européenne, l'EFSA, sur la recrudescence de

1. Note de service DGAL/SDSSA/N2010-8040, 11 février 2010.

salmonelles dans les élevages avicoles. Et notamment[2] celles de 2008 menées dans 26 pays européens[3] qui montraient que « 22 États membres [avaient] signalé la présence de *Salmonella* dans les carcasses de poulet qu'ils [avaient] analysées. En moyenne, 15,7 % des carcasses examinées étaient contaminées, bien que les chiffres varient considérablement d'un État membre à un autre ».

Il était donc urgent de mettre aussi au pas les petits élevages. Et ce, alors même que toutes les études menées par ce même organisme sanitaire prouvaient que ces derniers résistaient bien mieux aux salmonelles que les industriels. En 2004[4], les scientifiques de ce même organisme notaient ainsi que « dans les élevages en plein air, ou dans les systèmes dits non intensifs de production, les oiseaux nouvellement éclos acquièrent, grâce à leur environnement, une variété de bactéries intestinales au cours de leurs premiers jours de vie. La colonisation de l'intestin par des bactéries inoffensives empêche l'intrusion de *Salmonella* et d'autres bactéries indésirables ». En clair, les oiseaux élevés en plein air sont plus résistants que les autres. Une conclusion qui n'étonne pas Charles, « nos conditions d'élevage n'ont rien à voir avec celles des industriels. Ne serait-ce que l'âge d'abattage des animaux. Si je les tuais à 40 jours, mes poulets ne feraient pas plus de 800 grammes ! Du

---

2. Même si sa parution est postérieure à certaines réglementations mises en place, mais elle marque un tournant sur le terrain.

3. « Analyse of the baseline survey on the prevalence of *Campylobacter* in broiler batches and of *Campylobacter* and *Salmonella* on broiler carcasses in the EU », 2008.

4. « The use of antimicrobials for the control of Salmonella in poultry. Opinion of the scientific panel on biological hazards on the request from the Commission related to the use of antimicrobials for the control of Salmonella in poultry. » Question n° EFSA-Q-2004-079, 21 octobre 2004, *The EFSA Journal*, 2004, 115 : 1-76.

coup, comme ils ne développent pas autant de muscle aussi rapidement, ils travaillent à leur résistance. Le poulet, chez moi, il a le temps d'acquérir une certaine immunité[5] ».

Il existe environ 2 500 souches de salmonelles, et deux sont particulièrement virulentes, *Salmonella enteritidis* et *Salmonella typhimurium*. Or, là encore, les conclusions de l'agence sanitaire européenne sont claires : « La production en cage et en élevage intensif est associée à un risque accru de présence de ces deux salmonelles par rapport à des productions en plein air ou bio où ce risque est bien plus bas[6]. »

Ce n'est pas tout. Le 26 avril 2005, une note de la DGAL indiquait que « la contamination des filières "volaille chair" en salmonelles est variable de 42 % en dinde, 33 % en poulet standard à 3 % en poulet plein air[7] ... » Décodage : il n'y a quasiment pas de salmonelles sur le poulet plein air. Et en plus, quand il y en a, ce ne sont pas les deux considérées comme mauvaises.

Et qu'est-ce qu'on fait pour fêter ça ? Le ministère de l'Agriculture communique largement pour nous dire de nous régaler de bons œufs de poules qui gambadent et de poulets élevés en plein air, quitte à en manger moins souvent ?

---

5. Entretien du 20 mars 2015.

6. « Report on the analysis of the baseline study on the prevalence of *Salmonella* in holdings of laying hen flocks of *Gallus gallus* », *The EFSA Journal*, 2007, 97.

7. Cinq sérotypes *Typhimurium* pour 379 prélèvements réalisés au total, aucun sérotype *Enteridis*. Les résultats de prélèvements de peau de cou de volailles à la fin de la chaîne d'abattage sont significativement plus faibles dans la filière poulet de chair plein air. Globalement, le pourcentage de prélèvements positifs en filière dinde et en filière poulet de chair « standard » doit pouvoir être amélioré.

Non. On a décidé d'assommer ces éleveurs sous de nouvelles contraintes.

Beaucoup de petits producteurs ont d'ailleurs choisi de jeter l'éponge tant ils se sentaient incapables de rentrer dans ce qu'ils nomment « le cercle de la terreur ».

« On en arrive à la situation délirante suivante, s'enflamme Jean-Baptiste Galloo, l'hyperdensité animale des élevages industriels a engendré de nombreuses problématiques sanitaires, dont les salmonelles. Or au lieu de leur demander de résoudre ce problème créé par leur méthode d'élevage, on a fait comme si ce problème était généralisé. Et on inflige, une fois encore, une législation créée pour résoudre un problème engendré par les industriels à la filière de qualité qu'on va finir par faire crever ! D'où sont venues les salmonelles si ce n'est des élevages concentrationnaires[8] ? »

Une énième tracasserie qui pousse les agriculteurs à bout. Moralement comme financièrement. Non seulement ils ont du mal à faire face aux charges que représentent ces analyses, mais en outre, ils vivent dans la crainte que les laboratoires détectent des contaminations dans leurs élevages.

Charles en sait quelque chose, qui voulait prendre une vingtaine de canards en plus de ses poules et de ses poulets pour faire son foie gras. Mais il a préféré y renoncer. Les canards sont des porteurs sains de salmonelles. « J'ai vu le moment où mes vingt canards allaient contaminer tout mon élevage et où j'aurais les services sanitaires sur le dos tous les jours[9]. » On notera d'ailleurs l'incohérence de cette réglementation qui traque la salmonelle sur le poulet, la poule et la dinde, mais la laisse passer sur le canard qui est celui qui en a le plus, ainsi que sur la pintade et la caille… Pourquoi

8. Entretiens du 23 mars 2015 et du 1er juillet 2014.
9. Entretien du 1er juillet 2014.

d'ailleurs ? « Le canard, il n'y a guère que la France et la Hongrie à en faire. La pintade, il y en a en France et en Italie… Du coup, la Commission n'a pas légiféré car elle considère que cela relève de l'autorité de l'État[10] », explique Gilles Salvat, responsable auprès de l'agence sanitaire française. Et, pour une fois, la France ne s'est pas précipitée pour édicter une énième réglementation. Il faut dire que ces volatiles ne passent généralement pas nos frontières. Donc, dans l'état actuel de la réglementation, on en arrive au paradoxe suivant : le canard refile sa salmonelle au poulet, mais lui sera considéré comme parfaitement sain – alors qu'il en est truffé – quand le poulet sera jugé contaminé.

Paradoxe suprême de nos administrations, car soit les salmonelles sont dangereuses et, dans ce cas-là, on ne voit pas pourquoi certaines espèces passeraient au travers des mailles du filet, soit elles ne le sont pas et alors, pourquoi cette pression sur les agriculteurs[11] ?

Malgré leur prudence, beaucoup d'éleveurs de poulets en plein air finissent par tomber au champ d'honneur. C'est ce qui est arrivé à cet agriculteur sis à quelques encablures de chez Charles. Son élevage est d'une beauté à couper le souffle, poulets, dindes et chapons gambadent joyeusement entre deux étangs magnifiques. Mais c'est un homme soucieux qui se dresse au milieu de ses bêtes.

Il n'arrive pas à se remettre de cette histoire qui lui est tombée sur la tête en 2010. Il venait juste de prendre rendez-vous avec le technicien avicole de la chambre

10. Entretien du 15 avril 2015.

11. D'ailleurs, nos pauvres pintades et canards ne devraient pas longtemps jouir d'un statut d'exception, car la stratégie du parapluie étant désormais largement répandue dans l'Hexagone, les grandes surfaces exigent de plus en plus dans leur cahier des charges le test salmonelles pour eux aussi.

d'agriculture pour qu'il lui explique les méandres de cette nouvelle législation. Dès le lendemain, les premières analyses tombent. Elles sont positives à l'une des deux mauvaises salmonelles. Rien de très étonnant puisque cet espace est ouvert aux animaux sauvages.

Pour ce paysan et ses deux frères qui travaillent avec lui, c'est comme si le sol s'ouvrait sous leurs pieds. Quand il reçoit le coup de fil du laboratoire, il leur demande une seule faveur : pouvoir annoncer lui-même cette triste nouvelle aux services vétérinaires. Question de fierté. « Je les ai appelés, et je m'entendais leur parler de ces salmonelles, c'était comme si je leur demandais de venir nous tuer. » Ses yeux s'embrument. Malgré les années, la douleur est toujours aussi vive. « On aurait pu agir comme des margoulins, filouter et se débarrasser de l'ensemble des animaux avant de les prévenir. Mais on a choisi de faire les choses dans les règles. Et de faire face. »

Une franchise qui a failli lui coûter son élevage. On est à deux mois de Noël. Autant dire la grande période pour vendre les chapons et les dindes. Or dans ce genre de situation, les services sanitaires considèrent que tout l'élevage est contaminé. Terrifié mais rationnel, l'éleveur décide de prendre à sa charge les analyses de l'intégralité de ses bâtiments pour identifier celui d'où provient la contamination. Heureusement pour lui, dindes et chapons ne sont pas touchés. Par contre, les poulets le sont.

Voilà l'élevage mis sous ADPI (pour arrêté préfectoral portant déclaration d'infection) ! Conséquence ? L'abattage total du cheptel puis la désinfection des locaux et du matériel.

Bien entendu, dans le village tout le monde est au courant. Or 80 % de leurs ventes se font en direct. Une de leurs plus fidèles clientes arrive en hurlant chez eux, les traite d'empoisonneurs... Pour finalement leur lâcher : « En fait, j'aurais préféré ne pas savoir, je n'ai jamais été malade avec un poulet venant de chez vous. »

Et pour cause, l'éleveur a fait analyser le muscle de ses poulets soi-disant contaminés. Il n'y avait aucune trace de salmonelles dans la chair. Ils étaient donc parfaitement sains. Bien entendu, ses frais d'analyse, imposés par les services vétérinaires, sur dix poulets à chaque abattage, sont « à la charge du propriétaire des troupeaux[12] ».

Les contrôles salmonelles en France, c'est comme la peine de mort en Chine, on fait payer aux condamnés le prix de la balle qui va les frapper.

Une fois que le préfet a fait tout ce ramdam, tout le monde est persuadé de risquer sa vie en mangeant du poulet contaminé (alors même que les salmonelles ne résistent pas à la cuisson). L'administration autorise que ces volailles soient vendues du moment qu'elles sont proposées sans abats (car le cœur et le foie sont souvent mangés rosés, donc moins cuits), sans le cou (puisque les poulets sont abattus la tête en bas puis lavés dans cette même position et, qui sait, la salmonelle pourrait aussi se nicher là par ruissellement des eaux) et sans les pattes qui par essence pataugent dans leurs fientes... Sauf que dès que les consommateurs entendent salmonelles, plus personne n'en veut, de ces poulets ! « Et puis, comment expliquer à la clientèle qu'ils sont parfaitement sains, mais que l'élevage est sous surveillance sanitaire rapprochée ? » interroge cet homme qui reste droit dans ses bottes malgré la violence de ce qui lui est arrivé.

12. Article 3 de l'arrêté de mise sous surveillance d'un élevage de volailles de chair pour suspicion d'infection à *Salmonella enteridis*. « En cas d'enlèvements successifs, le nombre de volailles peut être réduit pour les enlèvements suivants, sans être inférieur à 5. »

« Il a fallu trouver un abattoir qui accepte de les tuer à la veille de Noël... », se souvient-il. Pas facile, surtout que personne ne se précipite pour prendre en charge ces poulets soit-disant contaminés. Il a réussi à en trouver un situé dans un autre département. Il a donc baladé ses bêtes prétendument atteintes sur les routes de France. Mais comment faire autrement ?

D'ailleurs, pour ce faire, il lui a fallu obtenir la délivrance d'un laissez-passer par le préfet, comme le stipule l'article 2 de l'arrêté de mise sous surveillance.

Dans son malheur, cet éleveur a trouvé un grossiste pour lui acheter ses bêtes. Mais la perte financière a été colossale « Il me les payait 2 euros alors que d'habitude je les vends 7. Ça m'a tout juste payé les frais d'abattoir. »

« Le plus rageant, c'est que des poulets comme les miens, soi-disant contaminés, il s'en vend tous les jours dans les supermarchés ! Qu'est-ce que vous pensez que vous achetez quand vos poulets sont dans des barquettes, sans abats, sans cou, sans pattes, sans rien ? » s'emporte cet homme. « Généralement, les industriels ne prennent pas le risque, tempère Gilles Le Falher. Mais eux, contrairement à nous, ont une échappatoire à cette impasse de la salmonelle : ils ont tous leur filiale plats préparés à laquelle ils vendent ces poulets[13]. »

De fait, quand un élevage industriel est touché par la salmonelle, c'est ennuyeux bien sûr, mais ça se gère. Le poulet part en poulet PAC (prêt à cuire) dans les rayons des grandes surfaces, en rillettes ou en plats préparés, on fait un vide sanitaire, on désinfecte le bâtiment, et ça repart. Dans un élevage comme celui-ci, c'est une tout autre histoire. Car ici, comme dans tout élevage en plein air, toutes les classes d'âge se côtoient. Or quand l'arrêté préfectoral est pris, il concerne tous les

13. Entretien du 2 avril 2015.

animaux présents sur la ferme à ce moment précis. Du poussin jusqu'à la bête de 4 mois, tout le monde doit partir à l'abattoir. L'éleveur doit donc élever toutes ses bêtes jusqu'à leur terme, pour avoir l'heur de les brader à vil prix ensuite. Autant dire que pendant quatre mois, il va continuer à élever des bêtes, à les faire grandir, à les mener à l'abattoir, alors qu'il sait pertinemment qu'il va mal les vendre et commencer à creuser son déficit. Bien entendu, tant que son problème n'est pas résolu, il ne peut pas faire entrer de poussins sur son élevage. Il le voit donc progressivement se vider, compte les morts, et plus tard, bien plus tard, quand son problème sera résolu, s'il l'est, il pourra – peut-être – reprendre des poussins…

La phase de découverte de salmonelles n'est pourtant que le début des ennuis. Après, il faut faire le vide sanitaire. Puis désinfecter les lieux. Dans le cas de notre éleveur de région parisienne, les services vétérinaires ont exigé que le fumier soit désinfecté avec de la soude. « Je ne savais pas trop comment faire, alors j'ai appelé les pompiers. » Les pompiers n'ont pas su le conseiller non plus. « Alors j'ai appelé les services de la direction départementale des territoires, et la seule chose qu'ils m'aient dite, c'est que je n'avais pas intérêt à polluer mes étangs avec la soude, sinon, je serais poursuivi. »

Ils n'ont donc pas été accompagnés pour cette phase de désinfection. Ont-ils au moins été dédommagés ?

« On a eu droit à une aide d'un euro par mètre carré, on a fait encadrer le chèque… »

Puis, une fois la désinfection réalisée, vient la phase des nouveaux prélèvements, de la nouvelle attente des résultats d'analyse. Là, rebelote, « ils ont retrouvé la salmonelle sur l'un des chemins d'accès ». Nouvelle désinfection. Nouveau prélèvement. Nouveau contrôle des inspecteurs. Pour qu'enfin cet éleveur ait le droit de refaire entrer des poussins sur son élevage. « Là, on a dû attendre quatre mois qu'ils soient en âge d'être vendus », s'émeut l'éleveur.

Autant dire que pendant dix mois cet agriculteur s'est retrouvé sans rien à vendre et sans rentrées d'argent ou presque.

« On a fait un trou de 100 000 euros avec cette histoire. » Cinq ans plus tard, ils paient toujours les dettes de cet épisode.

Pour essayer de faire face s'il devait un jour se retrouver dans cette situation, il a décidé de demander l'agrément CE pour son abattoir. « En tuerie, on ne peut tuer que ses propres poulets, si jamais ça m'arrive à nouveau, je voudrais pouvoir en acheter à mes voisins, pour essayer de préserver ma clientèle. Car ces mois sans rien vendre ont été très très durs. »

Et puis ses clients raffolent de sa terrine de lapin. Sauf que les lapins, il les achète à son voisin, juste en face de chez lui. Oui mais voilà, dans ce cadre, on ne peut abattre que des lapins qui viennent de chez soi.

« Heureusement que le voisin a pu s'arranger pour les faire tuer ailleurs, parce que sinon, j'aurais été obligé d'aller acheter mes lapins à Rungis, alors que j'ai un gars qui en fait de magnifiques juste en face de chez moi. »

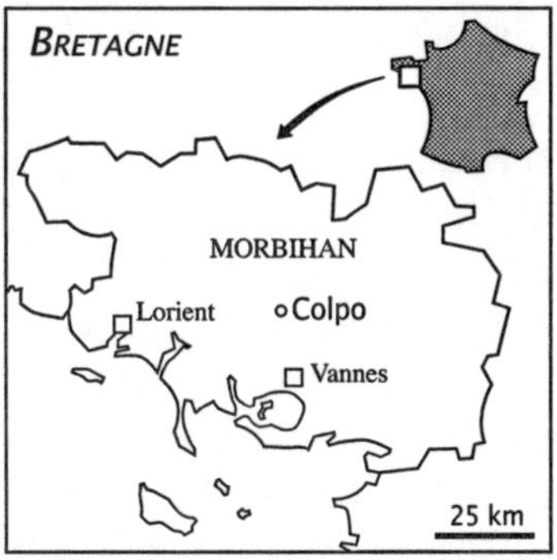

36

La poule bretonne résiste, elle aussi !

Quand la réglementation salmonelle est sortie, il s'est dit qu'il ne fallait pas que les paysans, isolés, l'affrontent seuls. Il a alors décidé d'aller taper à la porte de ses voisins. « On fait tous à peu près le même métier, on élève nos volailles en plein air, on fait de la vente directe, et on est confrontés aux mêmes problèmes d'abattoirs, et maintenant de salmonelles. Si on se regroupait non seulement pour être plus forts mais aussi pour échanger, pour essayer de trouver des solutions tous ensemble[1] ? »

C'est comme ça que Gilles Le Falher, éleveur à Séné, a créé son association de défense des petits producteurs du Morbihan.

« Il me tient à cœur de trouver des solutions pour tous ces élevages qui, immanquablement, vont se retrouver à un moment ou à un autre touchés par les salmonelles et menacés de déposer le bilan », avance cet homme devenu militant par la force des choses. « Un élevage comme le nôtre qui meurt demain, ce n'est pas très grave pour les autorités. Cela ne met-

1. Entretien du 25 mars 2015.

tra pas en péril la filière avicole française », peste Gilles qui dénonce l'hypocrisie de ces politiques qui prônent les circuits courts et le local, « mais nous font jouer à la roulette russe, une balle dans le barillet. Paf. Ce coup-ci, c'est passé, attendons le prochain », résume-t-il, sans concession. Ce qui l'inquiète par-dessus tout, c'est la relève. « Je serais un jeune aujourd'hui, j'y réfléchirais à deux fois avant de me lancer dans cette aventure où toutes les six ou huit semaines, au rythme des tests, tu peux mettre ton avenir en danger. »

Des contrôles qui non seulement sont une épée de Damoclès au-dessus de la tête de l'éleveur mais en outre lui coûtent une petite fortune.

Sous prétexte que la réglementation s'applique à tous, ces petits éleveurs sont soumis à peu près aux mêmes contrôles que les autres, or le coût de l'analyse par rapport au nombre de poulets qu'ils produisent est souvent prohibitif. On conviendra aisément que le coût d'une analyse est plus facilement amorti quand on vend 30 000 poulets que 150...

Pour que des jeunes aient envie de s'installer, et pour que les éleveurs aient la force de continuer, il faut donc les aider à gérer cette crise qui ne manquera pas, un jour ou l'autre, de leur tomber sur la tête. « On a un petit côté Astérix ! Mais Dieu que c'est long et difficile de leur faire entendre raison, à tous ces administratifs qui ont pourtant la tête bien faite[2] », s'émeut Gilles.

Toute une filière de qualité est donc mise en danger, pour un risque qui reste très hypothétique.

« Les salmonelles sont dans le tube digestif. Donc, il est vrai que par malheur, il peut arriver, très rarement, mais ça peut arriver tout de même, qu'en vidant votre poulet, elles se trouvent en contact avec la peau de ce

2. Entretien du 2 avril 2015.

dernier », récapitule, goguenard, Gilles Le Falher. Mais les salmonelles[3] sont tuées à la cuisson, donc ce n'est pas sur le poulet qu'elles posent problème. En fait, on se prémunit du risque de contaminer la tomate, la carotte ou l'oignon que l'on va manger crus, et que l'on aura découpés sur la même planche ou avec le même couteau que le poulet hypothétiquement contaminé. Planches et couteaux qui ne seront contaminés que si et seulement si nous les avons insuffisamment nettoyés entre les deux opérations. Et c'est pour ce risque-là aujourd'hui qu'on fait crever tous les petits paysans de France.

Même son de cloche chez Charles Monville. « À la rigueur, je comprends qu'ils soient très vigilants avec les industriels. Il est évident qu'avec un bâtiment à 30 000 poulets, tu contamines 30 000 frigos chez les consommateurs. Mais chez nous ? Franchement ! s'emporte-t-il. Sortir l'arme nucléaire pour un risque hypothétique ? Ne va-t-on pas un peu loin dans le principe de précaution[4] ? »

D'ailleurs, si les éleveurs peuvent continuer à vendre leurs poulets, c'est bien la preuve que l'administration n'est pas terrorisée à l'idée des risques sanitaires qu'elle nous ferait prendre.

Ce qui ne l'empêche pas de se montrer très stricte avec eux.

« L'un des premiers problèmes auxquels on a dû faire face, se remémore Gilles Le Falher, c'était l'impossibilité pour ceux qui étaient en tuerie, et n'avaient donc pas le précieux agrément CE, de pouvoir abattre leurs volailles soi-disant contaminées chez eux[5]. » L'homme a donc pris son bâton de pèlerin pour expliquer aux

3. Tout comme les *Campylobacter* trouvées par l'association de consommateurs UFC sur les échantillons de volailles.

4. Entretien du 20 mars 2014.

5. Entretien du 2 avril 2015.

services vétérinaires que si ces salmonelles étaient aussi dangereuses qu'ils le prétendaient, il ne voyait pas l'intérêt de promener des bêtes contaminées sur des centaines de kilomètres à travers les campagnes de France. « Notre argument de bon sens a été entendu. »

Mais le principal problème quand la salmonelle vous tombe sur la tête comme une malédiction, ce n'est pas l'abattage. C'est de garder sa clientèle. « Vous avez le droit d'abattre, mais pas de rentrer de nouveaux animaux..., souligne Gilles. Du coup, que se passe-t-il ? Vous disparaissez du marché sur lequel vous vendiez pendant au moins cinq ou six mois. Sauf que votre client, lui, il a continué à manger du poulet. Seulement, il l'aura acheté ailleurs ! Et puis qu'est-ce que vous lui dites à votre clientèle quand vous revenez sur le marché ? Vous lui avouez que vous avez eu un pépin, au risque de jeter définitivement la suspicion sur votre production ? Ou vous passez pour un fumiste ou un caractériel qui a disparu pendant des mois ? » s'emporte-t-il.

D'ailleurs, face à cette alternative qui n'en est pas une, de plus en plus d'éleveurs refusent de se plier aux analyses. Et le font savoir aux inspecteurs sur le terrain. « Deux fois par an, j'ai un contrôle sur mon abattoir, résume Gilles. Et chaque fois l'inspecteur me demande si je fais bien les analyses salmonelle. Je lui réponds qu'il connaît la réponse, que c'était la même l'année dernière, et que ce sera la même l'année prochaine. » Et l'inspecteur de lui dire son obligation d'en référer à sa hiérarchie.

« Le dilemme est le suivant, explique Gilles Le Falher. Si vous ne faites pas les analyses, vous êtes hors la loi, et si vous les faites, vous risquez d'être dans la merde. » À chacun de prendre ses responsabilités et de choisir le risque qu'il préfère courir.

Et, de fait, une poignée d'irréductibles Bretons refusent de se plier au supplice de la pédichiffonnette.

Par contre, ils acceptent de réaliser l'analyse peau de cou. Comment ? Encore une autre analyse ? Eh oui. Les éleveurs doivent aussi contrôler la présence de salmonelles dans la peau du cou de leurs poulets deux fois par an. Et s'ils en trouvent, que se passe-t-il ? Pas grand-chose justement ! On leur demande de bien désinfecter leurs abattoirs, et de refaire une analyse à l'abattage suivant.

Autant dire que quand on en trouve dans la fiente des poulets, c'est la guerre nucléaire et la mise à mort économique, mais quand on en trouve sur la chaîne d'abattage, au plus près du produit final, tout va très bien, madame la marquise ? « Je leur ai fait remarquer le paradoxe, s'amuse Gilles Le Falher. Ils m'ont répondu que c'était deux services différents et qu'ils n'avaient pas à communiquer entre eux. » Dont acte.

Mais quand ils viennent pour leurs peaux de cou, nos vaillants fonctionnaires en profitent pour faire une petite inspection. Enfin, petite… La dernière que Gilles a dû essuyer a duré trois longues heures, de 9 h 30 à 12 h 30. Et qu'ont-ils trouvé après trois heures de contrôle ? « Que le vestiaire où l'on range nos bottes est trop exigu, et que le tablier bleu marine de mon mari devrait être de couleur claire[6] », s'étouffe son épouse Isabelle. « Je leur ai dit de revenir avec le règlement qui m'impose la couleur de mon tablier ! » ironise son mari.

Autant de péripéties qui ne découragent pas notre vaillant éleveur. « Mon but, c'est que malgré tout ça, nous agriculteurs, continuions à garder des relations courtoises avec ces inspecteurs[7]. » L'homme veut éviter que certaines fortes têtes mettent leur menace à exécution en virant les fonctionnaires de leur exploitation à coups de fourche. Il se félicite d'ailleurs d'avoir

6. Entretien du 4 mai 2015.
7. Entretien du 28 avril 2015.

entretenu de bonnes relations avec ces derniers qui lui permettent un véritable échange. Chaque année l'association leur rend un rapport. Les services départementaux font ainsi remonter leurs questionnements à l'échelon supérieur.

« Petit à petit, on a réussi à remonter les étages du millefeuille administratif, ironise Gilles. On a ainsi demandé et obtenu un rendez-vous avec le SRAL (direction régionale de l'alimentation) à Rennes en septembre 2014[8]. » Une fois n'est pas coutume, la chambre d'agriculture comprend son intérêt à soutenir sa filière de qualité et les accompagne. Les représentants des services sanitaires des quatre départements bretons sont là aussi. Premier constat, les situations sont très différentes d'un département à l'autre. « Il y a des coins où les inspecteurs sont plus coulants, d'autres où ils sont très tatillons, ça dépend vraiment sur qui vous tombez », résume l'agriculteur. Ça reste des histoires d'hommes, tout ça. Il est certain que suivant la pression qu'ils vont avoir, leur volonté de monter en grade, la gestion ne sera pas la même. Il y a un monde entre le jeune loup qui débarque et le contrôleur qui, s'approchant de la retraite, devient un véritable interlocuteur. »

Le département du Finistère en sait quelque chose, qui a récemment dû faire face au courroux d'un directeur zélé bien décidé à mettre au pas tous les éleveurs de plein air en les menaçant de descentes inopinées… Panique à bord, jusqu'à ce que l'association locale trouve un arrangement pour calmer le jeu. Elle mènera elle-même des audits pour identifier ce qui pose problème et tenter d'y remédier.

« Il y a autant d'interprétations de la réglementation, et donc de façons de gérer ces problèmes qu'il y a d'ins-

8. Entretien du 2 avril 2015.

pecteurs vétérinaires », s'émeut Gilles Le Falher. On s'aperçoit dès lors qu'on est face à des fonctionnaires tout-puissants ayant droit de vie ou de mort sur les éleveurs, et se comportant tels des princes modernes, choisissant de sauver Untel et de sacrifier tel autre, suivant leur humeur du moment, ou leur ambition.

L'association décide donc de passer à l'échelon national de l'administration vétérinaire. Elle adresse un courrier à la Direction générale de l'alimentation en octobre 2014 et obtient une réponse six mois plus tard, rédigée dans un jargon dont l'administration a le secret. La DGAL leur affirme qu'il existe des dérogations si les agriculteurs sont capables d'organiser leurs élevages en « sous-unités épidémiologiques ». Que sont ces mystérieuses choses au nom si étrange ? « Il faut être capable de montrer que chaque bâtiment d'élevage peut être traité de façon isolée et qu'un bâtiment contaminé ne signifie pas que tout l'élevage le soit[9] », soupire Gilles Le Falher, passé maître dans le décryptage du verbiage techno. Et dans les faits ? Comment peut-on savoir si notre élevage a une chance d'être considéré en sous-unités épidémiologiques ?

« Justement, c'est tout le problème », tacle Gilles Le Falher qui, avec ses confrères, a décidé de proposer aux services sanitaires de se rendre avec eux dans les élevages et d'organiser des simulations de crise. « C'est bien joli de nous demander ça, mais comment fait-on concrètement ? Des collègues de Loire-Atlantique ont organisé une première rencontre sur un élevage local. Les politiques étaient présents, ainsi que les représentants de la chambre d'agriculture. Conclusion de l'administration ? Sur cet élevage, nous ne pouvons pas considérer de sous-unités épidémiologiques », peste-t-il. Et dans ces cas-là, comment fait-on ? On ne fait pas,

9. Entretien du 28 avril 2015.

justement. On ne peut que prier et croiser les doigts pour que les salmonelles ne s'invitent pas. Dans le cas contraire…

« Je comprends que la loi soit faite pour le plus grand nombre et que le plus grand nombre ce soit l'élevage industriel[10] », explique sereinement Gilles Le Falher. « Mais je voudrais que pour une fois, on accepte de se mettre autour d'une table, qu'on nous écoute, et qu'on trouve des solutions ensemble. » Gilles croit en son action. Il sait qu'il arrivera à faire bouger les lignes, et rêve d'un futur où l'exemple du Morbihan aura fait école dans le reste de la France. Ce qui l'angoisse, c'est la lenteur administrative à laquelle il doit faire face.

« Parce que pendant qu'on cause et qu'on tergiverse en haut lieu, il y a chaque jour des éleveurs qui crèvent sur le terrain. »

10. Entretien du 2 avril 2015.

37

Les inspecteurs à la ferme !

4 mai 2015. L'effervescence est à son comble à la ferme de Kerdroguen. Jean-Charles Métayer est un peu tendu. Il regarde rapidement sa montre, pousse un soupir de soulagement. Il est dans les temps. Midi. Il a terminé de flécher le parcours jusqu'à son élevage. S'il est aussi angoissé, c'est qu'il attend des inspecteurs des services sanitaires venus de Vannes et de Rennes. Cet ancien infirmier de bloc opératoire reconverti il y a huit ans maintenant dans la volaille de chair avec son frère, Julien, tailleur de pierre, a voulu organiser cette journée afin de montrer aux inspecteurs comment fonctionne un élevage en plein air. Surtout, il veut que ces derniers lui expliquent comment faire face à une contamination. Gilles Le Falher l'a aidé à mobiliser les troupes. Une quarantaine d'éleveurs sont là, venus principalement du Morbihan, mais également d'autres départements bretons, comme Jean-Alain Thomas, Finistérien qui ne connaît que trop bien ces problématiques pour avoir à les gérer avec des inspecteurs bien tatillons. Sont également présents une représentante de la chambre d'agriculture, un technicien du groupement sanitaire local, le sénateur Michel Le Scouarnec, les

députés Hervé Pellois et Paul Molac. À 13 h 30 précises, les cinq inspecteurs débarquent.

Il pleut des cordes ce jour-là, mais Jean-Charles Métayer ne veut pas renoncer à la visite. « Il faut qu'ils comprennent ce que sont nos exploitations agricoles, comment elles fonctionnent, et l'impossibilité dans laquelle on est d'appliquer leurs réglementations[1]. » Les inspecteurs sont tendus.

Jean-Charles explique d'abord la réalité économique de son élevage : son investissement de 250 000 euros, ses remboursements de traites. Les 1 000 euros par mois de salaire qu'il arrive à sortir pour lui et son frère pour 90 heures de travail hebdomadaire. L'homme n'est pas du genre à se plaindre. Il est heureux de son choix. Il a une très belle clientèle. Il ne peut même pas répondre à toute la demande tant elle est forte. C'est d'ailleurs pour cela qu'il a incité un couple de jeunes à venir s'installer pas loin de chez lui. Mais peut-il leur conseiller cette voie, sachant qu'ils devront vivre avec ce risque quotidien ? Et Jean-Charles d'expliquer sa vie taraudée par l'angoisse qu'un jour, un test révèle la présence de salmonelles dans son élevage. Autant dire sa mise à mort.

Les inspecteurs baissent les yeux.

Début de la visite. Premier arrêt : la fabrique des aliments. Les deux frères veulent contrôler ce qu'ils donnent à manger à leurs volailles. Aussi ont-ils décidé de planter des céréales pour pouvoir les cultiver en bio. Ils ont d'abord planté 7 hectares et demi. Ils en ont 34 aujourd'hui. Tout le monde met la main à la pâte. Le grand-père, retraité, vient donner un coup de main quotidiennement, désherber avec ses deux fils, récolter.

Puis direction les volailles. Un coup d'œil sur les pintades, puis sur les canards gras. Jean-Charles sait qu'il

1. Entretien du 4 mai 2015, ainsi que les citations suivantes.

prend un risque avec ses canards. Mais c'est 40 % de son chiffre d'affaires, hors de question d'y renoncer.

Pas loin de chez lui, il y a un éleveur de porcs. Il épand ses effluents autour de son élevage. Le problème, c'est que les porcs sont également vecteurs de salmonelles, seulement, dans les élevages porcins, on ne la cherche pas. Encore une exception. « Comment demander aux pigeons qui viennent piétiner dans le lisier de mon voisin de passer leurs pattes aux pédiluves ? » interroge Jean-Charles. Les inspecteurs baissent les yeux encore.

Puis direction une salle de réunion. Les éleveurs ont préparé une présentation PowerPoint pour expliquer l'incapacité dans laquelle ils sont d'appliquer cette législation. « Vous allez nous faire crever », lâche Gilles Le Falher.

Le sénateur Le Scouarnec prend la parole, il semble ému. Puis c'est au tour du député Pallois qui lit, fièrement, la lettre que lui a envoyée le ministre Stéphane Le Foll, en prévision de cette réunion. Une lettre qui ne dit rien, bien entendu.

Les services sanitaires sont toujours silencieux.

Gilles Le Falher les interpelle.

Et là, très calmement, ceux qui s'étaient tus jusqu'à présent déroulent leur argumentaire.

La fabrication d'aliments à la ferme ? Une ineptie. Un risque supplémentaire. Il vous faudrait dominer davantage les fondamentaux « du bio sécuritaire ». « Les élevages industriels le font bien, eux. » Autant dire que cultiver en bio ses propres céréales comme le font Jean-Charles et son frère Julien, pour être certains de ce qu'ils donnent à manger à leurs animaux, aux yeux de l'administration, c'est un risque. Par contre, l'internationalisation de l'approvisionnement des aliments que l'on donne au bétail dans les élevages industriels, c'est le modèle à suivre ! Ces grandes usines d'aliments avec un étage réservé aux traders qui achètent les matières premières du bout du monde selon un seul critère : le moindre coût, c'est ce qu'il faut faire pour plus de sécurité alimentaire. Ces péniches qui viennent de partout et de nulle part, en passant le plus souvent à travers les mailles des contrôles sanitaires ou, pour être plus juste, autocontrôlés selon le bon vouloir des industriels, ce serait le modèle à imiter ? Nourrir les animaux avec les déchets des agrocarburants, voilà la solution « bio sécuritaire ».

Étonnant discours, quand on sait que les derniers scandales sanitaires ont émané justement de ces usines d'aliments où seul le coût des matières premières est pris en compte. Scandale de la dioxine en Allemagne fin décembre 2010 : 150 000 tonnes d'aliments empoisonnés, les graisses utilisées provenaient d'agrocarburants mal filtrés et réutilisés dans la nourriture de nos bêtes, ces aliments « bio sécuritaires », pour reprendre le jargon de nos vétérinaires, ont contaminé 4 700 élevages de poules, de dindes et de cochons allemands ; 8 000 poules pondeuses ont été abattues en raison de la présence d'un taux élevé de dioxine dans les œufs. Avant l'Allemagne il y avait eu la Belgique, l'Irlande... La France avait quant à elle dû gérer une intoxication au cadmium, un métal lourd que nous nous étions fait refourguer par la Chine...

Dans ce contexte, l'alimentation de père de famille de Jean-Charles serait donc un problème d'importance !

« Puis, élever des canards avec des poulets et des pintades, cher monsieur, c'est vraiment inconscient ! Il vous faut décidément apprendre à gérer des mesures de sécurité sanitaires. Et ne faire que du poulet, si possible en bâtiment, d'une seule classe d'âge. » « En bref, vous me proposez de faire de l'industriel ? s'agace Jean-Charles. Je leur installe une jolie véranda à mes poules pour qu'elles voient l'herbe derrière leur vitre et nous fassent coucou de la patte ? »

« Nous ne pouvons pas adapter la loi à vos élevages », assène l'inspecteur. Il vous faut assumer les mêmes contrôles que les autres. « Même quand ces contrôles sont synonymes de mise à mort pour nous ? » interroge Gilles Le Falher.

Silence des vétérinaires. Puis Jean-Charles Métayer leur demande pourquoi le contrôle salmonelle a été abandonné sur les porcs.

« Il n'est pas abandonné », corrige l'inspecteur en chef, il est juste en suspens. Pourquoi ? Y aurait-il moins de salmonelles dans le cochon ? La récente affaire de la coopérative Cooperl, l'un des mastodontes du cochon en France, prise la main dans le sac avec près de 2 000 tonnes de viande contaminée, ne semble pas plaider en faveur de cette explication. Non, la raison en est tout autre. Les éleveurs porcins pèsent beaucoup plus lourd que la poignée d'éleveurs de volailles en plein air. Comment oublier le bras de fer mené par la Cooperl et Bigard durant l'été 2015 sur le prix du porc ? Toute la filière s'en est trouvée déstabilisée.

Autant dire qu'avant de s'attaquer aux intérêts de ces géants, prêts à tout, les autorités y réfléchissent à deux fois. Car les cadors qui les dirigent ont leurs entrées dans les ministères, savent faire pression et se défendre. Il fallait d'ailleurs entendre l'inspecteur vétérinaire lors de cette réunion, totalement à bout d'arguments pour répondre à nos éleveurs mais défendant vaille que vaille la filière porcine.

« Vous ne pouvez pas comprendre, lança-t-il dans un discours vibrant, c'est bien trop compliqué à mettre en place pour le porc : il y a plusieurs classes d'âge qui se côtoient, les élevages ne sont jamais entièrement vides, ça voudrait dire la contamination potentielle de tout l'élevage. Et donc sa mise à mort économique.

C'est inenvisageable dans les conditions réglementaires actuelles. » « On sait bien, a rétorqué Gilles Le Falher. C'est pourtant ce que vous n'hésitez pas à nous faire, à nous. »

L'ensemble de la production de volailles de plein air en Bretagne, ce sont des centaines d'emplois directs. Sans compter les centaines d'emplois indirects que cela peut créer. « Si demain une usine mettait 400 ou 500 personnes à la porte, tout le monde serait dans la rue, s'émeut Gilles Le Falher. Pourquoi, quand il s'agit de nous, le monde politique s'en fout ? On n'est pas subventionnés, contrairement aux volaillers industriels. Nos affaires marchent, on vit, on fait vivre, on veut juste continuer à faire ce qu'on aime. » Les volaillers industriels ont touché, eux, quelque 26,5 millions d'euros[2] en soutien de la filière.

Silence dans la salle.

L'inspecteur en chef décide alors d'en finir avec ce débat qui lui déplaît tant. Il explique que chaque fois qu'on a allégé la pression sanitaire, c'est là que de gros pépins sont survenus. Qu'il ne faut jamais lever le pied. Puis, interpellant directement les éleveurs, il leur assène qu'ils ont une responsabilité vis-à-vis de la santé de leurs consommateurs, comment osent-ils jouer avec leur vie, faire courir de pareils risques ?

Gilles Le Falher est très ému. « Cela fait vingt ans que je pratique ce métier, que je nourris les gens, que je leur donne le meilleur poulet possible. Je connais leur famille, j'ai vu grandir leurs enfants, naître leurs petits-enfants, je ne prendrai jamais de risque. En vingt ans, je n'ai jamais tué personne et vous me parlez comme si j'étais un meurtrier. »

---

2. Georges-Pierre Mapel, Martine Marigeaud, Sylvain Marty, *La Filière volaille de chair*, Inspection générale des finances, CGAAER, mars 2014.

Une inspectrice de terrain secoue la tête, et grommelle. « Tout ça c'est du flan, peste-t-elle entre ses dents. La preuve, c'est qu'on a arrêté de faire des prélèvements salmonelles dans le muscle parce qu'on n'en trouvait jamais. Le discours dramatique de notre supérieur est inutile. »

En attendant, l'inspecteur en chef s'est levé et a mis fin à la réunion.

38

Le cauchemar vient toujours d'ailleurs

Il a la mise austère des vétérinaires qui se doivent d'en imposer, mais un sourire d'ado presque toujours rivé aux lèvres. Ce qui ne l'empêche pas de considérer son travail avec un infini sérieux. Comment pourrait-il en être autrement ? L'homme a tout le poids de la santé animale de l'Hexagone sur les épaules. Gilles Salvat participe ainsi depuis son laboratoire de Ploufragan, en Bretagne, à l'élaboration de la sécurité alimentaire. Ce vétérinaire de haut vol constate d'ailleurs avec fierté que l'essentiel des réglementations européennes ont été faites sous l'impulsion de la France. C'est nous, Gaulois, soutenus par les pays du Nord, qui avons soufflé l'esprit de la loi à la Commission, et ce, depuis la fin des années 70. Nous encore qui avons suggéré cet amoncellement de réglementations sanitaires dont ce fonctionnaire est persuadé qu'elles sont la colonne vertébrale de notre sécurité alimentaire. Gilles Salvat ne reconnaît donc que du bout des lèvres les excès d'hygiénisme dans lesquels cela nous a parfois embarqués. Pour autant, comme tous ceux qui maîtrisent parfaitement leur sujet, il sait très bien distinguer le bon grain de l'ivraie, autrement dit les contrôles sanitaires indispensables des « couillonnades » que certains inspecteurs trop zélés aiment à pratiquer.

Sur les salmonelles, il est assez serein. « Vous m'auriez posé la même question il y a vingt-cinq ans, je l'aurais sans doute été beaucoup moins[1] », reconnaît le haut fonctionnaire. « Il faut dire qu'à l'époque, 80 % des poulets standard étaient contaminés et 5 à 10 % des poulets label », se remémore-t-il, soulagé d'avoir passé ce moment difficile. « Aujourd'hui on est retombé à moins de 2 % pour les poulets standard, et moins de 1 % pour les label. » Pourquoi la salmonelle était-elle aussi problématique alors ? Parce que les éleveurs de reproducteurs – ceux qui fournissaient les poussins à tous les élevages – étaient largement contaminés. « Il y a vingt-cinq, trente ans, on avait une chance sur deux que les poussins arrivent avec des salmonelles sur l'élevage et plombent tous les autres. » La France, avec toute sa rigueur administrative (qui parfois a du bon), a donc circonscrit le problème en proposant aux éleveurs de rentrer dans un système de contrôles stricts afin de faire place nette chez eux. L'État, dans sa mansuétude habituelle, a également sorti son carnet de chèques pour les dédommager. Opération réussie.

« Maintenant, quand vous recevez un poussin, il n'y aura aucun problème dans pratiquement 100 % des cas. » Parfait. « Alors qu'aux États-Unis, où ils n'ont rien fait, ils sont dans la même situation que nous il y a vingt ans. » On comprend mieux les bains de chlore dans lesquels ils trempent gaillardement leurs poulets, et le peu d'empressement que nous montrons à l'égard de ces volatiles venus du Grand Ouest...

Bien. Sauf que maintenant, cocorico, on a gagné la bataille de la salmonelle, ou presque. Alors, pourquoi

1. Entretien du 15 avril 2015.

enquiquiner les petits élevages ? Sont-ils un véritable danger pour la santé publique ?

À en croire cet éminent chercheur, pas vraiment ! Car plus les poulets sont âgés, plus ils auront développé d'anticorps. Or les poulets de plein air sont abattus entre 82 et 120 jours. Autant dire que ces poulets rustiques, à qui on a laissé le temps de constituer leur immunité, sont plus costauds que les autres. « La période de sensibilité maximale à la salmonelle est entre 0 et 10 jours, c'est vraiment là que se jouent les choses », explique le scientifique. La filière industrielle où les animaux sont abattus jeunes est donc plus exposée. « Alors que les poulets label ou de plein air ont une croissance lente, des rations moins concentrées, leur flore digestive est différente. Et comme ils ne sortent pas au quarantième jour, leur système immunitaire fonctionne bien. »

Nos poulets de plein air seraient donc quasi exempts de salmonelle.

Ainsi, quand les équipes des laboratoires de Ploufragan se livrent à des investigations très poussées grâce à des techniques de pointe sur des échantillons de 25 grammes de poulet, ils parviennent (parfois) à en débusquer une au détour d'un chemin… En tout cas, jamais plus de 100. Or, pour être malade, il en faut des centaines de milliers, si ce n'est un million !

On en est donc bien loin. Par ailleurs, une cuisson tue jusqu'à 10 milliards de salmonelles.

Laissons la conclusion à Gilles Salvat : « Le risque pour le consommateur est très faible, à moins que vous vous amusiez à manger une salade de peaux de poulets crus[2] », ce qui *a priori* n'est pas dans nos habitudes alimentaires.

2. Entretien du 15 avril 2015.

Pour ce spécialiste, il est temps de réfléchir autrement. « La présence de salmonelle n'est pas en soi dangereuse si la quantité est inférieure à la dose infectante pour le consommateur. Il faut donc peut-être raisonner quantitativement, ce qui n'est pour l'instant pas la position de la réglementation qui raisonne en présence/absence[3]. » En clair, c'est la dose qui fait le poison. Il faudrait donc essayer de les quantifier plutôt que de chercher à traquer leur présence. Et de mettre à mal les élevages de qualité pour un risque quasi inexistant. Le salut de la volaille de plein air viendra peut-être du porc industriel. Car la quantification des salmonelles est la seule solution pour le moment envisagée pour les élevages porcins.

Pour une fois que les intérêts des industriels viendraient sauver nos élevages rustiques !

Pour les deux salmonelles recherchées principalement, le problème semble presque résolu. Ce qui n'empêche pas les inspecteurs sur le terrain d'enquiquiner les fermiers. Sauf que le danger ne vient plus de ces salmonelles mais d'ailleurs.

C'est l'Institut Pasteur qui a alerté les équipes de Gilles Salvat. « Ils nous ont prévenus que de nombreux voyageurs revenant d'Afrique étaient porteurs d'une souche particulière qui possède des gènes de résistance très inquiétants aux antibiotiques[4] », se remémore le chercheur, soudain soucieux.

« Les dernières souches que nous avons pu identifier sont résistantes aux antibiotiques de deuxième génération et notamment à l'antibiotique donné en première intention lorsque l'on suspecte un cas de salmonellose, s'inquiète Gilles Salvat. La dernière que nous avons cernée était résistante aux carbapénèmes, autant dire

3. Mail du 6 mai 2015.
4. Entretien du 15 avril 2015.

l'avant-dernier recours que nous ayons pour soigner les patients. »

Aucune de nos volailles n'avait été contaminée jusqu'à ce qu'un éleveur, rentré malade du Maroc, ait mis en place ses dindes et celles de son voisin et infecté les deux élevages. Seulement voilà, si on a mis un arsenal réglementaire important sur les petits élevages et les deux salmonelles pour lesquelles il n'y a plus aucun problème, on n'avait pas prévu le cas de la kentucky. L'agriculteur n'avait donc aucune obligation réglementaire d'abattre son élevage, et aucune solution de dédommagement s'il acceptait de le faire. L'État a su trouver les mots (et les arrangements financiers) pour le ramener à la raison.

Et depuis, la kentucky est entrée à l'annexe 1B dans le décret du 17 février 2015, autant dire qu'elle est là de façon transitoire, jusqu'à ce que le problème soit éradiqué.

On va donc désormais contrôler les élevages français. Et rajouter ce fardeau à nos petits élevages fermiers alors que nous savons pertinemment qu'il y a très peu de chances pour que cela vienne un jour de chez eux.

« Sur les 170 cas de personnes tombées malades en France à cause de ce type de salmonelles, toutes ont été importées. Dans la majorité des cas, il s'agit de personnes revenues malades de leurs voyages touristiques. À l'exception de deux ou trois cas concernant des personnes intoxiquées après avoir mangé du poulet… importé », précise Gilles Salvat.

Parce que pendant que nous, nous martyrisons nos petits éleveurs de plein air, ni l'Allemagne, ni la Pologne, ni la Roumanie, ni la Hongrie, ni l'Espagne ne prennent autant de mesures pour contrôler leurs élevages industriels.

Autant dire que les risques, les vrais, viennent des blancs de poulet importés qui pourraient bel et bien finir un jour dans nos assiettes.

Pour mémoire, nous importons 44 % du poulet consommé en France.

39

Petit tour de l'Europe de la salmonelle

« À vous entendre, chers inspecteurs sanitaires », s'agaçait l'éleveur Jean-Charles Métayer lors de la réunion où il les avait conviés près de Vannes, « on croirait que nous sommes en pleine pandémie de salmonellose et que nous allons tous en mourir dans les mois qui viennent[1]. »

Alors, qu'en est-il exactement ? Sommes-nous affreusement menacés par ce péril que l'on traque chez nos éleveurs ?

Selon l'EFSA, l'agence sanitaire européenne, pas trop ! Le nombre de cas humains touchés par la salmonellose aurait même baissé de 37,9 % depuis 2007, de 5,4 % depuis 2010 et 95 548 personnes seraient touchées chaque année en Europe sur un peu plus de 508 millions d'habitants, ce qui fait à peine 0,0188 % de la population[2]. Touchées, c'est-à-dire ayant connu des symptômes (certes fort désagréables) de gastro-

1. Entretien du 4 mai 2015.

2. Scientific Report of EFSA and ECDC, « The European Union Summary Report on Trends and Sources of Zoonoses, Zoonotic Agents and Food-borne Outbreaks in 2011 », *The EFSA Journal*, 2013, 11(4) : 3129.

entérites, soit fièvres, diarrhées, vomissements, douleurs abdominales.

En France, le nombre de personnes touchées serait de 8 685. Malgré les contrôles incessants subis par les éleveurs, les fromagers, les bergers, ce chiffre est en augmentation puisqu'en 2007 il n'y avait eu que 5 313 cas.

8 685 cas sur un peu plus de 66 millions d'habitants, cela équivaut à un pourcentage de la population de 0,013 %.

Comment se débrouillent nos voisins ? L'Allemagne, toujours citée en exemple par nos dirigeants, en était à 55 399 cas en 2007, et est, bienheureusement, passée à 24 511 cas. Soit trois fois plus que nous[3]. Pour une population certes plus nombreuse (81,174 millions). Le spécialiste Gilles Salvat se remémore que « lors de la dernière enquête épidémiologique européenne sur les salmonelles dans la filière pondeuse (2004), nous partions en France de 8 % de troupeaux contaminés par les deux principales sources de salmonelloses humaines, quand, sur la même enquête, l'Allemagne partait de 24 % de troupeaux positifs. Pour le poulet de chair (2005-2006), nous étions à 6 % de positifs toutes salmonelles confondues (l'Allemagne à 15 %)[4] ». Et si la situation s'est largement améliorée chez nous (moins de 1 % des poules pondeuses sont touchées en France), cela n'a manifestement pas été dans les mêmes proportions en Allemagne.

Au fait : nous avons importé pour 126,6 millions d'euros[5] de poulets allemands l'an passé.

3. Même s'il semble que nous sous-évaluions un peu le nombre de cas puisque ne sont comptabilisées que les diarrhées analysées en laboratoire.

4. Mail de Gilles Salvat daté du 5 mai 2014.

5. Georges-Pierre Malpel, Martine Marigeaud, Sylvain Marty, *La Filière volaille de chair*, Inspection générale des finances, CGAAER, mars 2014.

Continuons notre petit tour d'Europe de la salmonelle. En Belgique, le nombre d'habitants touchés est de 3 177 sur 11,2 millions d'habitants, soit près de 2,2 fois plus que chez nous.

Nous avons importé pour 232,5 millions d'euros de poulets belges l'an passé.

Aux Pays-Bas ? 1 284 cas sur 16,9 millions d'habitants. Soit une pression salmonelle certes moindre que chez nous, mais bel et bien présente.

Nous avons importé pour 215 millions d'euros de poulets provenant des Pays-Bas.

Autant dire que pendant qu'on assassine nos petits éleveurs, nous faisons venir des milliers de tonnes de poulets de pays qui, dans l'ensemble, sont beaucoup moins bons que nous.

Mais la salmonelle, me direz-vous, ça ne vient pas forcément des poulets.

C'est juste. D'ailleurs, en novembre-décembre 2011[6], la France a connu une épidémie avec 337 cas causés par… du saucisson sec. C'est-à-dire du cochon. Rappelons que les autorités ne contraignent pas les élevages porcins aux mêmes types de tests qu'elles imposent pourtant à nos petits éleveurs de volailles de plein air.

Récapitulons. On ne soumet pas la filière porcine – alors que le porc est la viande la plus consommée par les Français – aux tests salmonelles. On contraint durement la filière avicole de plein air qui ne pose pourtant aucun problème. Et on importe de plus en plus de poulets venus de pays tiers, bien plus exposés que nous.

Cherchez l'erreur.

---

6. François-Xavier Weill, Simon Le Hello, rapport Centre national de référence des Salmonella, rapport d'activité annuel 2011.

40

La verticale du fou, ou le dédale des contrôles

« Viandes gris verdâtre impropres à la consommation humaine dans des charcuteries, moisissures, souris vivantes ou mortes, excréments de souris dans des étuves à chorizo, fromage ramassé à la raclette sur le sol pour en faire du fromage fondu[1]. » Le *Télégramme de Brest* avait fait grand bruit en mai 2014 en révélant au grand jour de longs extraits de la face cachée du rapport de la Cour des comptes sur les contrôles sanitaires en France. Toute une partie du travail des sages de la rue Cambon avait opportunément disparu de la publication finale, et notamment tous les passages croustillants sur les pratiques de certains de nos industriels concoctant leurs produits premiers prix.

Écœurant ? Ce n'est pas tout. Quelques mois plus tard, c'est la Cooperl, le géant de l'industrie porcine, qui se faisait coincer après avoir revendu à ses consommateurs pour 1 500 à 2 000 tonnes de viande de porc contaminée par la salmonelle et liquidée ni vu ni connu en plats préparés vendus en France

1. Hervé Chambonnière, « Des failles dans le contrôle », *Le Télégramme de Brest*, 30 mai 2014.

et à l'étranger. Comment ont-ils réussi à faire passer autant de viande avariée au travers des mailles du filet ? En maquillant les résultats de leurs autocontrôles !

Un trafic qui leur a valu de passer devant le tribunal correctionnel de Saint-Brieuc et de risquer deux à dix-huit mois de prison avec sursis (la peine maximale). « “À la Cooperl, on joue au 421, on lance les dés jusqu'à obtenir les bons résultats, on triche”, a lancé l'avocat de l'association de consommateurs [UFC-Que Choisir], maître Edmond-Claude Frety[2]. »

Après presque trois années de procédure, le jugement a été prononcé le 2 juillet 2015. Le leader français du cochon « a été reconnu coupable de faux, escroquerie et tromperie sur les qualités substantielles de la marchandise. Jean-Michel M., le directeur de la branche industrie viandes du groupe, a été condamné à vingt-quatre mois de prison avec sursis (dix-huit mois avaient été requis à l'audience par le procureur). Quatre mois de prison avec sursis ont été infligés à deux autres salariés pour des faits de faux[3] ». En tant que personne morale, la Cooperl « a été condamnée à 150 000 euros d'amende [...]. Le tribunal a également ordonné à l'encontre de la Cooperl la confiscation des 2,9 millions d'euros saisis lors de l'enquête préliminaire[4] ».

---

2. « Salmonelle : prison avec sursis requise au procès de la Cooperl », *Le Parisien*, 25 mars 2015.

3. UFC-Que Choisir, 7 juillet 2015.

4. *Ibid.* La Cooperl a cependant été relaxée d'accusation de mise en danger de la vie d'autrui ; son président, Patrice Drillet, dans un mea culpa nuancé, affirme : « Nous regrettons cette condamnation mais nous constatons que le tribunal a aussi retenu les éléments du dossier qui montrent que nous avons constamment veillé à la santé du consommateur et à la qualité de nos produits. »

Quel est le slogan de la Cooperl déjà ? Ah oui : « Hier, aujourd'hui, demain, l'agriculture droit dans les yeux. »

Mieux. Car tout, loin de là, n'a pas été expurgé de l'excellent rapport des sages de la rue Cambon. Dans un encadré sobrement intitulé « Le cas de l'établissement Spanghero », du nom de cette entreprise qui nous a fait avaler du cheval pour du bœuf, on apprend que deux mois avant que l'affaire n'éclate, les inspecteurs n'avaient trouvé que des non-conformités mineures sur place. Autant dire pas de quoi fouetter un chat. Pourtant, s'ils avaient mieux cherché, et quand ils l'ont fait après que l'affaire eut éclaté, ces mêmes inspecteurs ont trouvé dans les locaux « de la viande séparée mécaniquement de mouton d'origine britannique, interdite de commercialisation pour des raisons sanitaires[5] ». Ce n'est pas tout. En septembre 2008, alors que les contrôleurs avaient mis au jour « des non-conformités majeures concernant l'absence de date limite de consommation de certains produits congelés par l'atelier[6] », « un simple avertissement a été envoyé à l'établissement ». L'entreprise n'ayant à nouveau été contrôlée que fin 2012 pour ne rien y trouver – ou presque – alors que le scandale devait éclater début 2013.

Qu'est-ce que tout cela signifie ? Que ces grosses entreprises savent parler le même langage que nos inspecteurs. Qu'ils ont du personnel dédié à remplir les fiches, à faire – ou à maquiller – les autocontrôles, à compléter des rapports qui auront l'apparence de la probité… Pendant que nos petits paysans rament pour essayer de rentrer dans les cases et trouver le temps d'écluser la paperasse en plus de leur journée de travail.

5. Rapport de la Cour des comptes, p. 82-83.
6. *Ibid.*

On s'aperçoit ainsi que pour ceux qui sont capables de donner le change, tout va très bien, monsieur l'inspecteur. Au fond, on ne vous en demande pas tellement plus. Et le rapport de la Cour des comptes d'épingler la propension à l'autocontrôle (et à la dissimulation de résultats gênants) de la part de l'industrie agroalimentaire. Comme le disent sobrement les sages, « Les autocontrôles réalisés par les professionnels sont de qualité variable et les non-conformités ne sont pas nécessairement portées à la connaissance des services de l'État[7] ».

Bref, pendant que les gros réussissent avec maestria à nous faire passer du cheval pour du bœuf et des crottes de souris pour des grains de poivre, les petits coulent, incapables de rentrer dans le moule.

Par ailleurs, la Cour souligne que les effectifs de nos inspecteurs ne cessent de diminuer sur le terrain depuis 2009 puisque, très paradoxalement, « la Direction générale de l'alimentation a fait le choix de faire porter leur diminution quasi exclusivement sur l'échelon départemental [...] (une diminution de plus de 300 équivalents temps plein travaillés) chargé des inspections dans les élevages, dans les abattoirs et dans les autres établissements ». En clair, c'est sur le terrain qu'on a enlevé des hommes, pas dans les bureaux.

Mais comment se fait-il alors que les fonctionnaires, en mal de troupes et aux agendas surchargés, prennent autant de temps à veiller au respect des règles dans les petites fermes ? Ne vaudrait-il pas mieux se concentrer sur les grosses usines ?

Il y a pire encore. Car si l'agro-industrie française est insuffisamment contrôlée, ce n'est rien à côté des produits importés. La réglementation européenne nous permet de réaliser une série de contrôles sur les den-

7. *Ibid.*, p. 83.

rées alimentaires provenant des pays de l'Union. C'est ce qu'en verbiage administratif on appelle des contrôles à destination. Or le bilan 2010-2011 est juste effarant : ces contrôles ont en effet mis en évidence « des taux importants de non-conformités : 17 % pour les viandes fraîches de boucherie, 13 % pour les viandes fraîches de volaille, 25 % pour les produits à base de viande, 21 % pour le lait cru ou traité thermiquement et les produits à base de lait[8] ». « Ces anomalies constatées lors des “contrôles à destination” se concentrent sur les importations en provenance d'Espagne (plus de 32 %), de Belgique (22,3 %) et d'Italie (5,9 %). En 2007, l'Espagne et l'Italie concentraient 85 % des non-conformités détectées[9]. »

Forts de ces résultats, nos fonctionnaires ont-ils multiplié les contrôles sur les importations de denrées alimentaires et spécialement sur celles provenant des pays qu'on avait épinglés ?

Pas du tout.

« En dépit de ces taux d'anomalies élevés, les “contrôles à destination” sont très peu nombreux : pour la période 2010-2011, 1 311 interventions ont été réalisées pour 3 422 établissements enregistrés en tant que premiers destinataires en France, ce qui représente une baisse de plus de 20 % par rapport à l'année précédente[10]. » Pire. « Seuls 8,5 % des contrôles ont donné lieu à des suites et 2,6 % à une saisie/destruction de produits. » Et « dans 35 départements, aucun “contrôle à destination” n'a été enregistré[11]. »

Ainsi, pendant que l'on enquiquine nos petits producteurs, on laisse passer des denrées alimentaires pas

8. *Ibid.*, p. 74-75.
9. *Ibid.*, p. 75
10. *Ibid.*
11. *Ibid.*

nettes venant du reste de l'Europe. Denrées qu'on n'a pas même le temps de contrôler, étant donné que nos services sont en sous-effectifs. Pas très rassurant !

Mais à cet arbitraire s'ajoute celui que les paysans constatent jour après jour sur le terrain : d'un département à l'autre, d'une région à l'autre, selon les inspecteurs, vous ne serez absolument pas traités de la même façon. La Cour souligne ainsi que « les pratiques des notations des inspecteurs peuvent varier sans raison apparente[12] ». Puis, s'appuyant sur une analyse réalisée en 2012 dans les régions Provence-Alpes-Côte d'Azur (PACA) et Languedoc-Roussillon, la Cour démontre que « d'un département à l'autre, la proportion d'inspections ayant conduit à relever des non-conformités variait considérablement[13] » : 12 % dans la région Provence-Alpes-Côte d'Azur, 33 % dans les Alpes-Maritimes contre seulement 3 % dans le Vaucluse[14]. De là à dire qu'on est plus coulant dans le Vaucluse… il n'y a qu'un pas que les sages n'osent pas franchir.

Enfin, la Cour des comptes semble (presque) aussi perdue que nos agriculteurs face à la multiplicité des instances auxquelles ils ont à faire face. Au niveau national, la politique de sécurité sanitaire fait intervenir trois administrations relevant de trois ministères différents. La DGS (Direction générale de la santé, relevant du ministère de la Santé) est compétente pour l'eau potable, embouteillée, mais aussi en cas de crise sanitaire.

La Direction générale de la consommation, de la concurrence et de la répression des fraudes (DGCCRF),

12. *Ibid.*, p. 83.
13. *Ibid.*
14. *Ibid.*, p. 80.

dépendant du ministère de l'Économie, est en charge de la surveillance « globale du marché, de la sécurité des denrées d'origine végétale, des règles générales et spécifiques d'information du consommateur sur les denrées alimentaires, des organismes génétiquement modifiés, des exigences en matière de qualité et de composition des denrées alimentaires, des matériaux au contact des denrées alimentaires et, conjointement avec la Direction générale de l'alimentation (DGAL), des aliments pour animaux[15] ».

Enfin, la Direction générale de l'alimentation (DGAL), qui dépend du ministère de l'Agriculture, « intervient sur l'ensemble des aspects qui concernent la production animale (avant abattage) et végétale (avant récolte), notamment l'utilisation des intrants (produits phytosanitaires, matières fertilisantes, médicaments vétérinaires) ainsi que l'hygiène et la sécurité de la production et alimentation animale. En outre, elle intervient sur l'hygiène et la sécurité des denrées d'origine animale, de la transformation jusqu'à la distribution au consommateur final[16] ».

Voilà pour l'échelon national. Après, il y a l'échelon régional avec les agences régionales de santé (ARS), les directions régionales des entreprises, de la concurrence, de la consommation, du travail et de l'emploi (DIRECCTE) et les services régionaux de l'alimentation (SRAL) des directions régionales de l'alimentation, de l'agriculture et de la forêt (DRAAF)[17].

Parfois, tout ce petit monde peut fusionner et changer de nom ! C'est ce qui s'est passé en 2010 et 2011 à la faveur de la réforme de l'administration territoriale de l'État (RéATE, qui a elle-même été initiée dans le

15. *Ibid.*, p. 66.
16. *Ibid.*
17. *Ibid.*, p. 67.

cadre de la RGPP pour révision générale des politiques publiques). Jusque-là, les paysans avaient soit à faire à la Répression des fraudes, soit aux services vétérinaires. Maintenant tout ce petit monde fait partie du même service, la fameuse DDPP, pour direction départementale de la protection des populations.

Vous êtes perdu ? Vous avez l'impression de ne rien comprendre ? Ni de savoir qui contrôle quoi ? C'est normal, personne ne comprend. Pas même les services dont les frontières se chevauchent gaillardement.

Seulement maintenant, vous savez ce que subissent au quotidien les petits paysans qui ont affaire à ces administrations toutes-puissantes.

41

Les abattoirs abattus

Ce qui est étonnant en France, c'est qu'on a d'excellents fonctionnaires qui sont nommés à la tête de commissions dans lesquelles ils se démènent pour faire un travail remarquable et produire des rapports visionnaires qui ne sont... jamais suivis d'effets.

Ainsi en va-t-il de celui réalisé sur les abattoirs par l'inspecteur général de la santé publique vétérinaire Xavier Ravaux[1].

L'homme y a consigné méticuleusement les atouts et les faiblesses de cette filière, a donné des orientations qui se révèlent aujourd'hui encore d'une parfaite justesse, ce qui n'a pas empêché son ouvrage de rejoindre l'épaisse pile des rapports enterrés.

Bien avant la vague de fermeture des abattoirs industriels, bien avant les plans sociaux des mastodontes de la filière laissant sur le carreau toujours plus de salariés, Xavier Ravaux notait déjà l'importance de conserver un

1. Rapport Filière Abattoir : *Synthèse des études et données économiques et sanitaires disponibles fin 2010*, partie 1 : économie, Xavier Ravaux, inspecteur général de la santé publique vétérinaire, juin 2011, CGAAER n° 10227.

maillage de petits abattoirs de proximité indispensables selon lui au soutien de « l'artisanat, [à] la valorisation des signes officiels de qualité, [aux] circuits courts et [à] l'installation des agriculteurs[2] ». Il évoquait cependant leur fragilité et leur difficulté à mettre en place des investissements lourds rendus nécessaires pour « répondre à des normes sanitaires environnementales toujours plus exigeantes[3] ».

En 2011 déjà, il y avait donc urgence à soutenir ces petits abattoirs dans une filière très fortement concentrée dont le rapporteur notait qu'elle n'avait cessé de s'éroder au fil des années, avec une nouvelle accélération à partir de 2007… Justement à cause de ces questions sanitaires.

En clair, nous avons privatisé nos abattoirs, et nous les avons abandonnés à des mastodontes aveugles. Sans revenir sur ces choix, le rapporteur soulignait qu'il serait judicieux maintenant de maintenir coûte que coûte nos petits abattoirs. Pourquoi ? Parce que ce sont eux qui créent l'emploi local. Et favorisent le maintien d'une agriculture et d'un artisanat de qualité. En clair, qui dit abattoir de proximité dit boucherie traditionnelle qui achète ses bêtes plus cher et qui valorise les appellations d'origine. Un cercle vertueux que Christian Le Lann, président de la Confédération française de la boucherie, boucherie-charcuterie, traiteurs (CFBCT), ne connaît que trop bien pour en défendre inlassablement, depuis de longues années, les mérites auprès des élus. Un homme courageux, qui n'a pas hésité à se mettre à dos une partie de la filière viande, trop proche selon lui des industriels et de la grande distribution. « Nous faisons vivre les éleveurs, nous connaissons la valeur de leur travail, le

2. *Ibid.*, p. 4.
3. *Ibid.*, p. 9.

sacerdoce qu'est leur métier[4] », lâche cet homme faussement jovial qui sait combien est fragile cette filière de qualité. Il hoche la tête, écœuré. Il peine à comprendre comment, au vu de la dernière crise traversée par l'agriculture française, nos édiles refusent encore de changer de cap[5].

D'ailleurs, Xavier Ravaux, lui aussi, se prenait à rêver d'un renouveau de la boucherie grâce aux petits abattoirs qui permettraient de maintenir la valeur ajoutée dans les bourgs de nos campagnes[6]. Et ce dans un partenariat gagnant-gagnant, puisque les bouchers seraient prêts à payer plus cher pour que les bêtes parcourent moins de kilomètres : on sait aujourd'hui que le stress de l'animal a une influence néfaste sur la qualité de la viande.

Soutien à la filière bouchère, mais également à celle des circuits courts créateurs « d'un emploi complémentaire sur une exploitation[7] » permettant notamment à des jeunes de s'installer.

Or rien de ceci n'est possible sans ces fameux petits abattoirs. Car les grands n'ont aucune envie de s'enquiquiner avec ce qu'ils considèrent comme des productions de niche[8].

Mieux. Ces abattoirs seraient le meilleur moyen pour une collectivité de faciliter « l'implantation et le maintien[9] » d'entreprises locales pour fournir les cantines et, là encore, créer de l'emploi.

En clair, ces abattoirs sont un levier pour lutter contre la désertification des campagnes.

4. Entretien du 9 juin 2015.
5. Entretien du 5 septembre 2015.
6. Rapport Filière Abattoir, p. 15.
7. *Ibid.*, p. 13-14.
8. *Ibid.*
9. *Ibid.*

A contrario, leur fermeture engendre une perte sèche pour la région, et l'agriculture régionale. Le rapporteur en est certain, qui assure qu'en cas de fermeture d'un petit abattoir, « les industriels [vont] acheter des viandes foraines nationales ou importées sur le seul critère du prix de revient et de la simplicité. Une restructuration trop brutale de [ce] réseau pourrait pousser à l'augmentation des importations de la part d'entreprises qui ont perdu le lien avec une région ou un bassin de production, la viande ressemblant à la viande, quel qu'en soit son lieu de production, fût-il dans l'hémisphère Sud[10] ».

Autant dire que chaque fois qu'un petit abattoir ferme, c'est un boulevard laissé à l'industrie pour qu'elle achète ailleurs avec pour seul critère de sélection celui du prix le plus bas. Ils sont donc nécessaires pour asseoir des productions locales de qualité. Et leur permettre de perdurer.

Tous les malheurs de cette filière, son hyperconcentration, seraient-ils arrivés à cause des investissements importants que les abattoirs ont été contraints de réaliser à cause des réglementations sanitaires européennes ?

« Trop facile d'accuser une nouvelle fois Bruxelles », lance Samuel Féret, animateur d'ARC 2020, une ONG qui bataille pour une autre agriculture. « Pourquoi n'y a-t-il que chez nous qu'il y ait des freins à l'installation de petits abattoirs alors qu'en Allemagne, en Irlande, en Autriche, il n'y en a pas ? Pourquoi ont-ils réussi à développer l'abattage mobile et pas nous ? Parce que, en France, on a des responsables politiques qui ne saisissent pas les opportunités fournies par l'Europe, notamment pour financer ces abattoirs de proximité[11]. »

---

10. *Ibid.*, p. 19.
11. Entretien du 14 octobre 2014.

Un constat que partage ce haut fonctionnaire spécialisé dans ces questions. « L'Allemagne a pris le virage de la régionalisation avant nous, comprenant combien ces infrastructures étaient cruciales et structurantes dans l'aménagement du territoire. Et puis elle est bien plus riche que nous. On en crève de notre myriade de communes. Comment voulez-vous insuffler les sommes nécessaires ? » s'agace-t-il. Car ces équipements, sans cesse soumis à l'humidité, s'abîment très rapidement. De plus, c'est une industrie très gourmande en main-d'œuvre. « En clair, ce n'est pas un secteur très rémunérateur mais il est néanmoins crucial, ajoute ce fonctionnaire. Il est regrettable que l'État, trop content de s'en débarrasser et de les refourguer à des industriels, ait perdu cela de vue. »

Une fois abandonnés aux empires de l'agrobusiness, les abattoirs ont subi le même sort que le reste de l'agriculture productiviste : ils sont devenus toujours plus gros et toujours moins rentables. « C'est cette logique folle que nous sommes aujourd'hui en train de payer », déplore-t-il.

Une fois encore, l'État s'est planté.

Pendant ce temps-là, nos voisins ont été plus malins. L'Allemagne a maintenu 3 521 abattoirs, l'Autriche 3 234, l'Italie 1 657... Alors que nous, selon ce même rapport Ravaux, nous n'en avons conservé que 286, faisant de nous les pires élèves de l'Europe avec le Royaume-Uni, les Pays-Bas et le Danemark.

6 octobre 2015. Séance publique du Sénat. Stéphane Le Foll fait face à un hémicycle presque vide de ces élus dont on dit pourtant qu'ils sont si proches du monde agricole. Abandonnant son habituelle bonhomie, le ministre rappelle sèchement à l'un de ses contradicteurs que l'État va investir près de 50 millions dans

les abattoirs et la découpe. « Soit deux fois les sommes engagées entre 2002 et 2012 ! »

Nos décideurs semblent donc enfin avoir pris conscience de l'importance de ces outils. En attendant que ces millions si tardivement investis portent leurs fruits, Gérard Legruel, notre éleveur d'agneaux de pré-salé à Créances, continue à faire trois heures de route pour faire abattre ses bêtes.

42

Le muscadet contre-attaque

Il n'a pourtant rien d'un révolutionnaire. Look très versaillais. Complet impeccable, chaussures de ville en pleine campagne. Une grande mèche ramenée sagement sur le côté. On jurerait le sosie du père Le Quesnoy dans *La vie est un long fleuve tranquille,* le film mythique d'Étienne Chatiliez. Il se montre excessivement bien élevé en vous accueillant sur le perron de son château. C'est là que sont installés les bureaux du syndicat du muscadet. Frédéric Macé en est le directeur. Mais si la bâtisse est cossue, les bureaux sont modestes, à l'image, sans doute, des moyens de cette appellation. L'homme travaille dans une pièce où la moquette ne semble pas avoir été changée aussi souvent que dans une grande entreprise publique.

Il vous le fait remarquer d'ailleurs dans un sourire, tout en se félicitant, comme d'une victoire obtenue de haute lutte, d'avoir réussi à se débarrasser récemment de celle qui recouvrait les murs depuis les années 70… La moquette du sol attendra donc encore un peu.

Cet homme rangé, à l'allure si bourgeoise, se fait pourtant très souvent affubler du qualificatif de « communiste ». Un terme qui, lorsqu'il lui est lancé en pleine réunion, n'est jamais pris d'une façon très positive. Il en rit d'ailleurs. « Ça, ce sont les bons jours. Sinon, c'est "ours des Pyrénées"[1]. » Son crime ? Oser s'élever contre la spéculation sur ces terres si proches de la belle ville de Nantes. Et essayer de préserver le vignoble pour les générations futures. « Mais comment expliquer à quelqu'un qui est assis sur un tas d'or qu'il ne doit pas y toucher, ni en profiter ? » interroge-t-il. La pression des habitants de Nantes qui cherchent à faire construire à un jet de pierre de leur ville est chaque année plus importante. C'est d'ailleurs ce qui fait s'envoler les prix. Quand un terrain devient constructible, il voit sa valeur multipliée par dix, vingt, voire quarante dans certains cas. De quoi assurer une belle retraite à des vignerons qui ont travaillé toute leur vie ou un beau pactole à des héritiers qui ont choisi de se détourner de ce métier de labeur.

Dans certaines régions, la culbute est encore plus faramineuse : « En 2013, les moyennes des prix constatés variaient de 3 990 euros l'hectare de forêt à 368 300 euros pour les terrains constructibles de moins d'un hectare ouverts aux particuliers, en passant par 4 240 euros pour les terres et les prés loués[2]. » Autant dire qu'un terrain constructible de moins d'un hectare peut valoir près de 87 fois plus cher qu'une terre agricole, 64 fois en moyenne selon les Safer[3].

« Il est donc urgent d'agir, s'émeut Frédéric Macé, parce que, en vingt-cinq ans, on a perdu 2 000 hectares de terre, dont un millier étaient plantés[4]. »

1. Entretien du 3 avril 2015.

2. Agnès Courtoux, Cécile Claveirole, « La bonne gestion des sols agricoles : un enjeu de société », Les avis du Conseil économique, social et environnemental, 13 mai 2015, p. 19.

3. *Ibid.*, p. 31-32.

4. Entretien du 3 avril 2015.

Un argument qui n'est pas toujours facile à faire entendre. Et Frédéric Macé d'égrener les réunions où il se rend en opération commando pour essayer de déminer les problèmes et d'expliquer sa démarche. Les histoires s'accumulent. De cette vigneronne mécontente car elle souhaitait partir en retraite et qu'elle comptait sur l'argent apporté par la vente de ses terres en terrains à bâtir. « Je lui ai répondu que si tout le monde avait fait comme elle depuis 1936, il n'y aurait plus de vignobles aujourd'hui. » Un peu désarçonnée, et au fond assez émue, la vigneronne en a convenu. Une autre fois encore, il s'est retrouvé entouré d'une cinquantaine de vendeurs potentiels… Pas très heureux de s'entendre dire que le directeur ferait tout pour empêcher que ces terres disparaissent sous le bitume.

Son arme fatale pour lutter contre l'artificialisation des terres ? L'article 643-4 du Code rural. Un outil qui lui permet de demander l'avis du ministère de l'Agriculture, puis de saisir le cas échéant le tribunal administratif ou l'État. Bref, les vendeurs savent que l'affaire va traîner et s'enliser, et choisissent généralement d'eux-mêmes d'abandonner la vente.

On s'étonne que le directeur du syndicat de l'appellation soit ainsi obligé de monter au créneau. Que font les Safer, cette multiplicité de sociétés anonymes créées dans les années 60 justement pour s'occuper de la gestion des terres agricoles et favoriser l'installation des jeunes ?

« La Safer n'est d'aucune aide, ni ici ni ailleurs », tacle Frédéric Macé.

Un établissement public qui aurait failli ? On n'ose y croire…

43

Mais que font les Safer ?

C'était pourtant une bien belle idée sur le papier. Avoir des organismes publics chargés de gérer nos terres agricoles, de veiller à ce qu'elles soient savamment regroupées, à ce que les jeunes soient bien installés. Une idée généreuse, égalitaire, telle que la France est capable d'en produire. Mais voilà, comme souvent, à l'épreuve du temps, nos merveilleuses intentions se muent en machineries démentes qui roulent pour elles seules.

La Cour des comptes ne s'y est pas laissé prendre. Les sages les ont même sévèrement taclées, allant même jusqu'à parler de « dérives d'un outil de politique d'aménagement agricole et rural[1] ». Ils ont d'ailleurs invité l'État à les recadrer et à surveiller davantage leurs missions, dénonçant notamment « l'opacité de leur mode de fonctionnement[2] ».

Car une fois le gros du remembrement réalisé, nos vingt-six Safer, fortes de leurs 986 salariés, ont dû se trouver de nouveaux objectifs. Or ces derniers n'ont plus grand-chose à voir avec leurs missions d'origine.

1. Cour des comptes, rapport public annuel, 2014, p. 91.
2. *Ibid.*, p. 98.

Il en est ainsi de la substitution. Dans ces cas-là, la Safer ne remplit en rien sa mission de restructuration, ni d'installation des jeunes. Elle sert juste d'intermédiaire pour qu'un seul acte notarial soit passé entre le vendeur et l'acheteur, généralement quand la transaction est quasiment faite d'ailleurs et qu'il n'y a plus qu'à signer. En clair, elle va chasser sur les terres des agences immobilières et des notaires pour drainer ses propres commissions. Des pratiques de braconnage qui ne vont pas sans éveiller le courroux de leurs « victimes », car de plus en plus, ces transactions ne concernent même plus des terres agricoles, mais de belles demeures, comme le déplore la Cour des comptes qui épingle le site internet des Safer « sur lequel des propriétés essentiellement bâties de plus d'un million d'euros sont à vendre[3] ».

Pourquoi les acheteurs préfèrent-ils passer par la Safer ? Pour éviter la préemption, pardi ! Vous savez, cette arme merveilleuse que le législateur avait mise entre les mains des Safer pour qu'elles préservent nos terroirs agricoles ? Si ! Celle qui ne leur sert désormais qu'à effrayer les vendeurs en milieu rural et les inciter – fermement – à passer par elles s'ils souhaitent éviter ce risque. Choisir les Safer, c'est donc s'assurer une certaine tranquillité. Et même quand la Safer ne gère pas directement la vente, elle a tout de même réussi à se faire un petit business parallèle en exigeant de la part des notaires une rémunération pour « réponse rapide » qui permet de purger le droit de préemption de la Safer avant le délai légal de deux mois en payant 80 euros, voire 200 euros[4].

Un petit à-côté qui aura permis aux Safer d'engranger 2,6 millions d'euros en 2012. « Une telle pratique

3. *Ibid.*, p. 101.
4. *Ibid.*, p. 112.

ne peut être que fortement critiquée au regard de leur mission d'intérêt général[5] », concluent les sages.

Mais la raison principale qui fait que les acheteurs préfèrent s'adresser aux Safer, c'est l'exemption fiscale dont elles jouissent. Les droits d'enregistrement ne sont pas de 15,50 % mais de 4,9 % (3,8 % au profit du département et 1,2 % au profit de la commune). Comme le soulignent les sages, « les Safer ont pu étendre l'exonération fiscale aux opérations de "substitution" (depuis le 31 mars 1999) et même aux ventes de tous "biens ruraux" au sens large du terme (depuis le 31 mars 2000). L'avantage fiscal concernant les seules opérations de "substitution" est de plus de 46 millions d'euros en 2012, sur un total de près de 60 millions d'euros[6] ». Un avantage qui concerne de plus en plus de belles demeures donc...

Sur une belle maison de 5 millions d'euros, la Safer prend ainsi une marge de 250 000 euros, l'acquéreur économise 12 135 euros, le vendeur écarte la menace de préemption... Et comme l'expliquent les sages : « Les perdants sont : le département pour 195 700 euros, la commune pour 61 800 euros et l'État pour 4 635 euros[7]. »

Et la Cour des comptes de s'interroger sur la pertinence d'accorder pareil avantage fiscal à une institution procédant à des opérations où son rôle se limite à celui d'intermédiaire sur des ventes qui, en outre, n'ont « qu'un lointain rapport avec l'activité agricole[8] ». Les Safer auraient-elles oublié les motifs d'intérêt public qui devraient les animer ? Qu'en est-il du plus important

5. *Ibid.*
6. *Ibid.*, p. 100.
7. *Ibid.*, p. 102.
8. *Ibid.*

d'entre eux, à savoir celui d'installer de jeunes agriculteurs ? En 2012, ces installations n'ont porté que sur 2 761 hectares[9]. « On ne saurait qualifier ce résultat de "part importante de l'activité [...]" sans suggérer que cette activité est étonnamment inefficace[10] », persifle la Cour des comptes.

Les Safer n'aident donc plus les jeunes à s'installer, et préfèrent laisser les gros continuer à s'agrandir, ou s'occuper des maisons de vacances des citadins aisés.

Et la mission de protection de l'environnement ? Elle n'a porté que sur 2,4 % des surfaces rétrocédées (soit 2 009 hectares)[11] en 2012. Oui, 2,4 %.

Conclusion sans appel de la Cour des comptes : « L'évolution continue des opérations de "substitution" sur des biens ruraux n'ayant plus de vocation agricole conduit à s'interroger sur le bien-fondé d'une politique de plus en plus coûteuse pour les finances publiques et étendue à des bénéficiaires qui ne sont plus ceux pour lesquels l'avantage fiscal a été créé[12]. »

Nos dirigeants ont d'ailleurs décidé de remettre les Safer dans le droit chemin de leurs premières missions[13] à compter du 1er janvier 2016. Espérons que ce recadrage portera ses fruits, et que ces louables intentions ne seront pas, une fois encore, détournées.

---

9. *Ibid.*, p. 103.
10. *Ibid.*
11. *Ibid.*, p. 105.
12. *Ibid.*, p. 113.
13. Décret n° 2015-954 du 31 juillet 2015 relatif aux sociétés d'aménagement foncier et d'établissement rural.

44

Quand la laideur dévore nos terres agricoles…

« Tu vois toute cette zone industrielle qui s'étend là-bas ? Ces ronds-points, ces grandes surfaces ? » interroge Gérard Legruel, notre éleveur d'agneaux de pré-salé dans la Manche. « Ça a été construit sur les plus belles terres de la commune. Faut arrêter les conneries. Y en a marre de toute cette laideur, de tous ces bazars de la société de consommation et du marketing qui nous font fuir, nous les paysans, nous les nourrisseurs, pour rendre notre pays chaque jour plus moche, et nous faire bouffer de la merde[1] », peste cet homme de bon sens.

Il fallait entendre le ministre de l'Agriculture Stéphane Le Foll, venu rendre visite aux agriculteurs de la Confédération paysanne qui avaient monté une ferme place Stalingrad à Paris. Le tutoiement facile comme toujours. Assurant les uns et les autres que l'enjeu était les circuits courts. Qu'il tenait ainsi la solution pour leur permettre de bien vivre et pour que nos villages retrouvent enfin leur animation d'antan. Que c'était ce qui allait les sauver et leur donner un horizon pour les

1. Entretien du 8 juillet 2014.

vingt ans qui viennent. Parce que, disait-il la main sur le cœur, l'industrialisation, ça peut aller très vite, et qu'il se refusait à une agriculture sans paysans. Il fallait se battre, lâchait-il comme un défi que ses auditeurs se devaient de relever.

« Vous parlez très bien, monsieur le ministre », lui a lancé ce maraîcher de la région parisienne. « Vraiment très bien. Mais en attendant, nous, on fait comment ? À qui vais-je vendre quand je vais arrêter mon activité ? Personne ne veut reprendre mon exploitation, personne ne veut travailler comme je le fais. Et les seules propositions qui me sont faites pour me racheter mes terres émanent de la grande surface à côté de chez moi ! Elle est prête à me faire un pont d'or juste pour agrandir son parking. Mais vous savez, monsieur le ministre, nos concitoyens, on ne va pas les nourrir ni de vos mots, ni du bitume de la grande distribution, alors il va falloir faire quelque chose[2]. »

Le ministre a baissé la tête, attristé. Il a acquiescé. Et a avoué ne pas avoir de solutions miracles. « Je savais bien qu'en arrivant rue de Varenne j'aurais toute l'agriculture sur les bras, dans toutes ses contradictions, souffla-t-il. Je ne pouvais pas imaginer que ce serait aussi dur[3] ».

L'enjeu est là aujourd'hui. Car pour faire vivre ces artisans de la qualité, du moins ceux qui ne seront pas tombés sous les bombes hygiénistes, ou qui auront échappé aux couperets de l'agroalimentaire, il leur faut... des terres. Or chaque jour qui passe, nous les délogeons pour ériger des grandes surfaces dont nous sommes les tristes recordmen d'Europe. « En France, les centres commerciaux concentrent aujourd'hui 62 % de l'offre [...] loin du "modèle allemand" (un tiers des

2. Entretien du 11 avril 2015.
3. *Ibid.*

commerces en centre-ville, un tiers dans les quartiers et un tiers dans les centres commerciaux)[4] ». Un blanc-seing donné par les politiques pour l'augmentation sans cesse répétée de ces magasins de grande distribution dont les surfaces augmentent de 4 % chaque année alors que leur croissance n'est que de 1 % depuis 2008[5].

Le Conseil économique, social et environnemental (CESE) est formel : pour « préserver les sols, il convient d'encadrer strictement la création de zones commerciales (grandes et moyennes surfaces) *ex nihilo* en ne les autorisant que là où elles sont totalement justifiées[6] » et pour redonner un peu d'air aux petits commerces tellement nécessaires à la vie de nos villages, le CESE de préconiser que les collectivités cessent d'accorder des exonérations de taxes notamment foncières[7] aux grandes surfaces. En clair, arrêtons de subventionner ces gros qui ne font que miter le paysage, bétonner les terres agricoles, et ruiner les paysans. Et aidons plutôt les petits commerces de proximité pour tisser à nouveau du lien social, et créer des circuits économiques locaux et vertueux.

Par ailleurs, c'est pour irriguer ces zones périurbaines, comme on les dénomme, qu'il faut ériger ronds-points et routes qui, selon le Conseil, « occupent 26 % des espaces qui ont été artificialisés [perdus pour la nature en quelque sorte] entre 2006 et 2012 » et « tendent à augmenter à chaque réfection de routes, construction de ronds-points et projet de train à grande vitesse[8] ». Il faut également des parkings, des zones industrielles qui chaque jour enlaidissent nos campagnes, et contribuent

---

4. Agnès Courtoux, Cécile Claveirole, « La bonne gestion des sols agricoles : un enjeu de société », Les avis du Conseil économique, social et environnemental, 13 mai 2015, p. 29.

5. *Ibid.*, p. 30.

6. *Ibid.*

7. *Ibid.*

8. *Ibid.*, p. 31.

à la désertification de nos villages où l'on en est réduit désormais à se réjouir quand il reste encore un dépôt de pain dans le bourg ! Le boucher et le poissonnier ont, quant à eux, fermé depuis longtemps.

En 2009, le rapport de Philippe Balny, d'Olivier Beth et d'Éric Verlhac, *Protéger les espaces agricoles et naturels face à l'étalement urbain*[9], avait déjà mis les pieds dans le plat en s'insurgeant contre le fait que « l'ampleur du gaspillage du foncier n'appara[isse] pas clairement aux décideurs publics[10] ». Il ajoutait qu'« économiser l'espace n'[était] pas aujourd'hui une cause nationale, si bien que le consommer n'appara[issait] pas aux yeux de décideurs comme un acte négatif, bien au contraire[11] ». Or « cette consommation de foncier "neuf" s'exerce essentiellement sur les terres agricoles », expliquaient les experts. Et « elle se fait à un rythme qui n'est pas durable et constitue un véritable gaspillage[12] ». Pour excuser le manque de vision de nos gouvernements, les rapporteurs expliquaient qu'il n'existait pas vraiment d'outil permettant de mesurer finement la perte du foncier. Branle-bas de combat, Grenelle de l'environnement oblige, la France a alors multiplié les nouveaux dispositifs avec notamment la loi de modernisation de l'agriculture de 2010. Elle crée dans la foulée les CDCEA pour commissions départementales de consommation des espaces agricoles. Leurs objectifs ? Réduire de moitié le rythme de consommation des terres agricoles d'ici 2020. Ce n'est pas tout : en avril 2013, c'est la mise en place de l'ONCEA pour Observatoire national de la consommation des espaces agricoles… Dont le rapport *Panorama de la quantifica-*

9. CGAAER n° 1716, CGEDD n° 005089-02, mai 2009.
10. *Ibid.*, p. 10.
11. *Ibid.*, p. 11.
12. *Ibid.*, p. 8.

tion de l'évolution nationale des terres agricoles a été publié en mai 2014. Rapport qui conclut lui aussi, mais cinq ans plus tard, que rien n'est conçu pour mesurer cette dévastation quotidienne des terres. Ou plutôt si, trop de choses ont été pensées et se sont empilées pour finir par faire un millefeuille qui ne sert à rien. Et le rapport d'égrener les différents services tous en charge de surveiller la consommation de nos terres agricoles, et dont émanent des chiffres fort différents rendant leur compilation bien difficile.

Il y a d'abord la liste longue comme un jour sans pain des différentes bases de données utilisées : allant de Corine Land Cover, un programme de l'Agence européenne pour l'environnement, en passant par les enquêtes Teruti-Lucas – dont l'échantillonnage change au fil du temps[13] –, les recensements du ministère de l'Agriculture, les fichiers fonciers dits Majic (mise à jour des informations cadastrales), ceux des Safer. Ce n'est pas tout, car ces nombreuses bases de données sont ensuite compilées par une multitude d'organismes différents. On y trouve la Direction générale des finances publiques (DGFIP), la Direction générale de l'aménagement du logement et de la nature (DGALN), le Service de l'observation et des statistiques (SOeS), la FNSafer (pour Fédération nationale des sociétés d'aménagement foncier et d'établissement rural), l'Institut national de l'information géographique et forestière (IGN), la Mutualité sociale agricole..., chacun ayant bien entendu sa propre méthodologie débouchant, forcément, sur des chiffres différents les uns des autres, alors que tous ces organismes sont censés observer la même chose ou presque. Aux sages de l'ONCEA de se débrouiller avec, ce qu'ils ont fait avec un certain brio.

13. Passant ainsi de 550 000 points de contrôle entre 1982 et 1990 à 155 000 en 2004 pour repasser désormais à 309 000.

En clair, cinq ans après le rapport de Philippe Balny, d'Olivier Beth et d'Éric Verlhac, on sait qu'on ne sait pas très bien mais on sent bien que ça va mal.

Et de fait, les chiffres sont terrifiants : en cinquante ans, la France a perdu 7 millions d'hectares[14] de terres agricoles. Quand l'Allemagne n'en a perdu que 2 millions[15]. 490 000 hectares[16] en moins entre 2006 et 2014. Avec un pic de diminution de près de 114 000 hectares par an entre 2006 et 2008[17]. Réjouissons-nous, nous ne consommons désormais « que » 52 000 hectares de terres agricoles chaque année pour faire des grandes surfaces, des routes et des ronds-points. Cela correspond à 26 mètres carrés de terres par seconde, soit l'équivalent d'un département moyen – 610 000 hectares – tous les six à dix ans suivant que l'on soit dans une période économique faste ou non. Car les rapporteurs sont très clairs – sur ce point-là du moins : le ralentissement de ces dernières années n'est dû qu'à une seule chose : la crise qui freine les promoteurs immobiliers. Un peu de reprise et on bétonnera à nouveau sur les terres agricoles.

Prenons un exemple situé dans la région italienne d'Émilie-Romagne. Avant la crise, soit durant la période 2003-2008, 95 % de l'artificialisation des sols, c'est-à-dire de la construction des routes et autres ronds-points, concernaient les plaines fertiles ; or ces dernières ne représentent que la moitié du territoire[18].

De toute façon, bétonner les terres les plus riches est un sport international que, hélas, nous pratiquons tous.

14. La SAU est passée de 36 à 29 millions d'hectares, 27 millions seulement si l'on considère uniquement la surface agricole utilisée des exploitations.

15. Sur une surface agricole utile plus réduite à la base, il est vrai.

16. *Agreste* n° 326, juillet 2015.

17. Rapport ONCEA, p. 26.

18. Agnès Courtoux, Cécile Claveirole, *op. cit.*, p. 14.

Selon le Conseil économique, social et environnemental, « 60 % des terres artificialisées sont très fertiles[19] » et ce dernier de préconiser pour les protéger que « les valeurs agronomiques et environnementales des sols » soient enfin prises en compte.

Parce que, aujourd'hui, que le sol soit ou non fertile, tout le monde s'en moque. Il n'est considéré que comme une « matière morte » ou « un support inerte[20] », comme le regrette Claire Chenu, professeure de sciences du sol à AgroParisTech. Or « des bactéries aux vers de terre en passant par une variété de champignons et de protozoaires, de nématodes et d'acariens, ce sont des dizaines de milliards d'organismes qui vivent de la consommation des matières organiques que le sol contient. Cette matière vivante qui évolue dans le sol est bien supérieure à celle qui vit au-dessus mais elle demeure néanmoins peu connue : pour les seules bactéries par exemple, moins de 1 % du patrimoine génétique existant dans le sol a été décrit[21] ».

En clair, nous détruisons des ressources dont nous n'avons même pas conscience encore, ni de leurs possibilités ni de leurs richesses.

Ainsi, si nous protégeons – vaille que vaille car nous ne faisons pas d'efforts surhumains non plus les concernant – notre air et notre eau, nos sols, eux, ne jouissent d'aucune protection juridique. Notre terre est traitée de façon incidente par moult textes, mais aucun ne s'intéresse spécifiquement à elle. On peut continuer à la ravager à loisir car elle ne jouit d'aucun statut un tant soit peu protecteur[22].

Et le CESE d'affirmer que la décentralisation a eu un impact particulièrement négatif sur la question des sols.

---

19. *Ibid.*, p. 32.
20. *Ibid.*, p. 9.
21. *Ibid.*
22. *Ibid.*, p. 11.

C'est en effet un sacré pouvoir pour les communes et pour certains élus locaux, « soumis à une temporalité particulière[23] », comme le dit pudiquement le Conseil, de décider de ce qu'ils vont faire de leurs terres. En clair, pour être réélu, ne fâchons pas trop nos chers administrés et laissons-les bétonner à loisir.

C'est comme cela qu'on a fait le jeu du bitume contre celui de la nutrition, et que l'État a perdu la possibilité d'avoir une vision globale de ce qui se passait sur son territoire. Comme, dans le même temps, la politique agricole commune a joué la carte des grandes cultures plutôt que celle de la polyculture et de l'élevage qui, eux, respectent la qualité des sols et les hommes, la boucle a été bouclée.

Le problème, c'est que lorsque tout sera bétonné, nos décideurs, appuyés par leurs amis de la FNSEA, auront beau jeu de nous dire : « Mais chers concitoyens, pour nourrir le monde, pour nourrir la France, sur des terres agricoles toujours plus réduites, il n'y a qu'une seule solution : les fermes-usines. »

Puis, ça tombe bien, ces fermes gigantesques seront, elles, dans les clous pour les normes d'hygiène puisque c'est pour elles et l'industrie agroalimentaire qu'elles ont été conçues.

Rappelons tout de même à nos dirigeants que 68 % des Français y sont farouchement opposés[24].

---

23. *Ibid.*, p. 18.

24. Sondage exclusif IFOP pour Agir pour l'environnement, Ferme-Usine, sondage réalisé du 14 au 17 avril 2015 sur un échantillon de 1 003 personnes représentatif de la population française âgée de 18 ans et plus.

45

Mon fonctionnaire, ce héros

Cela fait quelques années déjà que ce jeune homme porte haut les couleurs de la fonction publique au sein du secteur agricole. Fraîchement diplômé d'AgroParisTech-ENGREF – École nationale du génie rural, des eaux et des forêts, aujourd'hui ravalée au rang de ce terrible acronyme –, il a déjà pas mal roulé sa bosse. Acceptant d'aller là où personne ne veut se rendre, dans ces territoires que la capitale a trop vite taxés de perdus au milieu de nulle part. Ou dans ces régions que nos élites ont définitivement étiquetées comme « à problèmes ». Il adore ces affectations-là. Et aime par-dessus tout prendre le temps de s'y immerger. De comprendre leurs habitants. Leurs travailleurs. De cerner leurs problèmes et leurs mécontentements. Bien souvent ses collègues font « le service minimum », restent juste ce qu'il faut pour avoir leur promotion sans faire de vagues, trois ans, c'est généralement le laps de temps qu'on leur impose, et s'enfuient à toutes jambes. Pas lui. Il va partout où les paysans sont réputés plus rudes. Et les mesures moins faciles à faire adopter.

Il a d'abord été affecté à la police de l'eau : « J'avais pour charge de protéger les grenouilles », juste à côté d'une grosse industrie laitière, qui ne voyait pas d'un très bon œil son empressement à veiller sur les batraciens. « Pour eux, j'étais un emmerdeur qui les empêchait de polluer les cours d'eau. Les politiques voulaient que je m'écrase, l'usine représentait beaucoup d'emplois. »

Puis il a quitté les grenouilles pour s'occuper de l'humain. C'est ce qu'il aime par-dessus tout. Il a d'ailleurs un petit côté assistante sociale. Il veut que son secrétariat lui passe tous les mécontents qui cherchent à le joindre. « Oui, je leur répondrai personnellement, ou notez leur numéro pour que je puisse les rappeler. Ce n'est jamais bon de laisser pourrir une situation. Et je déteste la façon méprisante dont certains de mes collègues traitent les agriculteurs. Nous sommes là pour eux, à leur service. Sans eux, nous ne serions pas là. »

Un discours rafraîchissant qui en a fait un confident. Il connaît l'historique de chaque famille, de chaque ferme qu'il a à gérer. Sait les problèmes de santé, de trésorerie, la grêle qui a durement frappé telle ou telle parcelle, les mauvaises récoltes de l'an passé, les vendanges décevantes de l'année d'avant.

Pour autant, il est intransigeant sur les fraudes, et ne passe rien. À peine arrivé dans sa nouvelle affectation, il a mis au jour une escroquerie au fisc. « J'ai convoqué toutes les personnes impliquées. Et je leur ai annoncé la couleur : "Voilà messieurs, il y en a pour 700 000 euros de fausses factures, vous espérez vous faire rembourser 30 % de l'État sur des frais que vous n'avez pas engagés, il est hors de question que je cautionne ça." » Mais au lieu de les saquer, il leur a permis de refaire leur dossier. « On l'a fait à la loyale, et on a estimé les choses à leur juste valeur. Sur les douze, il n'y en a qu'un seul qui m'ait refait le coup l'année suivante, c'était le chef de bande ; il avait déclaré pour 120 000 mètres cubes de gasoil, je suis allé le voir… et ça a été terminé. » Enfin, ça, ce sont les fois où on lui a laissé les mains libres. Parfois, ça n'a pas été le cas. Notamment quand il a décidé de priver de subventions de grosses exploitations frauduleuses. Son chef l'a désavoué. « Il ne voulait pas d'emmerdes avec des gars qui avaient le bras long, c'est décevant, mais tellement humain. »

Ce jour-là, il a compris que la seule solution pour faire avancer les dossiers, c'était d'agir seul avec sa garde rapprochée. « C'était au moment du discours de Poligny, Nicolas Sarkozy avait tout promis aux paysans et notamment de ne pas les laisser sur le côté de la route. » Il se retrouve alors avec une enveloppe de 2 millions d'euros. « Si je suivais les critères que mes supérieurs m'avaient donnés, je ne distribuais que 300 000 euros, le reste remontait à Paris et je laissais des paysans dans le désarroi. » Il a donc pris sur lui de laisser la circulaire de côté. « J'ai émis mes propres règles. J'ai essayé de le faire avec cohérence. » Il a demandé ses fichiers à la MSA pour voir quels paysans étaient le plus endettés. Puis il a fait la même chose avec le Crédit agricole. Il a croisé les données. Et il a fait les virements sur les comptes de ces exploitants en détresse. « Ça m'a permis de leur verser 15 000 euros qui les ont sortis de l'ornière et qui leur ont permis de recommencer à zéro. » Sauf qu'il a pris des risques considérables. Si ça s'était su, c'en était fini de sa carrière.

« La sphère parisienne est tellement décalée. Ils n'ont pas idée de ce à quoi nous sommes confrontés, de la misère de certains paysans qui bossent 90 heures par semaine, de leur solitude, de leur impression d'être lâchés par les élites. »

Pour autant, il n'est pas défaitiste. « Il ne manque pas grand-chose pour que ça marche : il faudrait du courage politique et de l'organisation. » Pour lui, il faut en finir avec ces affectations de trois ans. « Beaucoup trop courtes, on a à peine compris les problématiques qu'il faut partir, se réadapter, recommencer, alors qu'on devient réellement efficace au bout de deux ans. » Il faudrait rester au moins dix ans selon lui pour arriver à monter quelque chose de sérieux, pour porter les projets correctement, faire bouger les lignes. « Là, on a juste le temps d'initier des mesures qu'on ne verra même pas se réaliser. Et qui d'ailleurs, la plupart du temps, ne seront pas mises en place parce que le collègue qui vous succédera passera à autre chose. On fait tout pour que les fonctionnaires ne se sentent pas impliqués. » Et pour empêcher que se nouent des liens avec les paysans. « Dès qu'il y en a un qui commence à nous comprendre, il s'en va[1] », lâche l'éleveur Gilles Le Falher.

Pourtant, ce sont des réformes qui ne se joueront que s'il y a une confiance mutuelle.

Savoir donner du temps au temps. Notre agriculture vaut bien cela.

1. Entretien du 28 avril 2015.

46

Pour vivre heureux… faisons semblant

C'est un homme heureux. Rayonnant. Qui s'accomplit dans un travail incessant. Levé à 6 heures, couché à pas d'heure, juste le temps de caler une petite sieste au milieu de la journée. Comme tous ceux qui ont choisi de s'engager dans un métier de bouche, il ne s'arrête jamais. D'ailleurs, il ne sait pas ce que c'est que de lever le pied. On entre en bonne chère comme on entre en religion. On s'y consacre corps et âme. « On se marre quand même plus dans la restauration qu'au couvent », tempère-t-il, taquin.

C'est un ogre qui dévore la vie. Son bonheur, il le tient de ce que, chaque jour, il accomplit ce qu'il a toujours voulu faire : porter haut les couleurs de la gastronomie française, et mettre en avant les petits producteurs auquel cet homme du terroir est farouchement attaché.

Ses restaurants croulent sous les critiques élogieuses et ne désemplissent jamais. Ses apparitions télévisuelles battent tous les records d'audience. Et pourtant, même lui, là où il est aujourd'hui, doit se plier au petit jeu de cache-cache avec les services sanitaires.

« Donne mon nom, je m'en fous, j'assume tout ce que je fais », lâche-t-il, un rien fanfaron. Mais à quoi bon le jeter en pâture et risquer de le voir subir d'incessants contrôles en représailles de sa franchise ?

Ces résistants de la bonne chère accomplissent bien mieux leur œuvre dans l'ombre. De petits sabotages en grands camouflages, ils permettent à nos produits de terroir de se maintenir en vie.

« Les petits artisans que je fais travailler sont des gens heureux. Et ils gagnent bien leur vie. Il faut que tu le dises, ça, que tu dises qu'on est heureux », lâche-t-il, soudain ému. « Madeleine, elle fait des super fromages, mais pour avoir la paix, elle ne veut pas de l'appellation d'origine. Elle fait des produits qui lui ressemblent. Elle est libre. Mais elle se planque pour travailler. Elle ne veut pas faire parler d'elle. Elle ne veut pas d'emmerdes. »

Pour vivre heureux, vivons cachés. « On est obligés de faire les choses en douce, sinon on est morts », avoue-t-il.

Il revient tout juste des États-Unis, de New York plus précisément. Il y organisait un repas pour l'un des prescripteurs les plus en vogue de la planète bouffe. « On était à Brooklyn, et là je suis juste tombé de ma chaise », lâche-t-il, un rien furibard. « Dans les restaurants là-bas, ils rentrent des cochons entiers en cuisine. Ils font du boudin minute. Alors que pendant ce temps, ici, ma terrine est borderline et mon boudin, je le fais sous le manteau », s'emporte le cuisinier.

Et de vous narrer les tribulations du sang de cochon avant qu'il n'arrive en cuisine. Il a trouvé un gars, qui a en a trouvé un autre, qui accepte de lui vendre le sang tout juste sorti de l'abattoir. « Ici, ils me poussent à le faire avec des produits lyophilisés, regrette le restaurateur. Aux États-Unis, eux, ils transforment tout de A à Z. Ils ont le droit de faire des choses qu'on nous interdit de faire ici, dans le pays de la gastronomie, s'emporte-t-il. Et après on dit que ce sont eux qui vivent dans un monde aseptisé ! »

« Et ma terrine ? Tu ne peux même pas imaginer ce qu'ils m'enquiquinent avec ma terrine ! » s'agace-t-il. Puis de vous expliquer que pour qu'elle soit bonne, il est nécessaire de la laisser reposer dehors et surtout, de ne pas la consommer tout de suite.

« Une fois qu'elle est faite, on la laisse trois-quatre jours au frigo, c'est comme ça que c'est bon ! Mais ça, aujourd'hui, c'est strictement interdit. » Du coup, ses employés sont briefés. Si les inspecteurs viennent contrôler la terrine, il faut répondre d'une seule voix : « On l'a mise au frais hier soir. » « On n'a le droit de rien faire, ça pourrait développer ci, ou ça. »

Mais il a conscience de sa responsabilité envers ses clients. « En matière d'hygiène on est irréprochables, on fait gaffe à tout, mais on ne veut pas s'empêcher de faire les bonnes choses pour des questions de principe de précaution poussé à l'extrême. »

Sa devise pour s'en sortir avec les contrôles ? « Avoir toujours réponse à tout ! » « La terrine n'est pas dans le frigo ? C'est une erreur, on va le faire tout de suite, monsieur. Idem pour les œufs mayo dont tout le monde sait bien que c'est dégueu quand ça sort direct du frigo. » Parfois, on ne voit pas le coup venir. La charcuterie, ce n'est bon que conservé à température ambiante. Mais voilà, les contrôleurs veulent des armoires réfrigérées. « J'en ai acheté une, j'y stocke la charcuterie comme on me l'impose réglementairement… Seulement, je la laisse débranchée », s'amuse-t-il, soudain facétieux. « Il faut être plus vicieux qu'eux, sinon, on ne gagnera pas. »

Un jour, pourtant, il n'a pas réussi à garder son sang-froid. Il les a vus débarquer comme des cow-boys à l'heure du service. Et le verbaliser parce que le frigo était un degré au-dessus de la température réglementaire. « Je leur ai demandé ce que j'avais fait pour mériter ça. Ils m'ont répondu : “Vous êtes dangereux parce que vous servez beaucoup de clients !" s'étrangle-t-il. Mais c'est bien parce qu'on a énormément de clients, un turn-over de dingues, qu'il n'y aura jamais de problèmes chez nous ! »

Et puis, quand on est aussi connu qu'il peut l'être, on a sa réputation à tenir. Le premier contrôle, ça reste la clientèle.

« De toute façon, je ne me plierai pas à toutes leurs contraintes sanitaires. Ce que ne comprennent pas ces inspecteurs hygiénistes, c'est que pour le plaisir du goût, il y a des choses à respecter. Et je ne les galvauderai pas pour être dans leurs clous sanitaires ! À force de barrières, c'est la porte ouverte à du grand n'importe quoi. »

Il me laisse, le service est dans deux heures. Il voudrait vérifier ses fonds de sauce. Bien sûr, il les fait lui-même.

Remerciements

« C'est bien de taper sur les salauds, vous avez raison. Mais après, il faudra parler de nous, de ce qu'on vit, de notre volonté de cultiver au plus près de la nature et de toutes les chausse-trapes que l'on doit éviter. » Je me souviens, comme si c'était hier, de cette sentence lancée avec un brin de défi par Jean-Baptiste Galloo lorsqu'il m'a accueillie dans sa ferme. Deux années se sont écoulées depuis. Mais de ce jour, je n'ai eu de cesse de réaliser ce tour de France des artisans de la bonne chère afin de comprendre leur travail et surtout de cerner les obstacles qu'on leur oppose continuellement.

De Ghisonaccia à Ainhice-Mongelos, de Laguiole à Tracy-sur-Loire, en passant par Trépail, Colpo, Créances... j'ai sillonné notre pays à la rencontre des personnages de ce livre.

Je voulais ici les remercier de m'avoir reçue sur leurs terres et dans leurs chais, d'avoir pris le temps de me montrer leur réalité. Et leur dire combien je suis fière de les avoir côtoyés. On ne sort pas tout à fait la même après deux années passées à vos côtés, cher(e)s Anaëlle, Mixel, Laurent, Mikel, Alexandre, René, Gérard, Charles, Jean-Baptiste, Jean-Do, Paul-André, Nelly, David, Olivier, Gilles, Laurence, Christelle, Jean-Charles, Claire, Dominique, Vincent, Robert,

Nino, Bernard, Jean-Baptiste, Julien, Yves, Bertrand… vous et tous les autres rebelles qui portez haut les couleurs de nos terroirs.

Je voulais aussi remercier ces inspecteurs qui ont bien voulu me rencontrer pour m'expliquer la dure réalité de leur métier, leurs doutes et leurs angoisses.

Merci à Gilles Salvat d'avoir accepté de m'accorder ces entretiens à visage découvert, de m'avoir aidée à cerner les problématiques sanitaires, et d'avoir eu l'honnêteté d'esprit d'en pointer certaines incohérences.

Merci à Dominique Angèle Vuitton, et à son équipe Marie-Christine Montel et Laurence Bérard. Ces chercheuses, au tempérament bien trempé, mènent une véritable croisade pour sauver le lait cru. Elles n'agissent pas par idéologie – cet état d'esprit est à mille lieues de leur cartésianisme scientifique –, mais pour le bien des générations futures.

Merci à Jacques Berthomeau, véritable vigie qui a veillé sur mon ouvrage tout au long de l'enquête. Sa connaissance du milieu agricole m'a été précieuse.

Merci à André Valadier et Jean-Charles Arnaud, des hommes de conviction qui n'hésitent pas à affronter les foudres de nos décideurs pour mener à bien leurs combats.

Un esprit frondeur que connaît bien José Bové pour avoir mené sans relâche tant de luttes, depuis les premières à Roquefort jusqu'à ces combats d'aujourd'hui, au sein du Parlement européen.

Des batailles pour une agriculture paysanne plus juste que Laurent Pinatel livre lui aussi avec passion.

Merci à maître Morain, défenseur pugnace des vignerons rebelles, qui traque sans relâche les absurdités du système.

Un grand merci également à tous ceux qui n'ont pas souhaité me rencontrer. Je pense notamment à Emmanuel Besnier, héritier du groupe Lactalis. Homme très occupé s'il en est, il n'a pas jugé opportun d'accuser réception de ma demande ; tout comme Michel Prugue, président de Maïsadour.

Je souhaiterais ici décerner une mention spéciale à Xavier Beulin, président de la FNSEA et d'Avril, qui, par la voix de son chargé de communication, Arnaud Lemoine, m'a fait comprendre l'estime dans laquelle il tenait mon travail. C'est déjà un pas. La prochaine fois peut-être acceptera-t-il (enfin) d'échanger avec moi !

Merci au ministre de l'Agriculture, Stéphane Le Foll, à son directeur de cabinet, Philippe Mauguin, et sa conseillère, Sandrine Seban, de m'avoir reçue.

Enfin, je voudrais remercier mon éditeur, Alexandre Wickham, de m'avoir, comme toujours, soutenue et suivie dans cette aventure...

Table

DU MÊME AUTEUR

Un si joli petit monde.
Le vrai visage des altermondialistes,
La Table Ronde, 2006

Ne mâchons pas nos maux.
Consommons autrement pour vivre mieux,
Robert Laffont, 2009

Le Livre noir de l'agriculture,
Fayard, 2011

VinoBusiness,
Albin Michel, 2014

Composition Nord Compo
Impression CPI Bussière en janvier 2016
Éditions Albin Michel
22, rue Huyghens, 75014 Paris
www.albin-michel.fr

ISBN : 978-2-226-32187-9
N° d'édition : 21620/01 – N° d'impression : 2018154
Dépôt légal : février 2016
Imprimé en France